國家古籍整理出版專項經費資助項目

傅山全書

第六册

清·傅山 著
尹協理 主編

山西出版傳媒集團
山西人民出版社

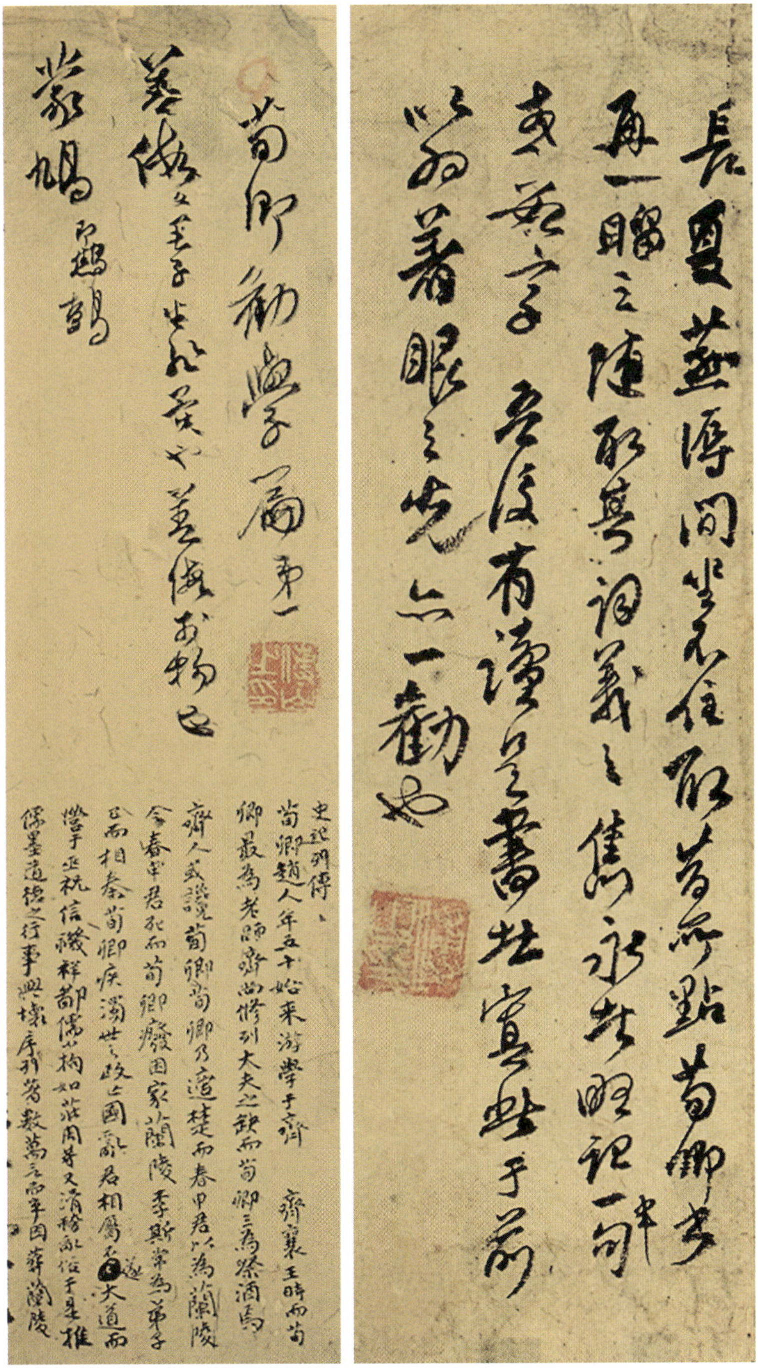

傅山荀子評注手稿（山西博物院藏）

荀卿應是非墨之説此篇大天而思之孰與物蓄而制
之從天而頌之孰與制天命而用之望時而待之孰與應
時而使之與墨子天志篇之論為墨學人說天之為是也
而惟為墨學人歌天之為能也歌天之為即從天而頌之之義
蓋因有至於墨者而云云也今安在哉
墨子有說焉兼信則貴賤不分無大蔑矣其義似從賢
故荀信賤者無此說也已自思過矣且不知墨子兼下人君而大之
使即天志一以濟而覺明之者不能而代其之事為典之之
言也民所畏者而經然而信說之義即墨子之言之也

彊立之對人 凡是孫卿數曰處女共士娟之禄其如氏怒之位置如下但
云
而又不老精士 保相之而自何家者 精之而至亂 蕭吾云云
子書 第不用子之而新 并之注子云未詳

荀子三十二篇不全儒家者言 而習稱爲儒者
不相謹其文也 有儒之一論可見其稱之轉而歸
若但以精概處別而以儒道而近乎法家 近乎而
名家 非墨而又近於墨家者三 性惡一篇言義甚
高而文不足以副之 而字來有義而不能無用以爲
讀諸篇 雖從人從頭之義 然亦念之一經

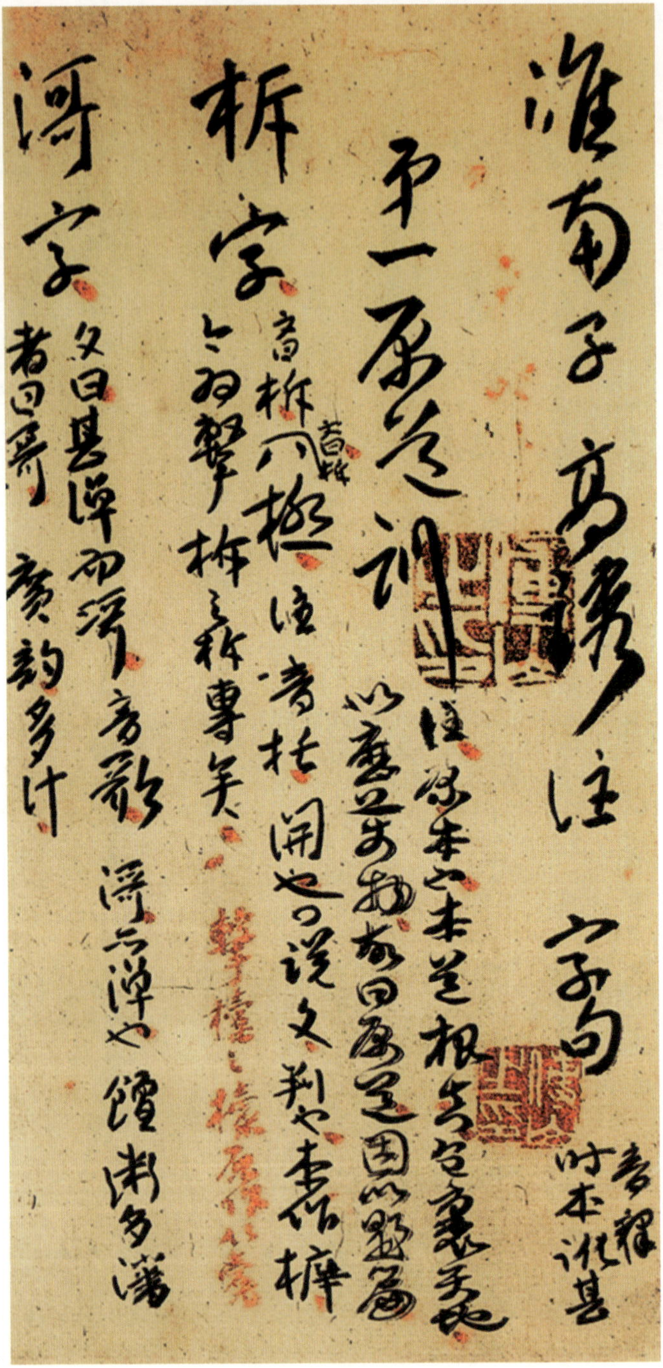

傅山淮南子評注手稿（山西博物院藏）

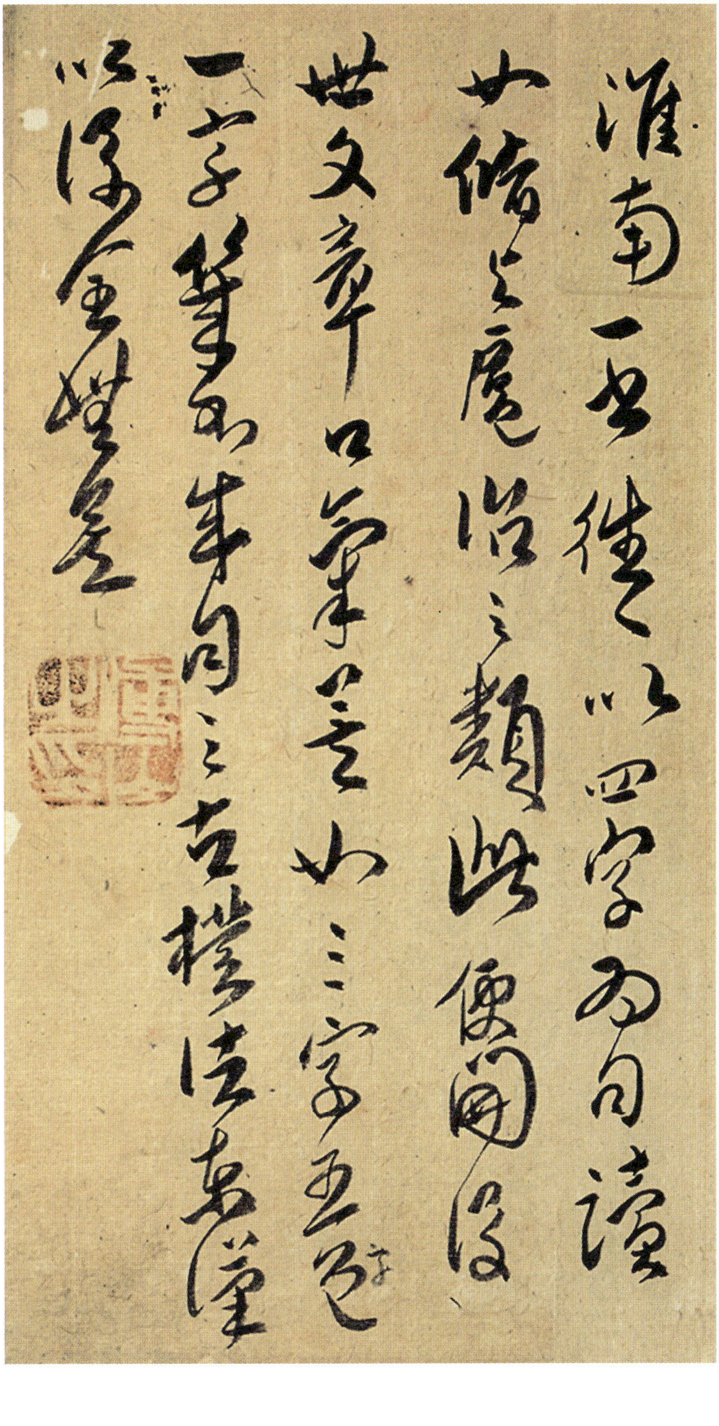

淮南列廿篇（每篇）皆清雜段若作數
十條分讀之何必淺博之浮博重複之
重複中之為人之集永以為議注義既
晦拙所字音精異且知其訛耶其譯子
此書不知原有錯簡耶偶一筆錄

〻備覽再遣羔來輙〻告矣亦有
復託專卿〻茫吾家聽〻西
先大夫祠與出手楚中特發乞倫
少年時曾知讀〻今竟思想耳
前見平定發郵又出另有新刊本甚精
儘為取備看〻能亦來也
黄〻囊織讀〻蕙繼叔

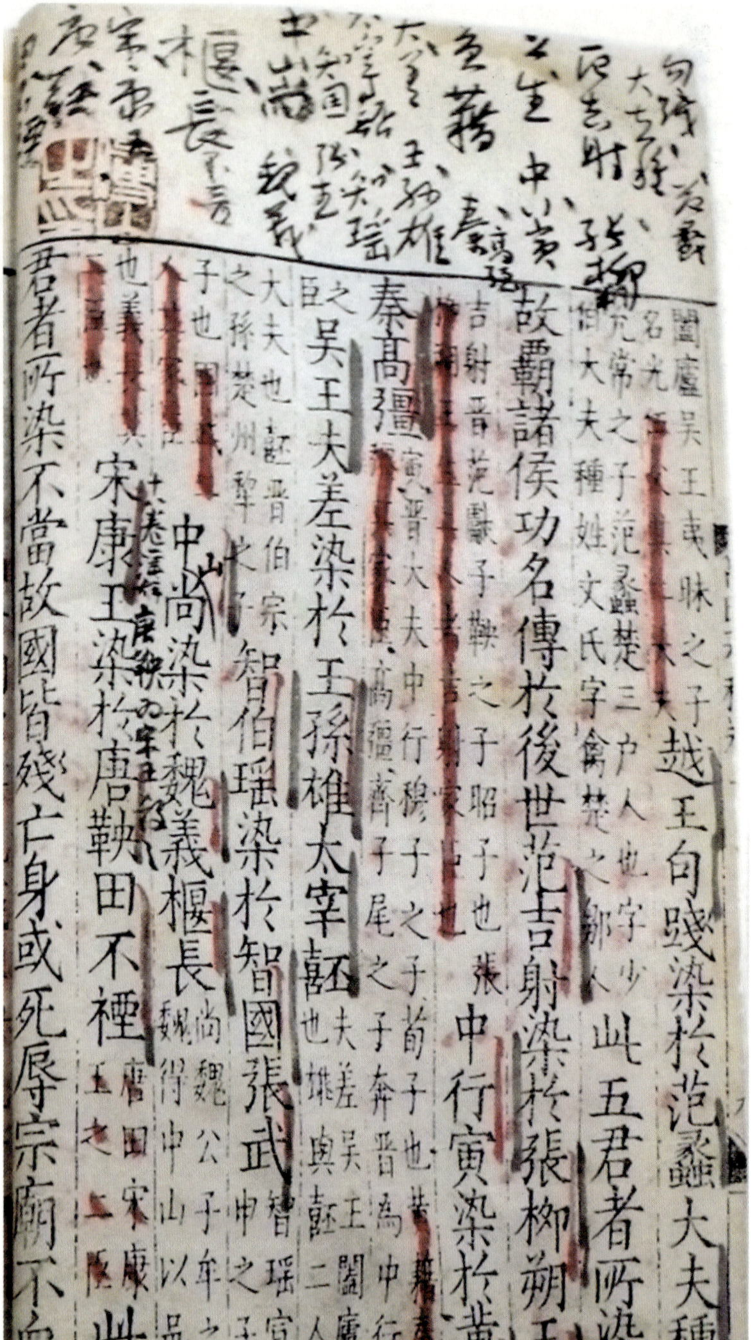
闔廬吳王夷昧之子越王句踐染於范蠡大夫種
此五君者所染
故覇諸侯功名傳於後世范吉射染於張柳朔王
吉射晉范獻子鞅之子昭子也張 中行寅染於黃
寅晉大夫中行穆子之子荀子也
秦高彊 高彊齊子尾之子奔晉為中行
之臣 吳王夫差染於王孫雄太宰嚭 夫差吳王闔廬之子 嚭也 與嚭二人
大夫也嚭晉伯宗之孫 楚州犂之 智伯瑤染於智國張武 智瑤宣 中之子
子也 中山尚染於魏義椻長 尚魏公子牟之 魏得中山以邑
宋康王染於唐鞅田不禋 唐田宋康王之二臣 此
君者所染不當故國皆殘亡身或死辱宗廟不血

傅山呂氏春秋批注手稿（山西博物院藏）

第六册　目録

卷七十　荀子批注[一]（上）

卷四至七之册封面硃筆批：「看頭上諸批語，眞歐人。從來論文家伎倆爾爾。『不時焚燒，無所藏之』，富國篇中凡再見。『安』字少有作起語助者，荀子往往用之。」又墨筆批：「國之命在禮，彊國。具具，王制、王霸二篇累見。綦字，王制篇、富國篇、王霸篇三四見此字。又五綦：色、聲、味、臭、佚。」

儒效篇第八

硃筆旁批：「篇中諄諄以法後王爲務，亦是當時之習。若令朱子公讀之，定大可人。」

「周公屏成王而及武王以屬天下。」墨筆眉批：「屏。」

「立七十一國，姬姓獨居五十三人。」墨筆眉批：「七十一國，姬居五十三。」

「不可以少當也。」墨筆眉批：「不可以少當。」

「周公無天下矣。」藍筆旁批：「心原未嘗有。」

「嗚呼而莫之能應。」墨筆眉批：「『嗚呼』謂有嘆息之聲，而『人莫應』是悲天憫人之意。」

〔一〕此篇據傅山、傅眉荀子批點手稿整理。手稿藏北京圖書館，缺一册，底本爲劉辰翁、孫鑛等人批本，明版。由張治平釋文，傅珉重校。

「必蚤正以待之者也。」墨筆眉批：「蚤正。」
楊注：「均有無於分均之官。」墨筆旁批：「不成語。」
楊注：「貴名，〔二〕謂儒名可貴。」墨筆旁批：「非義。」
「君子之所謂知者，非能徧知人之所知之謂也。」硃筆眉批：「知。」原書眉批：「王納諫曰：此段甚秀逸。」墨筆旁批：「吾看着累綴。」
「若夫謫德而定次。」墨筆眉批：「謫。」
「凡知說有益於理者，爲之」，「知說失中，謂之姦道」。硃筆眉批：「知。」
「未能僂指也。」楊注：「僂，疾也。」墨筆眉批：「僂，解疾字未是。」〔三〕
「老身長子，不知惡也。」墨筆眉批：「老身長子。」又硃筆眉批：「知。」
「知之，聖人也。」硃筆眉批：「知。」
「彼學者，行之，曰士也」至「豈不貧而富矣哉」，墨筆眉批：「學。」「豈不愚而知矣哉！」
「豈不大富之器誠在此也？」墨筆改爲：「豈不謂大富之器誠在此也？」
「故能小而事大，辟之是猶力之少而任重也。」硃筆旁批：「何勞辟？」
「舍粹折無適也。」墨筆眉批：「粹折。」
「指其頂者愈衆。」硃筆旁批：「可笑。」又硃筆眉批：「指頂。」
硃筆眉批：「知。」

〔二〕「名」，傅山全書初版本誤作「各」，據批點底本改。
〔三〕「是」，傅山全書初版本誤作「矣」，據手稿改。

「故明主譎德而序位。」硃筆眉批：「『譎』字在此如何用？」又在「譎」字旁墨筆批：「卽前『譎』字。」

「其知慮多當矣。」硃筆眉批：「知。」

「要時立功之巧。」硃筆眉批：「巧。」

「曷謂神？曰：盡善挾洽之謂神。」硃筆眉批：「盡善挾洽之謂神。」

「至汜而汜，至懷而懷。」硃筆眉批：「汜汜。懷懷。」

「飛廉、惡來知政。」硃筆眉批：「知。」

「朝食於戚，暮宿於百泉。」硃筆眉批：「百泉。」

「厭旦於牧之野。」硃筆眉批：「厭旦。」

「跨天下而無蘄。」墨筆眉批：「蘄。」

「輿固馬遷矣。」原書眉批：「孫鑛曰：遷字疑有誤，他本作選，是。」墨筆眉批：「遷。」

「用百里之地，而不能以調一天下，制彊暴，則非大儒也。」硃筆旁批：「嗜欲。」

「與時遷徙，與世偃仰，千舉萬變，其道一也：是大儒之稽也。」墨筆眉批：「與世偃仰，大儒果爾乎？」

「嵬瑣逃之。」硃筆眉批：「嵬瑣。」

「逢衣淺帶，解果其冠。」硃筆眉批：「解果。」

「繆學雜舉，不知法後王而壹制度。」硃筆眉批：「知。」墨筆眉批：「法後王。」硃筆旁批：「申、韓矣。卽朱博亦爾。」

「不知隆禮義而殺詩書。」硃筆旁批：「此要詳其立言之義。」

「然而不知惡者。」硃筆眉批：「知。」

「其言議談説已無異於墨子矣。」硃筆旁批：「俗儒那便能如墨翟？」

「呼先王以欺愚者而求衣食焉，得委積足以揜其口，則揚揚如也。」硃筆旁批：「説得極肖。」又墨筆眉批：「此愜與墨子非儒同義。」

「隨其長子，事其便辟，舉其上客，億然若終身之虜而不敢有他志：是俗儒者也。」硃筆眉批：「億。」又墨筆眉批：「隨其長子，又似謂儒者引其子輩。」

「知之曰知之，不知曰不知。」硃筆眉批：「知。」

「以古持今。」硃筆旁批：「此又自悖。」墨筆眉批：「每云法後王，而又曰以古持今。」

「舉統類而應之，無所儗㤈。」硃筆眉批：「儗㤈。」

「晻然若合符節。」眉批：「晻。」

「用俗儒則萬乘之國存。」硃筆旁批：「如前説，萬乘之國亦豈能存？」

「則百里之地久，而後三年天下爲一。」墨筆旁批：「久字當連下『而後』讀。」

「一朝而伯。」墨筆眉批：「伯。」

「見之不若知之，知之不若行之。」硃筆眉批：「知。」

「已乎行之矣。」楊注：「已，止也。」墨筆眉批：「已乎行之矣，解止字未盡。」〔二〕

「見之而不知，雖識必妄；知之而不行，雖敦必困。」硃筆眉批：「知。」

「故人無師無法而知，則必爲盜。」硃筆眉批：「知。」

〔二〕「盡」，傅山全書初版本誤作「矣」，據手稿改。

「人有師有法，而知則速通。」硃筆眉批：「知。」

「人無師法，則又隆情矣；有師法，則隆性矣。」硃筆旁批：「又𣪍說了。」又硃筆眉批：「隆情。隆性。」

「而師法者，所得乎情，非所受乎性，不足以獨立而治。」墨筆旁批：「此謂師法，有性有情，偏用情不得。」

「塗之人。」墨筆旁批：「三字不知當屬何句。」

「積反貨而爲商賈。」墨筆眉批：「反貨。」

「故人知謹注錯。」硃筆眉批：「知。」

「大積靡。」墨筆眉批：「積靡。」

「縱情性而不足問學。」墨筆旁批：「又連性字于情下，〔一〕何也？」

「人論，志不免於曲私。」墨筆眉批：「『人論』兩字亦可不有。」

「其愚陋溝瞀。」硃筆眉批：「溝瞀。」

「而冀人之以己爲知也。」硃筆眉批：「知。」

「禮者，人主之所以爲羣臣寸、尺、尋、丈檢式也。人倫盡矣。」藍筆旁批：「語俗而切至。」

「君子言有壇宇，行有防表，道有一隆。」墨筆眉批：「壇宇。防表。〔二〕一隆。」

「言道德之求，不下於安存。」硃筆改爲：「言政治之求，不下於安存。」

〔一〕「情」字下，傅山全書初版本衍一「字」字，據手稿删。

〔二〕「防表」，傅山手稿作「坊表」，據上文改。

「高之，下之，小之，臣之。」硃筆改爲：「高之，下之，小之，巨之。」篇末楊注「劉辰翁曰：荀子文多豪勁之氣」云云。「孫鑛曰：篇首連用十九天下字，亦是故重及之。」墨筆旁批：「劉辰翁也不成個辰翁。孫鑛不消說。」

王制篇第九

「則有昭繆也。」墨筆眉批：「『昭繆』別用。」

「雖王公士大夫之子孫也，不能屬於禮義，則歸之庶人；雖庶人之子孫也，積文學，正身行，能屬於禮義，則歸之卿相士大夫。」硃筆旁批：「眞俗話！」又墨筆眉批：「俗話！」又硃筆眉批：「嘽。」

「故姦言、姦說、姦事、姦能、遁逃反側之民」至「五疾」。墨筆眉批：「五疾。」

「才行反時者，死無赦。」硃筆旁批：「此眞戰國之習！」又墨筆旁批：「李斯之師。」

「聽政之大分，以善至者，待之以禮」云云。硃筆眉批：「嘽。」

「而不好假道人。」墨筆眉批：「假道。」

「若是，則大事殆乎弛，小事殆乎遂。」墨筆眉批：「弛。遂。」楊注：「下既隱情不敢論說，則大事近於弛廢，小事近於因循，言不肯革弊也。」硃筆眉批：「『因循』解『遂』字不得，與上『弛廢』何遠！」

「無法者以類舉。」硃筆旁批：「此卽律例。」

「傳曰：治生乎君子，亂生乎小人。」硃筆旁批：「才知道了。歸中里兮無明月。」

「分均則不偏，勢齊則不一。」墨筆旁批：「不偏與不一有異。」又墨筆眉批：「『分均』與『勢齊』有異。」

「物不能澹，則必爭。」楊注：「澹讀爲贍。」墨筆眉批：「澹逕可作淡。」

「維齊非齊。」墨筆眉批：「維齊非齊。」

「水則載舟，水則覆舟。」墨筆眉批：「水載舟覆舟。」

「故君人者」至「將無益也」。硃筆眉批：「嘽。」

「子產不取民者也。」硃筆改爲：「子產，取民者也。」並硃筆旁批：「若炤上文『未及取民』來，〔一〕則當云：『子產，取民者也。』『不』字衍矣。看下文『取民者安』知之。」又墨筆眉批：「『不』字衍。」楊注：「子產猶人之母，能食之，不能教之也。」硃筆旁批：「難說。」

「用彊者，人之城守，人之出戰，而我以力勝之也，則傷人之民必甚矣。傷人之民甚，則人之民惡我必甚矣。人之民惡我甚，則日欲與我鬭」云云。原書眉批：「劉辰翁曰：妙處在兩比，止易數字。而猶妙處，乃是首三句，不易一字。」硃筆旁批：「了了。辰翁了。」又硃筆眉批：「道理豈不是，只是嘽！」

「知彊大之敝。」硃筆眉批：「知。」

「天下無王，霸主則常勝矣。」墨筆旁批：「此當云『則彊者常勝』矣。」又墨筆眉批：「天下無王霸主，則强者勝；天下無王，則霸主勝。」

「是知彊道者也。」硃筆眉批：「知。」

〔一〕「未」，傅山全書初版本誤作「末」，據手稿改。

「彼霸者不然。」硃筆旁批：「此五字是申霸者勝於彊者之提起語。下文有『彼王者不然』。」

「案謹募選閱材伎之士。」楊注：「案，發聲。」硃筆眉批：「『案』若作發聲，後又有『安謹募』，何也？」

「彼王者不然，仁眇天下，義眇天下，威眇天下。」硃筆眉批：「眇。」又墨筆眉批：「盡也。」

「仁眇天下」至「是知王道者也」。墨筆眉批：「不然。」

「道不過三代，法不貳後王。」墨筆眉批：「不過。不貳。」

「法貳後王謂之不雅。」硃筆眉批：「不雅。」

「析愿禁悍，而刑罰不過。」墨筆眉批：「析愿禁悍。」

「相地而衰政。」硃筆眉批：「衰政。」

「南海則有羽翮、齒革、曾青、丹干焉。」硃筆將「干」字改爲「矸。」

「故澤人足乎木，山人足乎魚。」墨筆旁批：「澤有山才，山有澤食。」

「草木有生而無知。」硃筆眉批：「知。」「禽獸有知而無義。」硃筆眉批：「知。」又硃筆旁批：「亦有義者。」「人有氣有生有知亦且有義。」硃筆旁批：「人那得盡知義？」又硃筆眉批：「人儘有不如禽獸者。」

「故宮室可得而居也。」硃筆旁批：「單單說宮室，何也？」

「君者，善羣也。」墨筆眉批：「善羣。」

「司馬知師旅甲兵乘白之數。」墨筆於「白」字旁批：「百。」又墨筆眉批：「乘白。」

「脩憲命，審詩商。」墨筆眉批：「詩商。」

「行水潦，安水臧。」墨筆眉批：「水藏。」

「使民有所耘艾。」墨筆眉批：「耘艾。」
「使農夫僕力而寡能。」墨筆眉批：「僕力寡能。」〔一〕
「草木魚鼈百索。」墨筆眉批：「百索。」
「養六畜，間樹藝。」墨筆眉批：「間。」
「傴巫跛擊之事也。」硃筆眉批：「跛擊。」
「抃急禁悍。」墨筆眉批：「抃急。」
「使百吏免盡，而衆庶不倫。」墨筆眉批：「衆庶不倫。『不倫』何謂？恐是『偷』字。」又墨筆旁批：「『若』倫字當謂『不失其倫』。」
「綦文理，一天下。」墨筆眉批：「綦。」
「具具而王，具具而霸，具具而存，具具而亡。」墨筆眉批：「具具。」又墨筆旁批：「四『具具』句，總説个王霸存亡之概。『具具』語詞，猶事件如何如何，各有般數。如那樣般數是王，那樣般數是霸。」
「制與在此，亡乎人。」藍筆旁批：「此下難解。」又墨筆旁批：「謂所以制之者在此。亡卽無，謂不在人也。」又墨筆旁批：「『制與』下語氣似制與不制。」「制與在我，亡乎人。」墨筆旁批：「所以制之者，在我。」又墨筆眉批：「制與在此，制與在我，只一與字未曰制，令與人制之也。」
「豈渠得免夫累乎？」硃筆旁批：「渠如詎。」
「天下脅於暴國，而黨爲我所不欲於是者，日與桀同事同行，無害爲堯；是非功名之所就也。」

〔一〕本條中兩「僕」，傅山全書初版本均誤作「樸」，據底本及手稿改。

墨筆旁批：「天下爲暴國所脅，羣然爲不仁不義之事，非吾所欲。此『吾』字是汎言百姓自我之義。桀當危亡之日，自己不覺無道之禍，猶然所爲，不害爲賢君也。若于圖功名，〔二〕百姓危而思安，亡而思存，皆須得一爲，以建功業，容身家之所。」又墨筆眉批：「與桀同行，無害爲堯，是無道者自謂然耳。」

「非存亡安危之所隳也。」墨筆旁批：「『隳』字用此不解。義似『託』字，謂百姓方有時日曷喪之心，豈得依之以爲功名倚靠之人？隳，落也，猶言下落。江北人言所在，皆云好个落也。」

「必將於愉殷赤心之所。」墨筆眉批：「愉殷。」又硃筆眉批：「看下文『所』字法，則當以『赤心之所』爲句。」又墨筆旁批：「愉，快也。殷，依也。赤心如『推恋置腹』之赤心也。」

「誠以其國爲王者之所，亦王；以其國爲危殆滅亡之所，亦危殆滅亡。」墨筆旁批：「天下人心之所向背，王之則王，亡之則亡，定勢定理也。」

「殷之日，案以中立，無有所偏，而爲縱横之事。」墨筆眉批：「殷之日。」又墨筆旁批：「『殷之日』，文義似閒暇之日，但古來『殷』字無此解。『殷』有盛義，謂其當盛時也。」又硃筆旁批：「下文有『案兵無動』句，則此『案』字義同。」

「兵剸天下勁矣。」硃筆改爲：「兵剸天下之勁矣。」

「案脩仁義。」硃筆眉批：「案。」

「夫堯舜者一天下也。」硃筆旁批：「『者』猶『之』。」

「而勿忘棲遲薛越也。」墨筆眉批：「棲遲薛越。」又墨筆旁批：「後有『棲遲薛越之中野』。」

〔二〕「名」，傅山全書初版本誤作「各」，據手稿改。

此謂不可不謹慎收拾也。」

「就能有與是鬬者與。」墨筆眉批：「就。」硃筆旁批：「『就』字義如『尚』。」又墨筆旁批：「又如『卽』字。」

「殷之日。」墨筆眉批：「殷之日。」

「彼將日日棲遲薛越之中野。」墨筆眉批：「棲遲薛越。」又墨筆旁批：「猶屑越，作蹋賤棄之義。」

「彼將厲厲焉。」墨筆眉批：「厲厲。」「日日相離疾也。」墨筆旁批：「卽以『離疾』解『厲厲』。」「我今將頓頓焉。」墨筆眉批：「頓頓。」「日日相親愛也。」墨筆旁批：「『相親愛』解『頓頓』。」

「進退貴賤則舉傭士，之所以接下之人百姓者，則庸寛惠。」藍筆旁批：「有脱落。」又墨筆旁批：「『之』字向下讀。王霸篇有連用『之』字爲開口之語，如『之所與爲』、『之者』、『之人』。」又硃筆眉批：「以『之』字作起，猶『其』字亦通。不然，則逕去『之』字亦可。」

「故人之所以接下之人。」藍筆旁批：「觀此知前二段脱數字。」又墨筆旁批：「故人是常所習狎之人。」

「百姓者，則好用其死力矣，而慢其功勞。」墨筆旁批：「驅百姓爲戰鬬，而不錄其功。」

篇末：「劉辰翁曰：『殷之日』以下數段頗不易讀，疑皆有誤字。」〔二〕硃筆旁批：「『殷之日』三字不可强解。」

〔二〕「皆」字，傅山全書初版本脱，據批點底本改。

富國篇第十

墨筆旁批：「全非墨子。」

「爲人數也。」墨筆眉批：「爲人數也。」又硃筆旁批：「言物爲人之數。」

「皆有可也，知愚同；所可異也，知愚分。」硃筆旁批：「『可』猶所謂『好』。不論知愚，皆有所好，是同；而知者好禮義，愚者好財貨，是異。」又墨筆眉批：「『可』卽『許可』之『可』。」

「行私而無禍，縱欲而不窮。」墨筆旁批：「行私定有禍，縱欲終有窮。若不禍不窮，則民儘著行私縱欲。」

「如是，則知者未得治也。」硃筆眉批：「知。」又硃筆旁批：「謂知者不得權以治人。」

「事業所惡也。」硃筆旁批：「所惡謂惰窳者言。」

「必有貪利糾譑之名。」硃筆眉批：「譑。」

「百姓之力，待之而後功」云云。硃筆眉批：「『待』字皆謂百姓待上之人爾爾。」

「掩地表畝，剌屮畝殖穀。」墨筆眉批：「掩地表畝。」

「墨子之言，昭昭然爲天下憂不足」云云。墨筆眉批：「非墨。」

「飛鳥鳧雁若烟海。」硃筆眉批：「烟海。」

「非將隳之也，說不免焉。」墨筆眉批：「非將隳之，說不免焉。」

「不時焚燒，無所藏之。」硃筆旁批：「此句再見。」

「垂事養民。」墨筆眉批：「垂事養民。」
「夏日則與之瓜麩。」硃筆眉批：「麩。」
「儧然要時務民。」硃筆眉批：「儧。」
「使民夏不宛暍。」墨筆眉批：「宛暍。」
「和調累解速乎急疾。」墨筆眉批：「累解。」
「下疑俗儉，而百姓不一。」楊注：「儉當爲險。」墨筆眉批：「『儉』字當是『險』字。」
「潢然兼覆之。」墨筆眉批：「潢然。」
「至于疆易而端已見矣。」墨筆眉批：「疆場。」楊注：「易與場同。」墨筆眉批：「壃場。」
「其於貨財取與計數也，〔二〕須孰盡察。」墨筆旁批：「平陽、汾州之習。」楊注：「其於計數貨財，必待精熟極察然後行。」硃筆眉批：「『須』即『需索』之『須』，非『待』也。」
「潢然使天下必有餘。」墨筆眉批：「潢。」
「是之謂國蹶。」墨筆眉批：「國蹶。」
「主相不知惡也。」硃筆眉批：「知。」
「案以爲利也。」墨筆眉批：「案。」
「致忠信，期文理。」楊注：「期當爲綦。」墨筆眉批：「期當作綦。綦字。」
「則不可境内之聚也。」硃筆旁批：「不解。」
「午其軍。」墨筆眉批：「午。」

〔二〕「於」，傅山全書初版本誤作「與」，據批點底本改。

「若撥麷。」墨筆眉批：「麷。」

「爲名者否，爲利者否，爲忿者否。」硃筆眉批：「三否字。」

「雖爲之逢蒙視。」硃筆眉批：「逢蒙視。」

篇末：「劉辰翁曰：卽一二字法，亦足與左氏競爽。」硃筆旁批：「不見。」

篇末墨筆旁批：「通篇庸嘽。」

王霸篇第十一

「及其綦也。」墨筆眉批：「綦。」

「挈國以呼禮義，而無以害之。」墨筆眉批：「『挈國以呼禮義』句。〔一〕呼。」又墨筆旁批：「『呼』字何爲？」〔二〕又墨筆根批：「提挈其國，以招呼禮義之士。」〔三〕

「櫟然扶持心國，且若是其固也。」硃筆眉批：「櫟然。心國。」

「主之所極然帥羣臣而首鄉之者。」墨筆旁批：「古文之拙。『然』字非讀，一連讀下爲是。」

「則舉義志也。」墨筆改爲：「則舉義士也。」

「是綦定也，綦定而國定，國定而天下定。」墨筆眉批：「一義。」又硃筆眉批：「荀子往往用『綦』字。」

〔一〕「義」，手稿作「樂」，據文意改。

〔二〕「何」，傅山全書初版本誤作「同」，據手稿改。

〔三〕「義」，手稿作「樂」，據文意改。

「案申重之以貴賤殺生。」硃筆眉批：「案。」

「名聲之部〔一〕發於天地之間也。」楊注：「部當爲剖，謂開發也。」硃筆眉批：「『部』字亦解得去。」〔二〕

「一日而白。」墨筆眉批：「白。」

「以濟義矣。」墨筆眉批：「義。」

「國一綦明。」墨筆眉批：「綦。」

「齺然上下相信。」硃筆眉批：「齺。」

「略信也。」墨筆眉批：「信。」

「故用彊齊。」墨筆旁批：「因齊閔說來。」

「塗薉則塞。」墨筆眉批：「薉。」

「誰子之與也。」「誰子」旁墨筆批：「何人。」楊注：「求誰人付與之。」「與」字旁墨筆批：「相與。」又墨筆眉批：「『誰子之與』是謂誰是子之與也。猶言『子之所與爲國者誰』。」又墨筆眉批：「『誰子之與也』之句。」

「安與夫千歲之信士爲之也。」墨筆眉批：「安。」

「故與積禮義之君子爲之則王，〔三〕與端誠信全之士爲之則霸，與權謀傾覆之人爲之則亡。」墨筆

〔一〕「名」，傅山全書初版本誤作「各」，據批點底本改。

〔二〕「亦」，傅山全書初版本誤作「也」，據手稿改。

〔三〕「王」，傅山全書初版本誤作「亡」，據批點底本改。

旁批：「端誠信之人豈不積禮義哉？著者不自明嫿其說。」又墨筆眉批：「積禮義是因上文『不以積持』之一段來，〔一〕端信之士則當謂是一時有此等人耳，非『積』也。」

「不知恐懼而求能者安。」硃筆眉批：「知。安。」

「綦大而王，綦小而亡。」墨筆眉批：「綦。」

「詩云：如霜雪之將將」云云。硃筆眉批：「逸詩。」又墨筆眉批：「將將。」

「猶好聲色而恬無耳目也。」硃筆旁批：「穎句。」

「目欲綦色，耳欲綦聲，口欲綦味，鼻欲綦臭，心欲綦佚。此五綦者，人情之所必不免也。」硃筆眉批：「五綦。」又墨筆眉批：「綦。」

「養五綦者有具。」墨筆眉批：「具。」

「然後養五綦之具具也。」墨筆眉批：「具具。」

「若夫論一相以兼率之。」墨筆旁批：「『論』猶『掄』也。」

「百畝一守，事業窮，無所移之也。」墨筆眉批：「百畝一守，事業窮，無所移之也。」〔二〕又硃筆旁批：「句拙處，卻眞見先秦。」

「日有餘而治不足者，使人爲之也。」楊注：「治不足，言不足治也。」硃筆眉批：「如治不足者使人爲之，〔三〕『使』上如脫一『不』字。讀至後，又見此一句，始知注說爲是。『不足』之意如不

〔一〕「以」，傅山全書初版本誤作「似」，據手稿改。

〔二〕「也」，傅山全書初版本脫，據手稿補。

〔三〕「者」，手稿作「來」，依上文改。

忙。」〔一〕

「賢士一焉。」墨筆旁批：「此『一』字謂爲我所一焉。」〔二〕

「故王者已於服人矣。」硃筆眉批：「『已』猶『已然議』之已。」〔三〕

「甚易處而綦可樂也。」墨筆眉批：「綦。」

「夫貴爲天子」至「是又人情之所同欲也」。硃筆眉批：「大老俗話，只管說。」

「罣牢天下而制之。」硃筆眉批：「罣牢。」

「楊朱哭衢塗曰：『此夫過舉蹞步而覺跌千里者夫！』哀哭之。」楊注：「跌，差也。言此歧路第過舉半步，則知差而哭，況跌千里者乎！故甚哀而哭之。」硃筆眉批：「如注，則以『覺』字爲句，『跌』上須加一『況』字始通。若但作一句讀來，則即『差豪厘而謬千里』者，亦通。」

「國在上偏而國安，在下偏而國危。」墨筆眉批：「偏。上偏，下偏。」

「立隆政本朝而當。」墨筆眉批：「立隆政本朝而當。」又硃筆眉批：「『當』猶『得當』，去聲。」

「身有何熒而爲。」硃筆眉批：「熒猶惑。」

「懸樂奢泰游抏之脩。」墨筆眉批：「抏。」

「知者易爲之興力。」硃筆眉批：「知。」

〔一〕「意」，傅山全書初版本誤作「義」，據手稿改。

〔二〕「爲」，傅山全書初版本脫，據手稿補。

〔三〕「然」，傅山全書初版本誤作「能」，據手稿改。

「知者之知。」硃筆眉批：「知。」

「有以守少，能無察乎？」硃筆改爲：「又以守少，能無察乎？」

「有以守多，能無狂乎？」硃筆改爲：「又以守多，能無狂乎？」

「明主好要而闇主好詳。」墨筆眉批：「明主好要而闇主好詳。」

「周國者。」墨筆眉批：「『周國』卽『周幣』之『周』。」

「潢然兼覆之。」墨筆眉批：「潢。」

「使民則綦理。」〔一〕墨筆眉批：「綦。」

「爲之出死斷亡而不愉者。」墨筆旁批：「『愉』或『偷』字之訛。」

「汙漫突盜以先之。」墨筆眉批：「突盜。」又墨筆旁批：「上之人鑽利孔卽突盜。」

「使愚詔知。」硃筆眉批：「知。」

「百姓賤之如尪，惡之如鬼。」墨筆眉批：「尪。鬼。」

「審吾所以適人。」墨筆眉批：「審吾所以適人。」

「必將曲辯。」墨筆眉批：「曲辯。」

「質律禁止而不偏。」楊注：「禁止而不偏，謂禁止姦人，不偏聽也。」墨筆眉批：「禁止不偏貼商賈上，似非常言禁止之施於一切者。」

「佻其期日」。〔二〕硃筆眉批：「佻。」

〔一〕「民」，傅山全書初版本誤作「命」，據批點底本改。

〔二〕「日」，傅山全書初版本誤作「曰」，據批點底本改。

「農夫莫不朴力而寡能矣。」墨筆眉批：「朴力寡能。」

「然而兵勁。」硃筆改爲：「然後兵勁。」

「此儒之所謂曲辯也。」墨筆眉批：「曲辯。」

卷八至十一之册封面墨筆批：「彊國篇『今秦南乃有沙羨與俱，〔二〕是乃江南也，〔三〕北與胡、貉爲鄰，西有巴、戎，東在楚者乃界於齊，在韓者踰常山乃在臨慮。在魏者乃據圉津，即去大梁百有廿里耳，其在趙者剡然有苓而據松柏之塞，負西海而固常山，是地徧天下也』一段，句法參差，不版不複，頗足見才矣。綦字，君道篇再見，議兵篇。三偏，見天論。本統，議兵篇再見。關內，臣道篇。」又硃筆批：「君道篇『便嬖左右不可不早具』是□言。」

君道篇第十二

墨筆旁批：「嘽。」

「而羿不世中。」墨筆眉批：「不世中，何說？」

「斗斛敦槩者，所以爲嘖也。」硃筆眉批：「敦概。嘖即賾。」

「則下亦將綦辭讓，致忠信。」墨筆眉批：「綦。」

「不待斗斛敦槩而嘖。」墨筆眉批：「嘖。」

「致功而不流，致臨而有辨。」墨筆旁批：「致功不流，致臨有辨。」墨筆眉批：「致功，致

〔二〕「俱」，手稿作「居」，依强國篇改。

〔三〕「也」字已殘缺，據彊國篇補。

臨。」又硃筆眉批：「『臨』字何解？」

「敬而不鞏。」硃筆眉批：「敬而不鞏。」

「仁知之極也。」硃筆眉批：「知。」

「君射則臣決。」硃筆眉批：「君射臣決。」

「彼或積蓄而得之者不世絕。」墨筆眉批：「彼或畜積而得之者不世絕。」墨筆旁批：「如此等句，後世斷不爲之，拙樸無姿，所以爲古文。」

「生乎今之世，而志乎古之道。」墨筆旁批：「又不法後王了也。」

「使無去其疆域，則國終身無故。」硃筆旁批：「然耶？」

「道者，何也？曰：君道也。君者，何也？曰：能羣也。」硃筆旁批：〔一〕「繁露本此。」

「能羣也者，何也？曰：善生養人者也，善班治人者也，善顯設人者也，善藩飾人者也。」墨筆眉批：「四統：生養，班治，顯設，藩飾。」

「至道大形。」墨筆眉批：「大形，在後自解。」

「不慮而知。」硃筆眉批：「知。」

「如四胑之從心。」墨筆於「胑」字旁批：「肢。」

「是之謂大形。」墨筆眉批：「大形。」

「故知而不仁，不可；仁而不知，不可。」硃筆眉批：「知。」

「好女之色，惡者之孽也。」墨筆旁批：「常言耳。」

〔一〕「旁批」，傅山全書初版本誤作「眉批」，據手稿改。

「故卑不得以臨尊」云云。原書眉批：「王納諫曰：調甚遒逸。」[一]硃筆旁批：「不見。」

「案唯便嬖親比己者之用也。」硃筆眉批：「案。」

「倜然乃舉太公於州人而用之。」[二]墨筆眉批：「倜。」

「人行年七十有二，齫然而齒墮矣。」墨筆眉批：「齫。」

「有弛易齵差者矣。」墨筆眉批：「齵。」

「人主無由知之。」硃筆眉批：「知。」

「便嬖左右者，人主之所以窺遠、收衆之門戶牖嚮也，不可不早具也。故人主必將有便嬖左右足信者然後可。」硃筆旁批：「一節大敝事，如何恁地說？」又墨筆眉批：「從來那個便嬖左右是賢者耶？」

「其知惠足使規物。」硃筆眉批：「知。」

「其端誠足使定物。」硃筆眉批：「便嬖有端誠者乎？」

「然而不必相親也。」墨筆旁批：「此義不是要離間之使不親。」

「不還秩，不反君。」硃筆眉批：「還秩。」又硃筆旁批：「『還秩』如何解？」

「孤獨而晻謂之危。」[三]墨筆眉批：「『晻』卽『暗』字。」

「拘錄計數。」墨筆眉批：「拘錄計數。」

[一]「遒」，傅山全書初版本誤作「遵」，據批點底本改。
[二]「乃」，傅山全書初版本誤作「而」，據批點底本改。
[三]「晻」，傅山全書初版本誤作「腌」，據批點底本改。

「知隆禮義之爲尊君也，知好士之爲美名也」云云。硃筆眉批：「知。」

「人主不能論此三材者，不知道。」硃筆眉批：「知。」

「日而治詳，一内而曲辨之慮。」藍筆旁批：「不可讀，有脱誤。」墨筆眉批：「一内而曲辨。」

「與臣下爭小察，而綦偏能。」墨筆眉批：「綦。」

臣道篇第十三

墨筆旁批：「也嘽。」

「以環主圖私爲務。」墨筆眉批：「環主。」

「曲成制象。」墨筆眉批：「曲成。」

「相與彊君撟君。」墨筆眉批：「彊。撟。」

「謂之輔」至「謂之拂」。硃筆眉批：「輔。拂。」

「從道不從君，此之謂也。」墨筆眉批：「從道不從君。」

「國有大命，不可以告人，妨其躬身。」墨筆眉批：「國有大命，不可以告人，妨其躬身。」

「時關内之。」墨筆眉批：「關内之。」

「因其怒也而除其怨。」墨筆旁批：「此怨非有私怨于我者。」

「傷疾、墮功、滅苦。」硃筆眉批：「傷疾、墮功、滅苦。」

「若曹觸龍之於紂者。」硃筆眉批：「曹觸龍。」楊注：「説苑曰：左師觸龍事桀。」硃筆旁批：「名號同趙人。」

「則案不肖也。」墨筆眉批：「案。」
「人賢而不能。」「能」字旁墨筆批：「敬。」
「則是狎虎也。」硃筆眉批：「狎虎。」
「莫知其佗。」硃筆眉批：「知。」
「故仁者必敬人，敬人有道，賢者則貴而敬之，不肖者則畏而敬之」云云。藍筆旁批：「是涉世深法，恐近鄉願。」又墨筆眉批：「此處最難爲人。」
「喘而言，臑而動。」墨筆眉批：「喘。臑。」
「三者，非朋主莫之能知也。」硃筆眉批：「知。」
「受小球大球。」墨筆眉批：「受小球大球。」
篇末：「劉辰翁曰：有逸氣。」硃筆旁批：「不見。」「亦淨細而未工麗。」硃筆旁批：「不知說甚。」

致仕篇第十四

「衡聽、顯幽、重明、退姦、進良之術。」硃筆旁批：「一句十二字是一段之綱語。」
「凡流言、流說、流事、流謀、流譽、流愬。」硃筆眉批：「六流。」
「不官而衡至者。」「衡」字旁墨筆批：「横。」又硃筆眉批：「不官。」
「聞聽而明譽之。」硃筆旁批：「下有『刑賞』字，此『譽』字單主賞一邊，似訛。」
「然後士其刑賞而還與之。」硃筆眉批：「士。」

「白天下願。」硃筆眉批：「白天下願。」

「不在乎不言用賢。」墨筆改爲：「不在乎言用賢。」並在下一「不」字旁墨筆批：「『不』字衍。」

「而在乎誠必用賢。」藍筆旁批：「句有差。」

「夫耀蟬者務在明其火。」墨筆眉批：「耀蟬。」

「書曰：『義刑義殺，勿庸以卽汝，惟曰：未有順事。』言先教也。」楊注：「書康誥。」墨筆眉批：「康誥。」

「節奏陵而文，生民寬而安。」楊注：「節奏雖峻，亦有文飾，不至於刻急。」墨筆眉批：「節奏陵而文，謂上下名分等威，稜然不可踰越，〔一〕所以爲文也。注迂。」

「師術有四，而博習不與焉，尊嚴而憚，可以爲師。」硃筆旁批：「此自另一段話說，不與上文接。」

「樹落糞本。」墨筆眉批：「樹落糞本。」

篇末墨筆批：「『師說』以下另起。」

議兵篇第十五

「上得天時，下得地利，觀敵之變動，〔二〕後之發，先之至，此用兵之要術也。」硃筆眉批：「其

〔一〕「踰」，傅山全書初版本誤作「渝」，據手稿改。

〔二〕「敵」，傅山全書初版本誤作「兵」，據批點底本改。

實用兵之法盡於此矣。」

「故善附民者，是乃善用兵者也。」硃筆旁批：「儒之常談。」

「故兵要在乎善附民而已。」硃筆旁批：「此是用兵以前之事。」

「感忽悠闇。」墨筆眉批：「感忽。」

「路亶者也。」硃筆眉批：「路亶。」

「滑然有離德也。」墨筆眉批：「滑。」

「和傳而一。」硃筆眉批：「『傳』亦可作『傅』。」〔二〕

「案角鹿埵、隴種、東籠而退耳。」墨筆眉批：「案。」

「彼其所與至者，心其民也。」墨筆旁批：「前已有此一段。」

「則若灼黥。」墨筆眉批：「灼黥。」

「上不足邛。」墨筆改爲：「上不足印。」又墨筆眉批：「印。」

「械用兵革攻完便利者彊。」楊注：「攻當爲功。」硃筆旁批：「攻字是。」又墨筆眉批：「攻謂工緻。」

「齊人隆技擊。」墨筆眉批：「齊。」

楊注「八兩曰錙」云云。〔三〕墨筆眉批：「解甚拙。」

「魏氏之武卒」云云。墨筆眉批：「魏。」

〔二〕「亦」，傅山全書初版本誤作「也」，據手稿改。

〔三〕「曰」，傅山全書初版本誤作「錙」，據批點底本改。

「冠軸帶劍。」硃筆眉批：「軸。」

「改造則不易周也。」墨筆眉批：「改造。」

「秦人其生民也狹隘。」墨筆眉批：「秦。」

「鰌之以刑罰。」墨筆眉批：「鰌。」

「五甲首而隸五家。」墨筆眉批：「五甲首。」

「兼是數國者，皆干賞蹈利之兵也，傭徒鬻賣之道也，未有貴上、安制、綦節之理也。」硃筆旁批：「此何容易？必於選一班聖賢當軍，那里有此等事，此等語！」又墨筆眉批：「綦。」

「故招近募選。」「近」字旁墨筆批：「延。」

「若夫招近募選，隆勢詐，尚功利之兵，則勝不勝無常，代翕代張，代存代亡，相爲雌雄耳矣。」硃筆旁批：〔二〕「說便爾，然舍此亦別無兵。」

「燕之繆蟣。」硃筆眉批：「繆蟣。」

「然而未有本統也。」墨筆眉批：「本統。」

「知莫大乎棄疑。」硃筆眉批：「知。」

「成不可必也。」墨筆眉批：「成不可必。」

「故制號政令，欲嚴以威」至「夫是之謂六術」。墨筆眉批：「六術。」

「欲伍以參。」墨筆眉批：「伍參。」

「必道吾所明，無道吾所疑。」硃筆旁批：「『道』卽『由』字。」

〔二〕「旁批」，傅山全書初版本誤作「眉批」，據手稿改。

「無欲將而惡廢」至「夫是之謂五權」。墨筆眉批：「五權。」

「所以不受命於主有三」至「夫是之謂三至」。硃筆眉批：「三至。」

「夫是謂大吉。」墨筆眉批：「大吉。」

「敬謀無壙」至「夫是之謂五無壙」。墨筆眉批：「五無壙。」

「蘇刃者死。」楊注：「蘇讀爲傃。」硃筆眉批：「蘇如傃。」

「殷之服民所以養生之者也，無異周人。」墨筆旁批：「此謂殷之民臣服于周者，用養生之與周民同也。」

「陈嚣问孙卿子。」硃筆眉批：「陳囂。」

「非汝所知也」云云。墨筆旁批：「糟套。」

「李斯問孫卿子。」墨筆眉批：「李斯。」

「諰諰然常恐天下之一合而軋己也。」〔二〕墨筆眉批：「諰諰。」

「此所謂末世之兵，未有本統也。」硃筆眉批：「『本統』兩字其實可厭。」〔三〕

「溝池不抇。」硃筆眉批：「抇。」

「其所以接下之百姓者，無禮義忠信，焉慮率用賞慶刑罰勢詐除扼其下。」楊注：「焉慮，無慮，猶言大凡也。」藍筆旁批：「末世上術。」墨筆旁批：「如注則『焉』字連下讀，即以『焉』字連上句亦可，然下有个『率』字矣。」又墨筆眉批：「焉慮，除扼。」

〔二〕「之」，傅山全書初版本脫，據批點底本改。

〔三〕「可」，傅山全書初版本誤作「不」，據手稿改。

「霍焉離耳。」墨筆眉批：「霍。」

「百姓莫不敦惡。」墨筆眉批：「敦惡。」

「雕雕焉縣貴爵重賞於其前。」墨筆眉批：「雕雕。」

「矜糾收繚之屬。」墨筆眉批：「矜糾收繚。」

「必發夫掌窌之粟以食之。」硃筆眉批：「掌窌。」

「兼併易能也，唯兼凝之難焉。」墨筆眉批：「兼凝。」

「故凝士以禮。」墨筆眉批：「凝士以禮。」

篇末：「劉辰翁曰：此篇可謂典而多風，正以色態濃至耳。孫鑛曰：有條理而成章，有議論而核實，擷其華，信不少也。」墨筆旁批：「不見。」

彊國篇第十六

「剝脱之。」墨筆眉批：「剝脱。」

「則劙盤盂。」墨筆眉批：「劙。」

「彼國者。」「彼」字旁墨筆批：「夫。」

「國之命在禮。」墨筆眉批：「國之命在禮。」

「有道德之威者。」硃筆眉批：「道德之威。」

「黭然而雷擊之。」墨筆眉批：「黭。」

「上執拘則最。」硃筆眉批：「最。」

「夫是之謂暴察之威。」硃筆眉批：「暴察之威。」
「下比周賁潰以離上矣。」墨筆眉批：「賁潰。」
「夫是之謂狂妄之威。」硃筆眉批：「狂妄之威。」
「子發將西伐蔡。」墨筆眉批：「子發。」
「歸致命曰：蔡侯奉其社稷而歸之楚」云云。藍筆旁批：「此下辭氣，絕似左傳。」
「按獨以爲私靡。」硃筆眉批：「按。」
「安直爲是世俗之所以爲。」硃筆眉批：「安。」
「大燕鰌吾後。」墨筆眉批：「鰌。」
「楚人則乃有襄賁、開陽以臨吾左。」墨筆眉批：「襄賁，開陽。」
「辟之是猶伏而咶天。」墨筆旁批：「有了。」〔一〕
「俄而天下倜然舉去桀、紂而奔湯、武。」墨筆眉批：「倜。」
「是渠衝入穴而求利也。」硃筆眉批：「渠衝入穴。」
「乃能使說己者使耳。」「使」字旁墨筆批：「役。」
「安欲剡其脛而以蹈秦之腹。」硃筆眉批：「安。」又墨筆眉批：「剡其脛。」
「是乃使讎人役也。」墨筆眉批：「使讎人役。」
「今秦南乃有沙羡與俱，是乃江南」至「是地徧天下也」。硃筆眉批：「句法參差得好。」
「節威反文。」墨筆眉批：「節威反文。」

〔一〕此條，傅山全書初版本脱，據手稿補。

「案用夫端誠信全之君子治天下焉。」硃筆眉批：「案。」

「其服不挑。」墨筆眉批：「挑，佻。」

「恬然如無治者，古之朝也。」硃筆旁批：「然耶？」

「故善日者王，善時者霸」云云。墨筆眉批：「此無他，只是王者步步勤慎耳。」

「至亡而後知亡，至死而後知死。」硃筆眉批：「知。」

「霸者之善著焉，可以時託也；王者之功名，不可勝日志也。」硃筆旁批：「如此説來，則霸疎而王密，霸舉大綱而王操切矣。」

「内外上下節義之情也。」墨筆眉批：「内外上下句，或是内外上下節于義之情耶？内外上下有節是義之情耶？」又墨筆旁批：「此句若不補注一二字，則混悶。」

天論篇第十七

「養備而動時。」墨筆眉批：「動時，謂當動而動，如四氣調神之類。」〔一〕

「養略而動罕。」硃筆旁批：「罕字對上時字，是不時也。義恐干犯之干。若从网字見解，似漫不省察迴避之義。」又墨筆眉批：「動罕，罕，少也。不知此何意？」

「是之謂天職。」墨筆眉批：「天職。」

「不與天爭職。」墨筆眉批：「與天爭職。」

「舍其所以參。」墨筆眉批：「參。」

〔一〕「神」，傅山全書初版本誤作「動」，據手稿改。

「皆知其所以成」云云。硃筆眉批：「知。知。」

「夫是之謂天。」墨筆改爲：「夫是之謂天功。」又墨筆眉批：「天功。」

「夫是之謂天情。」墨筆眉批：「天情。」

「夫是之謂天官。」墨筆眉批：「天官。」

「夫是之謂天君。」墨筆眉批：「天君。」

「財非其類，以養其類，夫是之謂天養。」楊注：「財與裁同，飲食衣服與人異類，裁而用之。」

硃筆旁批：「財何必作裁，卽前『地有其財』之財。」又墨筆眉批：「天養。」

「夫是之謂天政。」墨筆眉批：「天政。」

「如是，則知其所爲，知其所不爲矣。」硃筆眉批：「知。知。」

「治亂，天耶？」墨筆旁批：「問頭。」「時耶？」墨筆旁批：「問頭。」「地耶？」墨筆旁批：

「問頭。」

「君子不爲小人匈匈也。」墨筆眉批：「匈匈。」

「君子道其常。」楊注：「道，言也。」硃筆旁批：「猶導也。」

「知慮明。」硃筆眉批：「知。」

「曰：無何也。」墨筆眉批：「無何。」

「物之罕至者也。」墨筆眉批：「罕。」

「楛耕傷稼，耘耨失薉。」墨筆眉批：「薉。」

「夫是之謂人祆。」墨筆眉批：「人祆。」

「三者錯，無安國。」楊注：「錯，置也。」硃筆旁批：「此處解『置』，遠。」又硃筆眉批：

「『錯』如『錯出疊見』之『錯』才通。」

「曰：無何也。」墨筆眉批：「無何。」

「國之命在禮。」硃筆眉批：「國之命在禮。」

「不知貫，不知應變。」硃筆眉批：「知。」

「萬物爲道一偏，一物爲萬物一偏，愚者爲一物一偏，〔一〕而自以爲知道，無知也。」三「一偏」上均用墨筆加「之」字。楊注：「愚者不能盡一物也。」墨筆旁批：「還等不了一物。」又硃筆眉批：「三偏字，上二偏字是說萬物爲道之一偏，一物爲萬物之一偏，而愚者但執一物一偏之見云云。」又硃筆眉批：「知。」

〔一〕「物」字上，傅山全書初版本脱一「一」字，據批點底本補。

卷七十一　荀子批注（下）

卷十二至十四之册封面墨筆批：「榶、柯、伐睪、舌縪，正論。檖䫉、尚拊之膈、嶲、愅詭，禮論。挍、諰、婦好、謘謘，樂論。楬，樂論。嵬瑣，正論。無性則僞之無所加，無僞則性不能自美。子宋子，正論。」又硃筆批：「『誠縣』兩字見禮論。」

正論篇第十八

「主道利周。」墨筆旁批：「利周。」

「易直則易知」云云。硃筆眉批：「知。」

「上周密則下疑玄矣。」墨筆眉批：「疑玄。」

「上幽險則下漸詐矣」云云。硃筆眉批：「多乎哉！」

「以桀、紂爲常有天下之籍則然，親有天下之籍則不然。」墨筆眉批：「常有。親有。」

「天下者，至重也。」墨筆旁批：「鏖糟。」「非至彊莫之能任；至大也，非至辯莫之能分；至衆也，非至明莫之能知。」硃筆眉批：「三至看來甚可笑。」「故非聖人莫之能王。」硃筆旁批：「也只管王哩！」

「禹湯之後也而不得一人之與。」硃筆旁批：「可感。」

「故至賢疇四海。」墨筆眉批：「疇。」
「是猶傴巫跛匡。」硃筆眉批：「傴巫。跛匡。」
「天下者，大具也。」墨筆眉批：「大具。」
「天下者，至大也。非聖人莫之能有也。」硃筆旁批：「非聖有！有！有！」
「世俗之爲說者曰：治古無肉刑」云云。硃筆眉批：「荀主意，用肉刑。」
「菲，對屨。」楊注：「對當爲紂。」硃筆眉批：「紂。」
「治則刑重，亂則刑輕。」墨筆眉批：「刑亂，國用重典，又何說？」
「故魯人以榶，衛人以柯。」硃筆眉批：「榶。柯。」
「甸服者祭。」硃筆旁批：「日。」「侯服者祀。」硃筆旁批：「月。」「賓服者享。」硃筆旁批：
「二祧。」
「視形勢而制械用。」硃筆眉批：「械用。」
「是規磨之說也。」硃筆眉批：「規磨。」
「溝中之瘠也。」硃筆旁批：「此句在此無義。」
「夫有誰與讓矣。」「有」字旁墨筆批：「又。」
「夫有惡擅天下矣。」「有」字旁墨筆批：「又。」
「不能以僞飾性。」墨筆眉批：「不能以僞飾性。」
「聖王以汲。」「汲」字旁墨筆批：「沒。」
「心至愉而志無所詘。」墨筆眉批：「志無所詘。前謂老子有詘無信，則貴賤不分，正此義耳。」
「天子者，勢至重而形至佚」至「故曰：諸侯有老，天子無老」。硃筆眉批：「文章好。然執

此以論天子無老則不倫。然則天子堯可無死矣。」〔一〕

「不老者，休也。」原書眉批：「孫鑛曰：『不』字句，近是。」墨筆旁批：「不老者，是休也。〔二〕休猶言美也。謂安樂之美也。『不』字非句，亦非衍。」

「堯、舜者，天下之英也。」墨筆旁批：「不勞過獎。」

「是之謂嵬說。」硃筆眉批：「嵬瑣。」

「故作者不祥。」〔三〕墨筆旁批：「指誰？」「非者有慶。」墨筆旁批：「不解。」墨筆眉批：「此段自『作者』至『之謂也』頗不可解。『非者有慶』不解。」

「亂今厚葬，飾棺。」硃筆旁批：「『亂今』對『治古』。」

「皆使當厚優猶知足。」墨筆眉批：「當厚優猶。」

「狗豕吐菽粟。」墨筆旁批：「不食也。」

「琅玕、龍兹、華覲以爲實。」硃筆眉批：「龍兹。華覲。」

「故脯巨人而炙嬰兒矣。」墨筆眉批：「脯巨人，炙嬰兒。」

「則有何尤扣人之墓。」〔四〕「有」字旁硃筆批：「又。」

「雖此倮而埋之。」硃筆眉批：「雖此。」

「而潮陷之，以偷取利焉。」墨筆旁批：「薄葬于何偷取利？」又墨筆眉批：「潮。」

〔一〕「天子」，傅山全書初版本脱，據手稿補。
〔二〕「者」，傅山全書初版本脱，據手稿補。
〔三〕「祥」，傅山全書初版本誤作「詳」，據批點底本改。
〔四〕「尤扣」，傅山全書初版本誤作「猶揚」，據批點底本改。

「夫是之謂大姦。」楊注：「言是乃特姦人，自誤惑於亂說」云云。硃筆旁批：「不知說了个甚。」

「危人而自安，害人而自利。此之謂也。」墨筆旁批：「此二句又迂，與言薄葬者，何危？何安？何利？何害？」

「子宋子曰。」墨筆眉批：「子宋子。」又硃筆眉批：「宋鈃。」

「曰惡而不辱也。」硃筆旁批：「既惡之矣，以爲不辱，何言之不類也？」

「非以其辱之爲故也。」硃筆眉批：「可惡莫甚於辱。」

「今俳優、侏儒、狎徒詈侮而不鬥者。」墨筆旁批：「喻得甚有話說。」

「夫今子宋子不能解人之惡侮。」墨筆眉批：「子宋子。」

「不知其無益則不知。」硃筆旁批：「此謂宋子立言時。」

「不仁不知，辱莫大焉。」墨筆旁批：「此句在此何用？」又墨筆眉批：「上文『辱』字原爲侮者，此『辱』字又帖在爲不辱之說者上，甚無謂，又無味。」

「則與無益於人也。」「與」字旁墨筆批：「預。」

「是之謂義榮。」墨筆眉批：「義榮。」

「是之謂勢榮。」墨筆眉批：「勢榮。」

「是之謂義辱。」墨筆眉批：「義辱。」

「籍靡舌縪。」墨筆眉批：「舌縪，音舉。」〔二〕楊注：「莊子云，公孫龍舌舉而不下。」墨筆旁

〔二〕「音舉」二字，傅山全書初版本脫，據手稿補。

批：「秋水篇問魏牟一節。」又硃筆眉批：「舌繹似是四事四言之意。」

「是之謂勢辱。」墨筆眉批：「勢辱。」

「義辱勢辱，唯小人然後兼有之。」墨筆旁批：「上云君子可以有勢辱。」

「今子宋子案不然。」硃筆眉批：「案。」又墨筆眉批：「論禮篇『案屈然已』。案抑不動火而屈受之。」

「慮一朝而改之。」墨筆旁批：「云分也。」〔一〕

「此五綦者。」墨筆眉批：「綦。」

篇末「孫鑛曰」後藍筆批：「文力彊鋭。」

篇末硃筆批：「正論末專謫宋子之立言不正。」

禮論篇第十九

「疏房檖貌。」墨筆改爲：「疏房檖䫉。」並硃筆眉批：「檖䫉。」

「側載睪芷。」墨筆眉批：「『睪芷』前有。」

「寢兕、持虎、蛟韅、絲末、彌龍，所以養威也。」硃筆眉批：「寢兕、持虎、蛟韅、絲末、彌龍。」楊注：「末與幦同。絲幦，蓋織絲爲幦。」硃筆根批：「幦，說文鬃布也，引周禮䮗車犬幦。」

「所以養生也。」楊注：「乃所以受祿養生也。」墨筆眉批：「受祿養生，說得恁地鄙瑣。」

「一之于情性，則兩喪之矣」至「墨者，將使人兩喪之者也」。墨筆眉批：「墨者亦非一之于情

〔一〕「云分也」，傅山全書初版本誤作「之分上」，據手稿改。

性。」

「諸侯不敢壞。」「不敢壞」旁墨筆批：「三字不是。」又墨筆眉批：「若不自上句王者想來，『諸侯不敢壞』成何語？」

「貴始，得之本也。」楊注：「得當爲德。」墨筆根批：「亦不必爲『德』。」

「郊止乎天子，而社至於諸侯，道及士大夫。」楊注：「道，通也，言社自諸侯，通及士大夫也。」墨筆眉批：「道字解通字。郊特牲：『家主中霤，而國主社。』注疏：『中霤，謂土神。卿大夫之家主祭，土神在于中霤。』祭法：『大夫以下成羣立社，曰置社。』」

「貴本之謂文，親用之謂禮。」墨筆眉批：「文。理。」

「尚拊之膈。」硃筆眉批：「尚拊之膈。」

「始乎悅，成乎文，終乎悅校。」硃筆眉批：「棁。校。」

「至察以有說。」墨筆眉批：「說音悅。」

「禮之理誠深矣。」墨筆旁批：「單讀此句是何語？連下始知其義。」

「衡誠縣矣。」墨筆眉批：「誠縣。」又硃筆眉批：「柳公之字取諸此。」

「禮之中焉能思索，謂之能慮；禮之中焉能勿易，謂之能固。」墨筆眉批：「此二『焉』字何爲？」

「是君子之壇宇宫庭也。」硃筆眉批：「壇宇宫庭。」

「夫厚其生而薄其死，是敬其有知而慢其無知也。」墨筆眉批：「非墨。」

「皆有翣菨文章之等。」墨筆改爲：「皆有翣菨文章之等。」硃筆眉批：「菨當爲菨。」

「凡緣而往埋之。」硃筆眉批：「凡緣。」

「各反其平，各復其始。」硃筆旁批：「此二句在此無謂。」

「月朝卜日，月夕卜宅。」楊注：「月朝，月初也。」至「月夕卜宅，未詳也。」墨筆旁批：「大說偶例其文耳。」

「不至於窕冶。」墨筆眉批：「窕冶。」

「憂戚萃惡。」墨筆於「萃」字旁批：「顇。」〔一〕

「資粗。」墨筆旁批：「齊。」

「非順敦修爲之君子。」墨筆眉批：「順敦修爲。」

「無性則僞之無所加。」硃筆旁批：「是。」「無僞則性不能自美。」硃筆旁批：「亦是。」又硃筆眉批：「扶承『僞』字，要知此『僞』字不似今人所謂全無眞誠之『僞』，但就所謂太始者言之，則屬人爲耳。」

「甕廡虛而不實。」墨筆眉批：「廡。屑。」

「象徒道也。」墨筆眉批：「象徒。」楊注：「徒道以象人行，不從常行之道，〔二〕更徙他道也。」墨筆旁批：「解胡。」

「蓋斯象拂也。」墨筆眉批：「蓋斯。」楊注：「象，衍字。」墨筆旁批：「不衍。」

「無帾、絲蕢。」硃筆眉批：「蕢。」

「三年之喪，二十五月而畢」云云。硃筆眉批：「禮記三年，同取此。」又硃筆眉批：「全寫禮

〔一〕此條，傅山全書初版本脫，據手稿補。

〔二〕「從」，傅山全書初版本誤作「以」，據批點底本改。

記之文。」

「安爲之立中制節。」硃筆眉批：「安。」

「故先王案以此象之也。」硃筆眉批：「案。」

「得之則治，失之則亂，文之至也」云云。墨筆眉批：「多過。」

「故社，祭社也」至「祭祀之也」。墨筆旁批：「此數句非此處之文，不知從何處錯置之。」

「郊者，〔一〕并百王於上天。」「王」字旁墨筆批：「神。」

「愅詭悒僾而不能無時至焉。」硃筆眉批：「愅詭悒僾。」

「案屈然已。」墨筆旁批：「抑之，折之，果之，止之。」硃筆眉批：「案。」又墨筆眉批：「案屈然已。」

「故先王案爲之立文。」硃筆眉批：「案。」又墨筆眉批：「正論篇子宋『案不能獨詘容爲已』。」

「君子之所以爲愅詭其所喜樂之文也。」硃筆眉批：「愅詭。」又硃筆旁批：「變異。」

「君子之所以爲愅詭其所哀痛之文也。」硃筆眉批：「愅詭。」

「君子之所以爲愅詭其所敦惡之文也。」硃筆眉批：「敦惡。」

篇末藍筆批：「意曲悉，而文特雋古，時助戴記之所不及。」

樂論篇第二十

「人情之所必不免也，故人不能無樂。」硃筆旁批：「嘽。」

〔一〕「郊」，傅山全書初版本誤作「効」，據批點底本改。

「足以辨而不諰。」硃筆眉批：「諰。」
「是先王立樂之方也，而墨子非之，奈何？」墨筆眉批：「非墨。」
「是先王立樂之術也，而墨子非之，奈何？」墨筆眉批：「墨子。」
「樂姚冶以險。」墨筆眉批：「姚冶。」
「禮也者，理之不可易者也。」墨筆眉批：「理。」
「著誠去僞，禮之經也。」硃筆旁批：「禮論既曰：僞者，文理隆盛也。」
「幾遇刑也。」墨筆眉批：「幾遇刑，是説墨子當遇刑耶？語不明不妙。」
「瑟易良，琴婦好。」硃筆眉批：「『婦好』何義？」
「鞉、柷、拊鞷、控楬似萬物。」硃筆眉批：「控楬。」
「衆積譝譝乎。」硃筆眉批：「譝譝。」
「其送死瘠墨。」墨筆眉批：「送死瘠墨是賢者，亂世那得有此。」

篇末藍筆批：「意調多隋聳。」

卷十五至十七之册封面墨筆批：「非而謁，〔二〕楹有牛，正名。觙，解蔽。空石之中有人焉，其名曰觙。〔三〕其爲人也，善射以好思。『周而成』兩段頗費解，注似倍。解蔽：『處一之危，其榮滿側；養一之微，榮矣而未知。』久蔽。注『榮』字解不盡。劍名『葱』，性惡篇。正名一篇，荀文

〔二〕「而」，傅山全書初版本誤作「有」，據手稿改。
〔三〕「名」，傅山全書初版本誤作「各」，據手稿改。

漫衍處最多，〔一〕此篇卻有精鑿堅奥之句，〔二〕亦由與龍、惠鬬嘴，加幾分思，爲鍛鍊耶？〔三〕正名文多說，可尋繹以造辭，無後世膚淺之見也。〔四〕『綦』字，君子篇。」

解蔽篇第二十一

原書眉批：「孫鑛曰：生新可喜，然似尚未盡鍊法。」墨筆旁批：「姓孫底不知說甚。」

「是以與治雖走而是已不輟也。」〔五〕墨筆眉批：「是已。」

「桀死於亭山。」墨筆眉批：「亭山。」

「唐鞅蔽於欲權而逐載子。」楊注：「載，讀爲戴。戴子，戴驩也。」墨筆眉批：「唐鞅，戴子。」

「昔賓孟之蔽者。」墨筆眉批：「賓孟。」

「墨子蔽於用而不知文。」硃筆眉批：「知。」又墨筆眉批：「墨子。」

「宋子蔽於欲而不知得。」墨筆眉批：「宋子。」

「慎子蔽於法而不知賢。」墨筆眉批：「慎子。」

「申子蔽於勢而不知知。」墨筆眉批：「申子。」

〔一〕「荀文」，傅山全書初版本誤作「荀子」，據手稿改。
〔二〕「堅」，傅山全書初版本誤作「怪」，據手稿改。
〔三〕「爲」，傅山全書初版本誤作「如」，據手稿改。
〔四〕「見」，傅山全書初版本誤作「病」，據手稿改。
〔五〕「雖」，傅山全書初版本誤作「離」，據批點底本改。

「惠子蔽於辭而不知實。」墨筆眉批：「惠子。」

「莊子蔽於天而不知人。」硃筆旁批：「全不知莊。」又硃筆眉批：「莊子之於人，精透之極者。」又墨筆眉批：「莊子。」

「故由用謂之道。」墨筆旁批：「墨。」

「由俗謂之道。」墨筆旁批：「欲。宋。」

「由法謂之道。」墨筆旁批：「愼。」

「由勢謂之道。」墨筆旁批：「申。」

「由辭謂之道。」墨筆旁批：「惠。」

「由天謂之道。」墨筆旁批：「莊。」

「曲知之人。」硃筆眉批：「知。」

「孔子仁知，且不蔽故學亂術。」墨筆眉批：「故學亂術。」又墨筆旁批：「蔽字連下讀，謂不蔽於故學亂術。」

「故心不可以不知道。」硃筆眉批：「知。」

「夫何以知？曰心知道。」硃筆眉批：「知。」

「人生而有知。」硃筆眉批：「知。」

「不以所已臧害所將受。」〔二〕硃筆旁批：「好話。」

「心生而有知，知而有異，異也者，同時兼知之」云云。硃筆旁批：「此可以斷章論道。」

〔二〕「臧」，傅山全書初版本誤作「藏」，據批點底本改。

「心，臥則夢，偷則自行」至「不以夢劇亂知謂之靜」。硃筆眉批：「前曰偷，後曰劇，恐劇卽是偷之訛耶？」墨筆根批：「偷劇雖可傅會作一意。」

「將須道者之虛則入。」墨筆改爲：「將須道者之虛則入。」並硃筆旁批：「此人字或當是入字。」

「知道察，知道行。」硃筆眉批：「知。」

「而宇宙裏矣。」硃筆眉批：「裏。」

「罣罣廣廣。」硃筆眉批：「罣罣。」

「涫涫紛紛。」硃筆眉批：「涫涫。」

「故口可劫而使墨云。」墨筆於「墨」字旁批：「不言。」於「云」字旁批：「言。」〔一〕

「必自見其物也雜博。」楊注：「雜博不精，所以貴夫虛一而靜也。」墨筆眉批：「此『雜博』，連下句讀則非瘍雜者，謂見之博而情之專。」

「其情之至也不貳。」墨筆旁批：「承上來，當云『不一』，乃云『不貳』，似反。」

「賔彼周行。」硃筆眉批：「『周行』又與『徑』異。」

「心枝則無知，傾則不精，貳則疑惑，〔二〕以贊稽之，萬物可兼知也。」硃筆旁批：「不枝、不傾、不貳，皆謂用心之一。若但知用心之一，而不用人爲明目幸聰之佐，那得兼知萬物也。所以下文有『舜之治天下也』一句。」

〔一〕「於『云』字旁批：『言』」，此句傅山全書初版本脫，據手稿補。

〔二〕「則不精，貳」，傅山全書初版本誤作「例」字，據批點底本改。

「農精於田而不可以爲田師。」「不」字旁硃筆批：「但。」

「賈精於市而不可以爲賈師。」「不」字旁硃筆批：「但。」

「工精於器而不可以爲器師。」「不」字旁硃筆批：「但。」又硃筆眉批：「儒家者占地步，是如此說耳。」

「昔者舜之治天下也。」硃筆旁批：「至此結上文『可使治三官，精於道物者』之義。」

「處一危之，其榮滿側，養一之微，榮矣而未知。」硃筆眉批：「榮。」硃筆根批：「斷章，此四句。」墨筆旁批：「此『矣』字猶言榮過去矣。」〔一〕硃筆於「危之」旁批：「對下『之微』，當云『之危』。」〔二〕又墨筆眉批：「必責本文作『危之』者，是謂處一而未造，自然尚危之而不安也。至微則『之微』，不可言『微之』矣。」楊注：「其榮滿，則可知也。」硃筆眉批：「注糊塗。」又硃筆眉批：「知。」

「故道經曰：人心之危，道心之微。」墨筆眉批：「人心之危，道心之微。」墨筆旁批：「此二『之』字非語詞，謂人心是向危一邊去底，道心是向微一邊去底。若從心上分人道，分道道，自是好心了，然亦尚有个心。論是如此論，而文章不得不尔也。」

「故人心譬如槃水」云云。墨筆旁批：「此『人心』又是汎汎說人心了，不是上文之對『道心』之『人心』也。」〔三〕又硃筆旁批：「此喻反覺淺俗，且與一字如隔到『決庶理』後，又對上文

〔一〕「言」，傅山全書初版本誤作「之」，據手稿改。
〔二〕「硃筆於『危之』旁批」一段，傅山全書初版本脫，據手稿補。
〔三〕「不是」二字上，傅山全書初版本衍一「壹」字，據手稿刪。

一字。」

「故好書者衆矣，而倉頡獨傳者，一也。」墨筆眉批：「倉頡。」又墨筆旁批：「此非其例。頡始造書者爾，不可言好也。」又硃筆眉批：「一。」

「后稷獨傳者，一也。」墨筆眉批：「稷。」硃筆眉批：「一。」

「夔獨傳者，一也。」墨筆眉批：「夔。」硃筆眉批：「一。」

「倕作弓，浮游作矢，而羿精於射。」墨筆眉批：「倕。浮游。羿。」

「乘杜作乘馬，而造父精於御。」墨筆眉批：「乘杜。造父。」「乘杜」旁墨筆批：「相土。」

「曾子曰」云云。墨筆眉批：「曾子。」

「其名曰觙。」硃筆眉批：「觙。」

「孟子惡敗而出妻。」墨筆眉批：「孟子。」

「有子惡臥而焠掌。」墨筆眉批：「有子。」

「闢耳目之欲，可謂能自彊矣，未及思也。蚊蝱之聲，聞則挫其精。」楊注：「『可謂能自彊矣，未及思也』，十字並衍耳。」墨筆改爲：「闢耳目之欲，遠蚊蝱之聲。」又硃筆眉批：「若云『可謂能自彊』十字爲衍，則當直承上『闢耳目之欲』，『遠蚊蝱之聲』爲是。」

「故濁明外景，清明内景。」墨筆眉批：「内外景。濁明。清明。」又墨筆旁批：「淮南外景火，内景水。」

「聖人縱其欲，兼其情。」墨筆眉批：「聖人縱欲。」

「水勢玄也。」楊注：「或讀爲眩。」墨筆眉批：「玄。眩。」

「有人焉以此時定物。」硃筆旁批：「此時，謂水動瞽視時。」

「夏首之南有人焉，曰涓蜀梁。」墨筆眉批：「夏首之南。涓蜀梁。」

「凡人之有鬼也，必以其感忽之間、疑玄之時正之。」墨筆旁批：「本無鬼，而忽有，蓋以人之疑眩耳。當于此時正其本無而忽有，方有而又無。」「此人之所以無有而有無之時也。」墨筆旁批：「本無忽有。有無，其有復無。」墨筆眉批：「無有而有無。」「而已以正事。」在「已以」二字間墨筆旁批：「之。」又墨筆根批：「已是止下文，固學止之也。」

「故傷於溼而擊鼓。」墨筆眉批：「傷溼而擊鼓。」

「凡以知，人之性也；可以知，物之理也。」硃筆眉批：「知。」墨筆眉批：「理。」

「其所以貫理焉。」〔一〕墨筆眉批：「貫理。」

「學老身長子。」在「學老」二字間硃筆旁批：「至于。」

「案以聖王之制爲法。」硃筆眉批：「案。」

「類以務象效其人。」墨筆旁批：「古文之字句，如多如贅如此。」〔二〕

「故有知非以慮是。」硃筆眉批：「知。」

「有勇非以持是，則謂之賊。」墨筆旁批：「故於妄爲而執之，曰我是。」

「察孰非以分是，則謂之篡。」墨筆旁批：「如兩人共事于非，既而黠覺其不是矣，幡然向是處行之、言之以分其是，此非本是者，篡奪其氣之是而居其名也。」

「多能非以修蕩是，則謂之知。」墨筆旁批：「平日原多能爲不善之事，而自修蕩滌之。」又硃

〔一〕「焉」，傅山全書初版本誤作「也」，據批點底本改。

〔二〕「如贅」，傅山全書初版本誤作「加贅」，據手稿改。

筆眉批：「知。」

「案彊鉗而利口。」硃筆眉批：「案。」

「無邑憐之心。」硃筆眉批：「邑憐。」

「周而成，泄而敗，明君無之有也。」墨筆旁批：「閉塞，周。與宣、隱同。言周必不成，泄必不敗。此泄字是好字面，輸通。」

「宣而成，隱而敗，闇君無之有也。」墨筆旁批：「言闇君必不周。宣與泄同。宣定成，隱定敗。」楊注：「闇君務在隱蔽，而不知昭明之功也。」墨筆旁批：「注文闇，不全是隱而敗者。如同說無之有也。」又墨筆眉批：「闇下當隱，〔二〕是必敗之法矣，無之有也。」

「墨以爲明，狐狸其蒼。」墨筆眉批：「墨以爲明，狐狸其蒼。」

正名篇第二十二

「生之所以然者，謂之性。性之和所生，精和感應，不事而自然謂之性。」硃筆旁批：「所以然者，又不可名解，但申其和合感應自然處耳。」

「心慮而能爲之動，謂之僞。」硃筆眉批：「僞。」楊注：「僞，矯也。心有選擇，能動而行之，則爲不矯拂其本性也。」墨筆根批：「注『僞，矯也』。後乃云『爲不矯拂』，又何說？」

「所以知之在人者謂之知。」硃筆旁批：「知但就靈而有覺處言之，智則知之用於事物者矣。」又硃筆眉批：「知。」

〔二〕「闇下當」三字，傅山全書初版本脱，據手稿補。

「其罪猶爲符節、度量之罪也。」墨筆旁批：「符節、度量皆不得私作者。」
「迹長功成。」墨筆眉批：「迹長。」
「名實玄紐。」墨筆眉批：「玄紐。名與實幺戾。」
「緣天官。」墨筆眉批：「天官。」
「所以共其約名以相期也。」墨筆旁批：「共其省約之名。」又墨筆眉批：「同。」
「形體、色、理，以目異。」墨筆眉批：「異。」
「香、臭、芬、郁、腥、臊、洒、酸。」墨筆眉批：「洒。」
「疾養、滄、熱、滑、鈹、輕、重。」硃筆眉批：「滄。鈹。」又墨筆眉批：「滑、鈹相反。」
「說故喜、怒、哀、樂。」墨筆眉批：「說故。」
「心有徵知。」硃筆眉批：「知。」
「必將待天官之當簿其類。」硃筆眉批：「當薄。」
「五官簿之而不知，心徵之而無說，則人莫不然，謂之不知，此所緣而以同異也。」墨筆旁批：
「人見心無說，咸謂心無心，故同異亂起矣。猶亂立言之人，見上無定說以令之，謂上不知也。」又
硃筆眉批：「知。」
「雖共，不爲害矣。」楊注：「雖共不害於分別也。」墨筆旁批：「同亦不害。」墨筆眉批：
「注又倍。」
「共則有共，至於無共然後止。」硃筆旁批：「同而異。」
「別則有別，至於無別然後止。」硃筆旁批：「異而同。」
「名無固宜。」墨筆眉批：「名無固宜。」

「名爲固善。」墨筆改爲：「名無固善。」

「徑易而不拂。」楊注：「徑，疾，平易。」墨筆眉批：「『徑易』謂直易，不必云『疾』也。」

「狀變而實無別。」墨筆眉批：「狀變謂形質異也，而實無別，而爲異者也。草木本一物，而地道所生不同，此隨地氣而化也。雖化而仍實一物。」

「而爲異者，謂之化。」硃筆旁批：「『爲異』猶言本同而彊爲之立異名也。」

「殺盜非殺人也，此惑於用名以亂名者也。」墨筆眉批：『用名亂名。』〔一〕

「大鍾不加樂，此惑於用實以亂名者也。」墨筆眉批：「用實亂名。」

「非而謁，楹有牛。」墨筆眉批：「非而謁，楹有牛。」

「此惑於用名以亂實者也。」墨筆眉批：「用名亂實。」

「夫民易一以道而不可與共故。」硃筆旁批：「只是不可使知之。」

「累而成文，名之麗也。」墨筆眉批：「累而成文名之麗。」

「辨說也者，不異實名以喻動靜之道也。」〔二〕硃筆旁批：「句頗深沉。」〔三〕楊注：「動靜，是非也。」墨筆旁批：「是非不若行止二字。」又墨筆眉批：「不異實名，謂辯說之義不在苦苦分別名實之間，只是要曉喻個可行可止之道。」

「質請而喻。」墨筆眉批：「請。」

〔一〕此條，傅山全書初版本脫，據手稿補。

〔二〕「名」，傅山全書初版本誤作「各」，據批點底本改。

〔三〕「沉」，傅山全書初版本誤作「沆」，據手稿改。

「是以聖人之辯說也。」墨筆改爲：「是聖人之辯說也。」幷在「以」字旁硃筆批：「衍。」

「忌禕不稱。」硃筆眉批：「禕，說文無。玉篇有，于宜切，美貌。又歎詞。與此文『忌禕』連押不合。恐是『諱』字。」

「外是者謂之訒。」硃筆眉批：「訒。」

「嘖然而不類。」墨筆眉批：「嘖。」

「無以道欲而困於有欲者也。」墨筆旁批：「此『道』字是俞通之義。」

「欲不待可得，而求者從所可。」硃筆旁批：「二句關竅全在一『可』字，看下文『心之所可』兩段自見。」又硃筆眉批：「所可，近於老子『不見可欲』之『可』。」

「欲不待可得，所受乎天也。」墨筆眉批：「如富貴之欲，是天不待人以必可得之命。」

「求者從所可，所受乎心也。」墨筆旁批：「違天之所賦而彊払之。」

「欲制於所受乎心之多，固難類所受乎天。」墨筆旁批：「所受乎天者少，而欲動於得心者多，人不能安然如天之所受之少也，謂妄想多也。」又墨筆眉批：「□□之有□□之不廓之言，〔二〕而縈迴往復，多佳境。」

「故欲過之而動不及，心止之也。」至「欲不及而動過之，心使之也」。硃筆眉批：「說得也展樣。」

「以爲可而道之。」「道」字旁墨筆批：「導引。」

「知所必出也。」硃筆眉批：「知。」

〔二〕此處殘缺四字。

「雖爲守門，欲不可去。」墨筆眉批：「守門。」

「雖爲天子，欲不可盡。」墨筆旁批：「此謂欲之多也。」墨筆眉批：「天子欲不可盡。」

「欲雖不可盡，可以近盡也。」墨筆旁批：「『近』謂漸近自然之近，與上『欲不可盡』之『盡』又似反之。」又墨筆眉批：「近盡。」

「所求不得慮者，欲節求也。」墨筆旁批：「『不得慮』謂不得如思慮之所欲者。」〔一〕

「知道之莫之若也。」硃筆眉批：「知。」

「今人所欲，無多；所惡，無寡。」墨筆眉批：「無多，無寡。『無』字要看做不嫌多，不嫌寡。一味欲者只覺少，一味惡者只覺多。」

「小家珍說之所願皆衰矣。」硃筆眉批：「小家珍說。」

「所欲未嘗粹而來也。」「粹」字旁墨筆批：「苹。」又墨筆眉批：「粹。」

「不可以不與權俱。」墨筆眉批：「權。」

「福託於惡。」墨筆眉批：「託。」

「有嘗試深觀其隱。」「有」字旁硃筆批：「又。」

「志輕理而不重物者。」硃筆旁批：「輕理定重物。」

「口銜芻豢而不知其味。」墨筆眉批：「知。」

「假而得，問而嗛之，則不能離也。」墨筆改爲：「假而得，問而嗛，則不能離。」硃筆旁批：

「古文脱闕漏節之處，往往不細細炤顧，眞古文。」又墨筆眉批：「假有人得上諸件所欲，自問其

〔一〕此條，傅山全書初版本脱，據手稿補。

心，亦似是矣，然而墮于此中，不能撇卻，另作一受用，不待人之問也。」

「養生也？粥壽也？」兩「也」字旁硃筆批：「耶。」

性惡篇第二十三

硃筆旁批：〔一〕「荀生才原不高，如此篇立義，似駭矣，而其說不能駭人。」又硃筆眉批：「此是法家者言之流，而才庸筆冗，其所以不敢放縱者，由於有不敢得罪周、孔之意夾帶於中，要做個聖人之徒故耳。雖再非孟子性善之論，不過籠統說了一句，卻善靜脩，不放箸忌憚，臨了又暗用其人皆可以爲堯、舜義，想其初立言時，要豎一義與孟子爭衡以自見，是文章家呵佛罵祖小見解，卒又怕終見不得佛祖，而以可以爲善之義申重之。此無他，學不圓而膽小耳。且又遠慮後世之君子見其書者迸之於非聖之異端而乞憐焉。如此立言，苦哉！勞矣！〔二〕且看孟子『公劉好貨，太王好色，文王好勇』之言、之才、之鋒，荀卿敢於其中着得半個脚踪乎？從來兼稱荀、孟，何所見？何所見！」

「人之性惡，其善者僞也。」藍筆旁批：「有所見之言。」

「然則人之性惡明矣。」藍筆旁批：「硬證恐未然。」

「故枸木必將待檃栝烝矯然後直。」硃筆旁批：「木豈盡枸？」

「孟子曰：『人之學者，其性善。』曰：『是不然！是不及知人之性。』」藍筆旁批：「難說。」

〔一〕「硃筆」，傅山全書初版本誤作「墨筆」，據手稿改。
〔二〕「矣」，傅山全書初版本誤作「哉」，據手稿改。

「凡性者，天之就也。不可學，不可事。」藍筆旁批：「又難言。」

「子之讓乎父，弟之讓乎兄；子之代乎父，弟之代乎兄。此二行者，皆反於性而悖於情也。」藍筆旁批：「此言大謬。」

「陶人埏埴而爲器，然則器生於工人之僞，〔一〕非故生於人之性也。」硃筆於最後一個「人」字旁批：「土。」又墨筆眉批：「不圓。」〔二〕

「工人斲木而成器，然則器生於工人之僞，非故生於人之性也。」「人」字旁硃筆批：「木。」〔三〕

「禮義法度者，是生聖人之僞，非故生於人之性也。」藍筆旁批：「是以盜跖爲教祖。」

「凡人之欲爲善者，爲性惡也。」藍筆旁批：「是亦有說。」

「今誠以人之性固正理平治耶？則有惡用聖王、惡用禮義矣哉！」藍筆旁批：「彊辭。」

「則有惡用聖王。」「有」字旁硃筆批：「又。」

「直木不待檃栝而直者，其性直也。」硃筆旁批：「如此句，則人亦有自然善者。」

「然則有曷貴堯、禹。」墨筆改爲：「然則又曷貴堯、禹。」

「塗之人可以爲禹。」藍筆旁批：「此以下殊可誦。」

「故聖人者，人之所積而致也。」硃筆旁批：「此是誠之者。」

「君子可以爲小人而不肯爲小人。」硃筆旁批：「不然。」

〔一〕「工人」，傅山全書初版本誤作「陶人」，據批點底本改。

〔二〕「又墨筆眉批」句，傅山全書初版本脫，據手稿補。

〔三〕「木」，傅山全書初版本誤作「才」，據手稿改。

「人之情乎甚不美」〔二〕至「唯賢者爲不然」。硃筆旁批：「又善了。」

「有聖人之知者」云云。硃筆眉批：「智勇兩段□□□□僞不干。」

「若佚之以繩。」墨筆眉批：「佚。」

「折速粹熟而不急」至「是役夫之知也」。「不」字旁墨筆批：「非。」又硃筆眉批：「粹熟不急是好字面。說到役夫不得。」

「桓公之葱，太公之闕，文王之錄，莊君之曶。」墨筆眉批：「葱。闕。錄。忽。」

「驊騮、騹驥、纖離、綠耳。」墨筆眉批：「騹字，上不見。」

「夫人雖有性質美而心辨知。」硃筆旁批：「自己忘了。」又旁批：「又善了。」

篇末藍筆批：「彊力極口說去，蘇子之論亦未便折服。但平心觀之，得失是非自見。」

君子篇第二十四

「誌無所詘。」墨筆眉批：「『詘』字到底如論老子貴賤不分詘。」

「是故刑罰綦省而威行如流。」墨筆眉批：「綦。」

「刑罰綦省而威行如流。」墨筆眉批：「綦。」

篇末硃筆批：「大扯淡！」

卷十八至二十之册封面墨筆批：「藍苴，大略篇。厥，大略篇。賦有『知』。銀，成相。大戴

〔二〕「乎」字，傅山全書初版本脫，據批點底本補。

禮：『上友下交，[二]銀手如斷，卜商之行也。』注：『廉鍔也。』以此解『守其銀』，亦微中。『禹有功，抑下鴻，辟除民害逐共工。北決江河，通十二渚疏三江。』又一章『欲表對，[三]言不從，恐爲子胥聲離凶。進諫不聽，剄而獨鹿棄之江。』皆讀如工矣。說文『江』下曰：『古雙切，工聲。』若古皆讀如工，則此注不應加『工聲』兩字，且『雙』字亦可讀作『松』聲，如愯字之音矣。玉篇於『雙』曰『所江切』，于『江』曰『古夢切』，如說文。說文注，人疑不全爲許氏注也。然顧野王則在隋唐之前，所引者非許氏而誰？綦字，宥坐篇。」

成相篇第二十五

「請成相。」硃筆旁批：「『成相』二字與下文不甚關。」

「請布基，慎聖人。」「人」字旁硃筆批：「叶。」又硃筆眉批：「『人』字讀如然宜切始得。」

「論臣過，反其施。」硃筆旁批：「施當如柁。」「尊主安國尚賢義。」「義」字旁硃筆批：「讀如俄，去聲。」「拒諫飾非，愚而上同國必禍。」硃筆眉批：「施、義、禍叶。」

「曷謂賢。」墨筆眉批：「賢當爲諧人反。」

「妬賢能。」硃筆旁批：「李，平聲。」

「大其園囿高其臺榭。」墨筆改爲：「大其園囿高榭臺。」

「彊配王伯六卿施。」墨筆眉批：「施。」

[二]「友」，傅山全書初版本誤作「及」，據手稿改。

[三]「表」，傅山全書初版本誤作「哀」，據手稿改。

「春申道綴基畢輸。」〔一〕硃筆旁批：「春申句於儒不解。」〔二〕又墨筆眉批：「春申句在此不合。」

「慎、墨、季、惠。」楊注：「季卽莊子。」墨筆眉批：「徐無鬼篇『季子聞而恥之』云云，『衍亂人，不可聽也』。〔三〕則陽篇少知曰：『季之莫爲，〔四〕接子之或使。』」

「水至平。」墨筆旁批：「便。」

「端不傾。」墨筆旁批：「搴。」

「心術如此象聖人。」墨筆旁批：「然。」

「直而用抴必參天。」硃筆眉批：「抴。假叶。」〔五〕

「世無王，窮賢良，暴人芻豢仁人糟糠。」墨筆旁批：「此句獨多一字。」

「君子誠之好以待。」墨筆旁批：「地。」「有深藏之能遠思。」墨筆旁批：「四。」又硃筆眉批：「待與思難叶。」

「精神相反。」墨筆眉批：「精神相反。」

「下以教誨子弟，上以事祖考。」墨筆旁批：「此句又少變其讀。」

「辨其殃孽。」墨筆旁批：「又多一其字。」

「禹勞心力堯有德。」墨筆旁批：「此句又多一字。」

〔一〕「基」，傅山全書初版本誤作「綦」，據批點底本改。

〔二〕「解」，傅山全書初版本誤作「能」，據手稿改。

〔三〕此段引文出自莊子則陽篇，青主筆誤。

〔四〕「季」下，傅山全書初版本衍一「子」字，據手稿删。莊子則陽篇作「季眞」。

〔五〕「假叶」二字，傅山全書初版本脫，據手稿補。

「禹有功，抑下鴻」至「通十二渚疏三江」。硃筆眉批：「江叶鴻。」

「禹溥土。」墨筆改爲：「禹敷土。」

「横革直成爲輔。」墨筆改爲：「横革直成爲之輔。」

「天乙湯。」墨筆眉批：「天乙。」

「道古賢聖基必張。」硃筆旁批：「如前法，則此處少四字。」

「願陳辭。」硃筆眉批：「願陳辭上當脱三字。」

「隱諱疾賢，良由姦詐鮮無災。」藍筆旁批：「從來脱悮。」又墨筆旁批：「此段闕脱。」

「阪爲先。」墨筆旁批：「先讀如西。」

「邪枉辟回失道途。」「途」字旁硃筆批：「去聲。」

「後必有恨。」「恨」字旁墨筆批：「叶如害聲。」

「上蔽匿。」墨筆旁批：「去。」又墨筆眉批：「匿聲如膩。」

「言不從」至「棄之江」。硃筆眉批：「江與從叶，如前讀作工。」

「託與成相以喻意」前硃筆旁批：「少四字一句。」

「利往卬上。」墨筆眉批：「利往卬上。」

「孰他師。」墨筆眉批：「孰他師三字，言何必他相師法也。」

「守其銀。」硃筆眉批：「銀。」

「參伍明謹施賞刑。」墨筆眉批：「參伍。」

「吏謹將之無鈹滑。」硃筆眉批：「鈹滑。」又墨筆眉批：「鈹是入，滑是出。彼今箭頭主殺人者，謂之鈹子箭。說文大針也。〔二〕又劍，如刀裝者。方言錟謂之鈹，刃戈也，亦作鈚。」

「各以宜捨巧拙。」「以宜」二字間硃筆批：「所。」

賦篇第二十六

「性得之則甚雅似者與。」硃筆眉批：「雅似。」

「百姓待之而後寧泰。」墨筆改爲：「百姓待之而後泰寧。」

「此夫安寬平而危險隘者也。」墨筆眉批：「安寬平謂安時用寬平之智，危時有險隘之智。」

「是之謂君子之知。」硃筆眉批：「知。」

「德厚堯、禹。」墨筆旁批：「迂。」又墨筆眉批：「德厚堯、禹。」

「卬卬兮天下之咸蹇也。」墨筆眉批：「咸蹇。」

「往來惽憊。」墨筆眉批：「惽憊。」

「天下失之則滅，得之則存。」墨筆旁批：「嘽。」

「入郗穴而不偪者與。」墨筆改爲：「入郄穴而不偪者與。」並墨筆眉批：「郄。」

「不可託訊者。」墨筆眉批：「訊。」

「頭銛達而剽趙繚者耶。」硃筆眉批：「趙繚。」

「請陳佹詩。」硃筆眉批：「佹。」楊注：「請陳佹異激切之詩。」墨筆眉批：「佹卽危義，非佹異也。」

〔二〕「大」，傅山全書初版本誤作「土」，據手稿改。

「重樓疏堂。」硃筆眉批：「重樓疏堂。」「無私罪人。」墨筆旁批：「此二句要解。」
「念彼遠方，何其塞矣。仁人絀約，暴人衍矣。忠臣危殆，讒人服矣。」硃筆眉批：「塞、服中夾一衍字，當作何聲？」〔一〕

大略篇第二十七

「諸侯御荼。」「荼」字旁墨筆批：「舒。」
「詩曰：物其指矣，唯其偕矣。」墨筆於「指」字旁批：「旨。」
「堯學於君疇，舜學於務成昭，禹學於西王國。」墨筆眉批：「君疇。務成昭。西王國。」
「賜予其宮室。」墨筆旁批：「妻子。」楊注：「宮室，妻子也。」墨筆根批：「若果爲妻子，如何説湯賜予？」
「愛之而勿面。」墨筆眉批：「愛之而勿面。」
「仁之殺也。」墨筆眉批：「仁。」
「義之倫也。」墨筆眉批：「義。」
「禮之序也」。墨筆眉批：「禮。」
「虚之非禮也。」「虚」字旁硃筆批：「居。」
「天子卽位」，「上卿」、「中卿」、「下卿」、「授天子三策」。墨筆眉批：「三策。」
「有亡而無疾。」墨筆旁批：「何説？似謂亡去而不疾恨也。」

〔一〕「當作」二字，傅山全書初版本脱，據手稿補。

「國之蕨孽也。」墨筆眉批：「蕨。」

「明十教。」墨筆眉批：「十教。」

「從諸侯不與新有昏。」楊注：「不當爲來。」荀文「不」字旁墨筆批：「來。」又墨筆眉批：「不字作來亦不妥。」

「子謂子家駒續然大夫。」墨筆眉批：「子家駒。」

「不如晏子。」墨筆眉批：「晏子。」

「子產，惠人也。」墨筆眉批：「子產。」

「管仲之爲人。」墨筆眉批：「管仲。」

「公行子之之燕。」墨筆眉批：「公行子。」

「晬而見之也。」墨筆眉批：「晬而見箴。」

「上好羞，則民闇飾矣。」楊注：「好羞貧而事奢侈，則民闇自修飾也。」墨筆眉批：「羞對飾，則羞亦有修義。」

「六貳之博，則天府已。」硃筆眉批：「六貳之博。天府。」楊注：「今之博局，亦貳六相對，故曰六貳。」又墨筆眉批：「六貳不謂博局也。」

「君子之學如蛻。」「蛻」字旁墨筆批：「妙字。」又硃筆眉批：「如蛻。」

「君子陜窮而不失。」墨筆眉批：「陜。」

「不足於信者，誠言。」墨筆眉批：「『誠言』兩字亦可細繹。誠與信同義，而誠言反不足於信，何也？猶言粉飾其言，以爲誠也。若眞信之言，言無不誠，不待誠其言也。」

「曾子行，晏子從於郊」云云。〔一〕墨筆眉批：「晏嬰反以此言贈曾子耶？」

「井里之厥也。」硃筆眉批：「井里之厥。」又墨筆眉批：「厥，説文發石也，從厂欮，音厥。」

「子贛、季路，故鄙人也」云云。墨筆旁批：「難説。」

「學問不厭，好士不倦，是天府也。」墨筆眉批：「天府。」

「壯不論議。」墨筆旁批：「論議不是好事，如何爲此言？」又墨筆眉批：「壯不論議，論議是無益之事，荀子往往貴之。」

「然則賜無息者乎」云云。硃筆眉批：「列子有此。」

「鬲如也。」墨筆眉批：「鬲如釜鬲之鬲。」

「君子也者而好之其人。」墨筆眉批：「好之亦自難解。是謂欲教道他作好人也。」

「不教不祥。」墨筆根批：「祥義同詳。」

「非其人而教之，齎盜糧，借賊兵也。」墨筆旁批：「此亦須補足其説。〔二〕如鬼谷子之教儀、秦。」

「柳下惠與後門者同衣而不見疑。」硃筆眉批：「後門。」

「友者，所以相有也。」墨筆眉批：「相友。」

「藍苴路作，似知而非。」硃筆眉批：「藍苴。知。」楊注：「苴讀爲姐。」墨筆眉批：「苴當讀如查之上聲。」

〔一〕「晏子」，傅山全書初版本誤作「嬰子」，據批點底本改。

〔二〕「亦須」，傅山全書初版本誤作「也需」，據手稿改。

「凡物有乘而來，乘其出者，是其反者已。」墨筆眉批：「出爾反爾。」

「在乎區蓋之間。」硃筆眉批：「區蓋，漢書有之。」

「流丸止於甌臾。」墨筆眉批：「甌臾。」

「泔之傷人，不若奧之。」硃筆眉批：「泔。奧。」

「移而從所仕。」「仕」字旁墨筆批：「即士也，〔一〕事也。」

「唯各特意哉。」墨筆眉批：「特意。」

「崇其善，揚其美，言其所長，而不稱其所短也。」墨筆旁批：「此四句不知與上文何關生。豈謂諸聖賢亦各有所短，而取不愛、不用、窮劫之故耶？」

「惟惟而亡者，誹也。」墨筆眉批：「惟唯。」

宥坐篇第二十八

「若不可，尚賢以綦之；若不可，廢不能以單之。綦三年而百姓往矣。」墨筆眉批：「綦之。單。綦。」

「伊稽首不其有來乎。」硃筆眉批：「伊稽首。」又硃筆旁批：「三字不解。」

「藜羹不糂。」墨筆眉批：「糂。」

「女庸安知吾不得之桑落之下。」墨筆眉批：「桑落。」

「鄉者，賜觀於太廟之北堂，吾亦未輟。」後四字旁墨筆批：「四字不解。」「還復瞻被九蓋皆

〔一〕「也」字，傅山全書初版本誤作「之」，據手稿改。

繼。」硃筆旁批：「不解。」「彼有說耶？匠過絕耶？」硃筆旁批：「又似過於巧詭。」又硃筆眉批：「此段難解。」

子道篇第二十九

「則何以爲而無孝之名也。」〔一〕硃筆眉批：「孝，隱德也，有名則非孝。」

「由，是裾裾何也。」墨筆眉批：「裾裾。」

「其源可以濫觴。」墨筆眉批：「濫觴。」

「蓋猶若也。」墨筆眉批：「猶若。」

法行篇第三十

「夫玉者，君子比德焉。」〔二〕墨筆眉批：「玉。」

哀公問篇第三十一

「舍此而爲非者，不亦鮮乎。」楊注：「舍，去。此謂古也。」墨筆旁批：「此『舍』字似非捨去也，謂居也。」

〔一〕「而」，傅山全書初版本脫，據批點底本補。
〔二〕「焉」，傅山全書初版本誤作「也」，據批點底本改。

「心不知色色。」墨筆眉批：「色色。」
「五鑿爲正。」墨筆眉批：「五鑿。」
「富有天下而無怨財。」楊注：「怨讀爲蘊。」墨筆眉批：「怨，蘊。」
「繆繆肫肫。」墨筆眉批：「繆繆肫肫。」
「若天之嗣。」墨筆眉批：「嗣。」
「魯哀公問舜冠於孔子。」墨筆眉批：「舜冠。」
「古之王者有務而拘領者矣。」楊注：「務讀爲冒。」墨筆眉批：「務讀爲冒。」
「無取詌，無取口啍。」墨筆眉批：「詌。啍。」
「不可以佘也。」墨筆眉批：「佘。」

堯問篇第三十二

「其在中蘬之言也。」硃筆眉批：「中蘬。」
「其爲人寬。」墨筆眉批：「寬。」
「以人惡爲美德乎。」硃筆旁批：「謂以人之惡德爲美德。」
「彼其好自用也。」墨筆眉批：「好自用。」
「彼其愼也，是其所以淺也。」墨筆眉批：「愼。」又傅眉墨筆眉批：「愼字是个好字，此處逕說不好，似謂拘局不見人之意。」（傅眉印一枚）
「繒丘之封人。」硃筆眉批：「繒丘封人。」

「萊不用子馬而齊幷之。」硃筆眉批：「子馬。」又墨筆眉批：「萊。子馬。」

「爲說者曰：孫卿不如孔子」至「觀其善行，孔子弗過」。硃筆旁批：「此門人尊師之偏辭。至於『孔子弗過』，妄矣哉！」

「行全刺之。」墨筆眉批：「『行全刺之』四字，謂行之全者，人反非刺之。」

「天地不知善。」墨筆眉批：「『天地不知善』五字亦拙亦奇。」又硃筆旁批：「此語倒不足怪，且道晚近有大物者，那个得如荀子也？」

卷七十二　荀子評注〔一〕（上）

長夏蒸溽，閒坐不住，取昔所點荀卿書再一瞘之。隨取其詞義之雋永者，略記一半句，或數字。吾後有讀是書者，置此于前，以爲着眼之先，亦一勸也。

史記列傳：荀卿，趙人，年五十始來游學于齊。齊襄王時，而荀卿最爲老師。齊尚修列大夫之缺，而荀卿三爲祭酒焉。齊人或讒荀卿，荀卿乃適楚，而春申君以爲蘭陵令。春申君死而荀卿廢，因家蘭陵。李斯嘗爲弟子，〔二〕已而相秦。荀卿疾濁世之政，亡國亂君相屬，不遂大道而營于巫祝，信禨祥，鄙儒小拘，如莊周等又滑稽亂俗，於是推儒、墨、道德之行事興壞，序列著數萬言而卒。因葬蘭陵。

荀卿勸學篇第一

「善假。」文：「君子生非異也，善假於物也。」

「蒙鳩。」即鷦鷯。

「蘭槐之根是爲芷，其漸之滫，君子不近，庶人不服。」注：「蘭槐，香草也。」

〔一〕此篇據山西博物院藏手稿整理，由吳連城先生釋文，王愛國重校。文中「〔〕」中的文字，爲編者所加。

〔二〕「嘗」，手稿作「常」，據史記卷七十四荀卿列傳改。

「彊自取柱，柔自取束。」

「蹞步。」〔注〕：「蹞與跬同。」

「口耳之間，四寸耳。」

「小人之學也，以爲禽犢。」

「嚽。」文：「問一而告二謂之嚽。」注：「謂以言强讚助之。」

「安特。」文：「上不能好其人，下不能隆禮，安特將學雜識志，順詩書而已耳。」

「以戈舂黍，以錐飧壺。」

修身篇第二

「扁。」文：「扁善之度，以治氣養生，則後彭祖。」注：「扁，讀爲辨，言君子有辨別善之法，卽謂禮也。」

「提僈。」注：「舒緩也。」

「夷固。」文：「由禮則雅，不由禮則夷固僻違。」注：「夷，倨。固，陋。」

「偍。」文：「難進曰偍。」注：「舒緩也。」與前「提僈」一義，而前作「提」，此作「偍」。

「卑溼重遲，則抗之以高志。」

「莫神一好。」文：「治氣養心之術，莫要得師，莫神一好。」

「折閱。」文：「良賈不爲折閱不市。」〔二〕注：「折，損。閱，賣也。」

〔二〕「不市」，手稿作「不仕」，據荀子改。

「順墨。」文：「術順墨而情雜汙。」注：「順當爲愼。愼、墨，愼到、墨翟也。」本文「精雜汙」，注曰：「精當爲清，雜汙謂非禮義之言。」〔二〕山謂「精」非，「清」亦無義，當作「情」字。

「供冀。」文：「行而供冀，非漬淖也。」注：「供，恭也。冀當爲翼。」

「倚魁。」文：「倚魁之行，非不難也。」注：「倚，奇也。魁，大也。謂偏倚狂怪之行也。」

「渠渠然。」文：「有法而無志，其義則渠渠然。」注：「渠讀爲遽，不寬泰之貌。」

「善少、惡少、不祥少。」文：「端慤順弟，則可謂善少者矣。偷儒憚事，無廉恥而嗜乎飲食，則可謂惡少者矣。加惕悍而不順，險賊而不弟焉，則可謂不祥少者矣。」

「偷儒。」文：「偷儒憚事。」儒與懦、濡同義。

不苟篇第三

「鉤有須。」文：「鉤有須，卵有毛。」注：「未詳。或曰卽丁有尾也。」山謂不然。

「繜。」文：「君子不能，則恭敬繜絀以畏事人。」注：「繜與撙同。絀與黜同。」

「言己之光美，擬于舜、禹。〔三〕參于天地，非夸誕也。」曰：論君子，如非諂諛、非毀疵、非懾怯、非驕暴，可也。而其中乃厠「言己之光美」一句，焉有君子言己之光美者哉？老荀當爾爾耶？君子不但不言，并不自知其光美也。

「儑。」〔文〕：「小人窮則弃而儑。」注：「儑字，字書無此字。」今行五音集韻，「儑，五甘

〔二〕「非」字，手稿脫，據荀子楊倞注補。
〔三〕「舜、禹」，手稿作「禹、舜」，據荀子改。

切，不慧也」，與「⿰言㬎」並列。廣韻有「⿰言㬎」字，無「⿰亻㬎」字。此最易解：从人从㬎，當與濕濟之濕同音，讀如塌。小人窮則不自奮立，但有倒塌。㬎字原呼典切，又五合切，此則當从五合切得聲，如⿰⻊㬎⿱髟㬎之義。注引韓詩外傳作「棄而傫」，〔一〕應亦如濕訛爲漯之類。从人从累者傫，今但讀如累。字書但曰姓，如傫祖氏用耳。卽累之从人，亦具倒塌、拖累之義，如今人謂累了，累了身手，皆窳惰無志氣人之所必至也。

「案。」〔文〕：「非案汙而修之之謂也。」榮辱篇「故先王案爲之制禮義以分之」。非十二子篇「案往舊造說」，又曰「案飾其詞」。王制篇「案以中立」、「案兵無動」、「案平政教」、「案修仁義」、「案自進矣」、「案自屈矣」、「案自富矣」、「案自不能用其兵矣」。富國篇「則案以爲利也」。王霸篇「案申重之以貴賤殺生」。君道篇「案唯便嬖親比己者之用也」。臣道篇「凡人非賢，則案不肖也」。議兵篇「案角鹿埵隴種東籠而退耳」。彊國篇「子發按獨以爲私靡，豈不過甚矣哉」、「案用夫端誠信全之君子」。正論篇「今子宋子案不然」。論禮篇〔二〕「故先王案以此象之也。然則三年何也？曰：加隆焉。案使倍之，故載期也。由九月以下，何也？曰：案使不及也」、「案屈然已，則其于志意之情者惆然不嗛」、「故先王案爲之立文」。明蔽篇〔三〕「案以聖王之制爲法」，又曰「案直將治怪說，玩奇詞，以相撓滑也」、「案彊鉗而利口」。大略篇「至成康則案無誅已」。

「安。」王制篇「安以其國爲是者王」，又曰「殷之日，安以靜兵息民」，又曰「安以其國爲是

〔一〕「棄」，手稿作「窮」，據荀子注改。
〔二〕「論禮」，荀子爲「禮論」。後文皆同，不再注。
〔三〕「明蔽」，荀子爲「解蔽」。

者霸」。彊國篇「安直爲是世俗之所以爲」、「安欲剡其脛而蹈秦之腹」。論禮篇「先王聖人安爲立中制節」。

「僬僬摵摵。」文：「其誰能以己之僬僬受人之摵摵者哉？」注：「僬，子肖反，明察貌。摵當爲惑。惑，惛也。」今集韻「摵，呼麥切，裂也」，非此義。廣韻無「摵」字。

「畏法流俗，而不敢以其所獨甚，可謂愨士矣。」「畏法流俗」，似謂畏先賢之法，流于時俗者。又似謂不敢以流俗爲法，又不敢以所獨爲甚。

「端愨生通，詐僞生塞，誠信生神。」三句正經精簡之言。

「晻。」文：「是姦人將以盜名于晻世者也。」注：「晻與暗同。」

「盜名不如盜貨。」此語微中，而乃定之以「田仲、史鰌不如盜也」，則非矣。田、史非盜名者然。

榮辱篇第四

「橋泄。」文：「橋泄者，人之殃也。」注：「泄與渫同，〔二〕嫚也。」

「五六。」文：〔三〕「恭儉者，偋五六也。」注：「偋當爲屏，卻也。」五六字無解。傅山曰：恭反上橋，儉反上泄。「泄」固可作渫漫解，而「泄」則有不收斂之義，故亦可與「儉」對。上云殃，而此云偋，五六似不爲殃之義。聊傅會之，五則人之五刑。六則天之六極，以爲不恭不儉之戒。五

〔二〕「渫」，傅山全書初版本誤作「媟」，據手稿改。
〔三〕「文」，手稿作「注」，誤。

六本不可解。王制篇有「五疾」。

「薄薄。」文：「薄薄之地，不得履之，非地不安也，危足無所履者也，凡在言也。」注：「薄薄謂磅礴。所以廣大之地，側足無所容者，皆由以言害身也。」「薄」字習與「厚」對，而此逕作「廣博」之「博」矣。

「清之而俞濁者，口也。」注：「俞讀爲愈。」傅山曰：止謗不若無辯，止寡言之訓也。

「豢之而俞瘠者，交也。」注：「所交接非其道，則必患難，〔一〕雖食芻豢而更瘠也。」解甚無味。傅山曰：不擇人而濫交，以爲朋友之益，若比之匪人，有損無益，正如貪芻豢而俞瘦耳。此寡交之訓也。

「狐父之戈。」注：「狐父，地名。」

「恈恈。」文：「恈恈然爲飲食之見，是狗彘之勇也。」

「鯈、鉥者，〔二〕浮陽之魚也。」注：「鯈音倜。」「鉥」無音。字書不見「鉥」字。

「軥錄疾力。」本文：「孝弟原愨，軥錄疾力，以敦比其事業。」注：「軥與拘同。拘錄，謂自撿束其身，速力而作也。」傅山曰：今人謂少年敏快不委罷者，曰「疾力轂轆」，即此意，但字少轉變耳。軥本音構，又音溝，其入聲卽轂。猶之乎轂轆疾力也。

「陶。」文：「陶誕突盜。」注：「陶，當爲檮杌之檮。」山謂「陶」何必輒如「檮」，〔三〕自有解

〔一〕「必」字下，傅山全書初版本衍一「有」字，據手稿删。
〔二〕「鯈」，手稿作「儵」，據荀子改。下同。
〔三〕「陶」，傅山全書初版本脱，「輒」誤作「解」，據手稿改。

義。彊國篇「陶誕比周以相與」，注：「陶當爲檮杌之檮。或曰當爲逃，謂逃匿其情。與，謂黨與之國也。」

「倚。」文：「文姦言，爲倚事。」注：「怪異之事。」

「楛僈。」文：「其慮之不深，擇之不謹，其定取舍楛僈，是其所以危也。」「楛僈」無注。

「窮則不隱。」注：「謂人不能蔽隱。」傅山曰：隱，憂也。

「注錯。」注：「謂注意錯履也。」

「重小。」文：「人之生固小人，無師、無法，則惟利之見耳。人之生固小人，又以遇亂世、得亂俗，是以小重小也，以亂得亂也。」

「呥呥、鄉鄉。」文：「亦呥呥而噍，鄉鄉而飽已矣。」注：「鄉鄉，趨飲食貌，許諒反。」

「瞲。」注：「許聿反，驚視貌。」

「鉛。」文：「靡之儇之，鉛之重之。」注：「鉛與沿同，循也。撫循之，申重之也。」又曰：「反鉛察之，而愈可好也。」論禮篇：「則必反鉛。」

「安。」文：「不顧其後，俄則屈安窮矣。」注：「安，語助也。」

「姚。」文：「其功盛姚遠矣。」注：「姚與遙同。」

「案。」〔文〕：「故先王案爲之制禮義以分之。」非十二子篇。

「慤祿。」文：「然後使慤祿多少厚薄之稱。」注：「慤，實也。謂實其祿，使當其才。」

非相篇第五

「姑布子卿。」〔注〕：「相趙襄子者。」

「唐舉。」〔注〕：「相蔡澤者。」

「帝堯、文王、仲尼長。」

「帝舜、周公、子弓（注：仲弓也。）短。」

「公孫呂，身長七尺，面長三尺，廣三寸，鼻目耳具，而名動天下。」

「孫叔敖。」「突秃長左。」注：「突，謂短髮可凌突人。長左，左脚長也。」

「葉公子高，微小短瘠。」

「徐偃王，目可瞻焉。」注：「言不能俯視細物，遠望纔見焉。」

「先聖蒙倛，周公斷菑。」〔一〕

「臯陶削瓜。」注：「青綠色。」

「閎夭面無見膚。」注：「言多鬒髯，蔽其膚。」

「傅說植鰭，伊尹無須麋。」

「禹跳。」注：「步不相過，人曰禹步。」

「湯偏。」注：「半體枯。」〔二〕

「堯舜參牟子。」注：「牟與眸同。有二瞳之相參也。」

「三不祥。」文：「幼不肯事長，賤不肯事貴，不肖不肯事賢。」

「三必窮。」文：「爲上不能愛下，爲下則好非其上，一必窮也。鄉則不若，偝則謾之，二必窮

〔一〕「菑」，手稿作「椔」，據荀子改。

〔二〕「枯」，手稿作「格」，據荀子注改。

也。智行淺薄，曲直有以縣矣，然而仁人不能推，〔二〕知士不能明，是三必窮也。」注：「曲直猶能否也。」「仁」人二句注不解。

「節族。」本文：「文久而息，節族久而絕。」注：「宗族久則廢也。」下又有「文久而滅，節奏久而絕」。則此「族」字非宗族之族矣。族奏，聲近也。

「褫。」本文：「守法數之有司，極禮而褫。」注：「褫，解也。有司世世相承，守禮之法數，至于極久，亦下脱也。褫，直吏反。」

「彼後王者，天下之君也。舍後王而道上古，譬猶舍己之君而事人之君也。故曰：欲觀千歲，則審今日。」此非儒家者言。

「鄙夫好實不恤文。」本文：「鄙夫反是，好其實不恤其文，是以終身不免埤汙庸俗。故易曰：『括囊，無咎無譽。』腐儒之謂也。」注：「但好其質而不知文飾。引易以喻不談說者。」「好實不恤文，不免埤汙庸俗」，是理學一流人。「無咎無譽」又一義，是不咎不譽于人也。

「抴。」本文：「君子之度己則以繩，接人則用抴。」注：「抴，牽引也。」成相篇「直而用抴必參天」。

「欣驩芬薌。」本文：「談說之術，欣驩芬薌以送之。」

「噡唯。」本文：「噡唯則節，足以爲奇偉偃卻之屬。」注：「噡唯則節未詳。偃卻猶偃蹇也。」噡，篇、韻音瞻，又讀如眈，多口舌也。

〔二〕「能」字手稿脱，據荀子補。

非十二子篇第六

十二子皆持之有故，言之成理。

它囂、魏牟、陳仲、史鰌、墨翟、宋鈃、慎到、田駢、惠施、鄧析、子思、孟子。

「喬宇嵬瑣。」注：「喬與譎同。宇，大也。嵬謂爲狂險之行，瑣謂姦細之行也。嵬，五每反。」下又有「語汝學者之嵬」。大儒篇〔一〕「嵬瑣逃之」。正論篇「朱象者，天下之嵬，一時之瑣」。

「它囂、魏牟。」注：「它囂未詳。藝文志道家有公子牟四篇或是。」

「綦谿利跂。」注：「綦谿未詳。利與離同。」仲尼篇「非綦文理也」。

「溝猶瞀儒。」本文：「世俗之溝猶瞀儒嚾嚾然不知其所非也。」注：「溝讀爲拘。拘，愚也。猶，猶豫不定也。瞀儒，暗也。嚾，喧囂之貌，謂爭辯也。拘音寇。」如此音義，俱不知何謂。「儒」字荀子屢見，皆與「偷儒」連言，而此則「瞀儒」。若儒如本音讀，則謂之瞎儒也。儒眞多瞎子。溝猶如本音讀，則謂如在溝瀆之中而講謀猷，是瞀儒之大概也。大儒篇又有「愚陋溝瞀」。

「佛。」本文：「佛然平世之俗起焉。」注：「佛讀爲勃。」

「三姦。」本文：「勞力而不當民務，謂之姦事。勞知而不律先王，謂之姦心。辯說譬諭，齊給便利，而不順禮義，謂之姦說。」

「著是。」本文：「古之所謂處士者，著是者也。」注：「明著其時是之事，不使人疑其姦詐也。」

〔一〕「大儒」，荀子爲「儒效」。後文皆同，不再注。

「離縱跂訾。」本文：「今之所謂處士，以不俗爲俗，離縱而跂訾者也。」注：「訾讀爲恣。離蹤謂離于俗而放縱。跂訾，謂跂足違俗而恣其志。」蹤从足，謂踪也，非縱也。離于常人之蹤，而跂足高步，信口訾議。跂是不穩其足，晉諺謂之「立能能起」也。

「冠進。」本文：「士君子之容，其冠進。」注：「謂冠在前也。」「父兄之容」，下文「子弟之容」，亦曰「其冠進」。

「祺。」本文：「祺然蕼然。」注：「祺、蕼未詳。或曰，祺，祥也，吉也，安泰憂懼之貌。蕼當爲肆，寬舒之貌。」

「蕼。」篇、韻：蕼，菫也。

「恀。」本文：「子弟之容恀然。」注：「音紙。恃尊長之貌。」

「紫。」注：「紫然未詳。或曰與孶同，柔弱之貌。」子弟之容。紫字除色外，別無用者。

「綴綴瞀瞀。」注：「綴綴，不乖離之貌。瞀瞀，不敢正視之貌。」

「嵬。」本文：「吾語汝學者之嵬。」注：「說學爲嵬行之形狀。」

「冠絻。」本文：「學者之嵬，其冠絻。」注：「絻當爲俛，謂太向前而低俯也。」

「禁緩。」注：「未詳。或曰讀爲紟。紟，帶也。言其纓大如帶而緩也。紟，其禁反。」

「簡連。」文：「其容簡連。」注：「傲慢不前之貌。」

「塡塡。」〔注〕：「滿足貌。」

「狄狄。」〔注〕：「讀爲趯，跳躍貌。」

「莫莫。」〔注〕：「讀爲貊，靜也。」

「瞡瞡。」〔注〕：「或曰小見貌。」

「瞿瞿。」〔注〕：「瞪視貌。」
「盡盡。」〔注〕：「極視盡物之貌。」
「盱盱。」〔注〕：「張目貌。」
「瞞瞞。」〔注〕：「閉目貌。」
「瞑瞑。」〔注〕：「視不審之貌。」
本文：「其冠絻，其纓禁緩，其容簡連，塡塡然」至「盱盱然」。「酒食聲色之中則瞞瞞、瞑瞑然。」〔注〕：「謂好悅之甚，佯若不視也。」
「疾疾訾訾。」〔文〕：「禮節之中則疾疾訾訾。」〔注〕：「謂憎疾毀訾也。」
「慮慮。」〔注〕：「不勉强之貌，音呂。」
「離離。」〔文〕：「勞苦事業之中，則慮慮、離離。」〔注〕：「離離，不親事之貌。」
「偷儒。」文：「偷儒而罔。」又曰：「偷儒憚事。」注：「謂苟避事之勞苦也。」
「謑詢。」本文：「無廉恥而忍謑詢。」
「第作其冠。」注：「未詳。」第，除次第、第宅之第，無所用。作，起也。想爲高起之義，猶高冠也。一若但第之第，亦無義。
「神禫其辭。」〔一〕注：「當爲冲澹。」篇、韻有「神」字，音仲，神也。「禫」字爲除喪之祭之禫所專。凡从示者，皆有神意。「神」字亦恐爲「神」字少訛。覃，長也。神長其詞也。
「宗原應變。」本文：「宗原應變，曲得其宜。」注：「宗原，根本也。」

〔一〕「辭」，手稿作「詞」，此據荀子。

〔本文〕：「第作其冠，神禫其詞，禹行而舜趨，是子張氏之賤儒也。正其衣冠，齊其顔色，嗛然而終日不言，是子夏氏之賤儒也。偷儒憚事，無廉恥而耆飲食，必曰君子固不用力，是子游氏之賤儒也。」篇末復列此三賤儒，豈敢逕指斥先賢如此耶？抑謂三種是三賢所賤之儒耶？若斥三賢，則無忌憚亦至于此。

仲尼篇第七

「倓。」文：「倓然見管仲之能足以託國也。」注：「倓，〔一〕他坎反。」

「綦。」文：「非綦文理也。」無注。又曰：「聖王之誅也，綦省矣。」王制篇「綦文理，一天下」。富國篇「期文理」，注：「期當爲綦。」王霸篇「及其綦也」，注：「綦，謂窮極也。」又「是綦定也」，注：「綦當爲基。」又曰「國一綦明」，注：「當爲基。」又曰「非綦文理也」。又曰「綦之而亡，齊閔、薛公是也」。又曰「綦大而王，綦小而亡」。又曰「夫人之情，目欲綦色，耳欲綦聲，口欲綦味，鼻欲綦臭，心欲綦佚。〔二〕此五綦者，人情之必不免也。養五綦者有具」，注：「綦，極也。」又曰「甚易處而綦可樂也」。又曰「功名綦大」。又曰「使民則綦理」。又曰「使民則綦勞苦」。君道篇則下亦將綦辭讓，致忠信」。又曰「與臣下爭小察而綦偏能」。議兵篇「未有貴上安制綦節之理也」。正論篇「此五綦者，亦以人之情爲不欲乎」？君子篇「刑法綦省而威行如流」。雲賦「動則綦高以鉅」。宥坐篇「尚賢以綦之」。又曰「綦三年而百姓往矣」。

〔一〕「倓」，手稿作「安」，據上文與荀子注改。
〔二〕「佚」，手稿作「迭」，據荀子改。

「僔。」注：「與撙同，卑退也。」

「嗛。」注：「與歉同，不足也。」又曰：「滿則慮嗛。」

「謙。」文：「信而不處謙。」注：「謙讀爲嫌。」

「炊僥。」文：「可炊而僥也。」注：「炊與吹同。僥當爲僵。言可以氣吹之而僵僕。僥音竟。」

「咶。」文：「伏而咶天。」注：「與舐同。」

儒效篇第八

「屏。」〔文〕：「周公屏成王而及武王以屬天下。」注：「屏，蔽也。」

「嗚呼。」文：「嗚呼而莫之能應。」無注。上文謂「儒無置錐之地，而明于持社稷之大義。嗚呼而莫之能應，然而通乎財萬物、養百姓之經紀」。「嗚呼」兩字用之此處亦别。大概似歎息喚醒人之聲，有悲天憫人之意。

「沈猶氏。」「不敢朝飲其羊。」

「公慎氏。」「妻淫不制，出之。」

「慎潰氏。」「奢侈踰法，故踰境而徙。」

「譎。」文：「譎德而定次。」注：「譎與商同，古字。」後又曰：「明主譎德而序位。」

「僂指。」注：「僂，疾也。言雖聖人亦不可疾速指陳。音力主反。」山謂不然。猶縷指也，謂瑣細摘之也。

「僂售。」文：「賣之，不可僂售也。」與上「僂」字同而不注，意亦謂「疾」矣耶？

「杅杅。」文：「是杅杅亦富人也，豈不貧而富矣哉？」注：「杅杅，自足之貌。」春秋傳「杅不穿是器也」。荀子又有「杅方水方」。則「杅」與「盂」同矣。解以「自足」，非義。

「粹折。」文：「能小而事大，是猶力少而任重也，舍粹折無適也。」注：「粹讀爲碎。除碎折之外，無所之適。」

「指頂。」文：「不肖而誣賢，是猶傴伸而好升高也，指其頂者愈衆。」注：「傴，僂也。伸讀爲身字之誤。」山謂非誤也。駝背之人，故意莊伸展之貌耳。「指頂」字頗可笑。

「不逐。」文：「風之所以爲不逐者，〔一〕取是以節之也。」〔二〕注：「國風所以不隨荒暴之君而流蕩者，取聖人之儒道以節之也。」

「汜汜、懷懷。」文：「武王之誅紂也，〔三〕至汜而汜，至懷而懷，至共頭而山隧。」注：「汜，水名。懷，地名。謂至汜而適遇水汜漲，至懷又河水汎溢也。汜音祀。」山曰：上既云「汜漲」，則「汜」當如「范」矣，又音「汜」何也？共頭，山名。隧，崩摧也。

「馬遷。」文：「輿固馬遷矣，而不能以至遠、一日而千里，則非造父也。」「遷」字無注，似謂能走。

「嵬瑣。」文：「嵬瑣逃之。」

「解果。」文：「解果其冠。」注：「狹隘也。」無音。

〔一〕「爲」字，手稿無，據荀子補。
〔二〕「節」，手稿作「和」，據後引注文和荀子改。
〔三〕「之」字，手稿無，據荀子補。

「偲。」文：「偲然若終身之虜而不敢有他志，是俗儒者也。」注：「偲，環繞囚拘之貌。」無音。字書不見「偲」字。

「儗侳。」文：「倚物怪變，所未嘗聞也，未嘗見也，卒然起一方，則舉統類而應之，無所儗侳。」注：「儗讀爲疑，侳與怍同。無所疑滯慙怍也。」

「晻。」文：「晻然若合符節。」無音。

「已乎行之矣。」注：「言聖人無他，在止于行其所學也。」已字作止字解，不盡「已乎行之」之義。「已」如莊子「已而爲知者」之已，卽作「人已」之已亦可，謂身乎行之。天論篇「所志于天者，已其見象之可以期者矣。所志于地者，〔二〕已其見宜之可以息者矣。」此「已」字與「已乎行之矣」之「已」義同。

「溝瞀。」文：「其愚陋溝瞀，而冀人之以己爲知也。」

「壇宇、坊表。」文：「君子言有壇宇，行有坊表，道有一隆。」禮論篇「君子之壇宇宮庭也」。

王制篇第九

「昭繆。」文：「分未定也，則有昭繆也。」注：「使賢者居上，不肖者居下，如昭穆之分別然，不問其世族也。」此「昭穆」非廟次之昭穆矣。

「五疾。」文：「五疾上收而養之」。注：「瘖、聾、跛躄、斷者、侏儒。」

「假道。」文：「威嚴猛厲，而不好假道人。」注：「謂以寬和假借道引人也。」

〔二〕「者」，手稿脫，據荀子補。

「取民不取民。」文：「成侯、嗣公，聚斂計數之君也，未及取民也。」注：「謂其未及得民心。」〔文〕：「子產，不取民者也，未及爲政者也。」注：「子產猶人之母，能食之，不能教之也。」山：「子產，取民者也，未及爲政者也」，卽孟子「惠而不知爲政」。〔一〕「不取」，「不」字衍文。

「三眇。」文：「彼王者不然，仁眇天下，義眇天下，威眇天下。」注：「眇，盡也。盡天下皆懷其仁，感其義，畏其威。」

「析愿禁悍。」注：「析，分異也。分其愿慤之民，使與凶悍之民異也。」

「衰政。」文：「相地而衰政。」注：「相，視也。衰，差也。」

「紫紶魚鹽。」注：「紫，貝也。紶當爲蚴。」

「水火有氣而無生。」此句不圓。氣正所以爲生者。

「詩商。」文：「審詩商。」注：「詩商當爲誅賞。字誤。或曰詩謂四方之歌謠，商謂商聲、哀思之音也。」「審詩商，禁淫聲，以時順脩，使夷俗邪音不敢亂雅，太師之事也」，自然謂歌謠之事，而注逕爲「誅賞」之訛，轂哉！

「百索。」文：「修火憲，養山林，藪澤草木魚鱉百索」云云，「虞師之事也」。注：「百索，上所索百物也。」似矣，然恐尚有說。

「乘白。」文：「司馬知師旅甲兵乘白之數。」注：「或曰白當爲百，百人也。」

「跛擊。」文：「傴巫跛擊之事也。」注：「擊讀爲覡，男巫也。古者以廢疾之人主卜筮巫祝之

〔一〕「政」，手稿作「知」，據孟子改。

事。」恐亦非義。後正論篇有「傴巫跛匡之言」。
「採清。」文：「修採清。」注：「採謂採去其穢，清謂使之清潔，皆謂除道路穢惡也。」「抃急。」注：「抃當爲折，〔一〕急當爲愿。」此注猶硬鑿。明白是司寇之事，抃急所以禁悍，但「抃急」是躁疾猛厲之義，〔二〕所謂「束濕」耳。
「綦。」本文：「綦文理。」
「具具。」文：「具具而王，具具而霸，具具而存，具具而亡。」無注。王霸篇「養五綦者有具」云云，「然後養五綦之具具也」。此二「具」字卻是一讀一句，謂所所需之具皆具也。〔三〕
「制與在此亡乎人」、「制與在我亡乎人」。
「殷之日。」文：「殷之日，案以中立，無有所偏」，又曰「殷之日，安以靜兵息民」，文義似謂當盛之日，殷有盛義。
「安。」文：「安以其國爲是者王」、〔四〕「安以其國爲是者霸」。王霸篇「安與夫千歲之信士爲之也」，又曰「安不恤親疎」云云，「安不恤是非」云云。
「厲厲、頓頓。」文：「彼將厲厲焉日相離疾也，我今將頓頓焉日相親愛也。」即以「離疾」解「厲厲」、「親愛」解「頓頓」可也。

〔一〕「折」，荀子注爲「析」。
〔二〕「疾」，傅山全書初版本誤作「急」，據手稿改。
〔三〕此句當衍一「所」字。
〔四〕「者」，手稿脱，據荀子補。

富國篇第十

中有非墨二段。此篇嘽不可言。

「譎。」注：「譎，發人罪也，音矯。」

「掩地。」文：「掩地表畝。」注「謂畊田使地相掩」，解亦拙。

「烟海。」文：「然後飛鳥、鳧雁若烟海。」注：「如烟之覆海，言多也。」

「垂事養民。」注：「垂，下也。以上所操持之事下就于民而養之，謂施小惠。」

「候徼支繚。」注：「候，斥候也。徼，巡也。支繚，支分繚繞，言委曲巡警也。」

「國蹷。」文：「百姓虛而府庫滿，夫是之謂國蹷。」注：「傾倒也。」

「案。」

「撥麷。」文：「午其軍，取其將，若撥麷。」注：「麷，麥之牙蘖也，至脆弱，故以喻之。」麷音同豐。

「逢蒙視。」文：「雖爲之逢蒙視，詘要撓膕，君盧屋妾，由將不足以免之。」注：「言處女如善射者之視物。」解泥「逢蒙」兩字，亦不必。

王霸篇第十一

「及其綦也。」文：「及其綦也，索爲匹夫不可得也，齊湣、宋獻是也。」注：「綦謂窮極也。」

齊滑爲淖齒所殺，宋獻爲齊滑所滅。」〔二〕

「櫟然。」文：「櫟然扶持心國，且若是其固也。」注：「櫟然，落石貌。」

「挈國以呼禮義，而無以害之。」後有「挈國以呼功利」。

「綦定。」文：「是綦定也。綦定而國定。」注：「綦當爲基。」〔又〕「綦明」、「綦文理」。

「案。」

「部發。」文：「如是，則夫名聲之部發于天地之間也。」注：「當爲剖，謂開發也。」卽如本字讀，亦無不可。

「齺。」文：「齺然上下相信，而天下莫之敢當。」注：「齺，齒相逆也。齺然，上下相向之貌。士角反。」注語自矛盾。既曰相逆，又曰相向。又士角、壯角二切，無牙名也。說文云：「齒擠也。一曰齰也。一曰馬口中縻也。」韻「齒相近也」。相逆，豈「相近」之訛耶？

「何法之道，誰子之與也？」注：「設問之詞，謂以何法道達之，求誰人付與之。誰子，猶誰人也。」下文有「與王者之人爲之則王」云云，又曰「與積禮義之君子爲之則王」云云，則「誰子之與」當是看子之所與爲誰耳。

「憚憚。」文：「故國者，世所以新者也，是憚憚非變也，改王改行也。故一朝之日也，一日之人也，然而厭焉有千歲之固，何也？曰：援夫千歲之信法以持之也。」注：「憚憚與坦同。言國者，但繼世之主自新耳，此積久之法，坦坦然無變也。自是改一王，則改其所行之事，非法變也。」山曰：荀子每以法後王爲詞，而此又言千歲之信法耶！若爾，則後王不必法矣。注「坦坦然無

〔二〕注文二「滑」字，手稿均作「閔」，此據荀子注原文。

變」，亦不必爾。「憚」即作「忌憚」之「憚」亦可。有國，有國是。國以世新，國是不以世變。世新者奉其是，兢兢焉不敢變也。

「安。」

「將將。」文：「詩云：如霜雪之將將，如日月之光明。」注：「逸詩。」不解將將之義。

「綦。」文：「夫人之情，目欲綦色」云云。

「罣牢。」文：「罣牢天下而制之，若制子孫。」注：「罣牢未詳。罣或作畢，言盡牢籠天下也。」

「衢塗。」文：〔二〕「楊朱哭衢塗曰：『此夫過舉蹞步而覺跌千里者夫！』哀哭之。」注：「覺，知也。跌，差也。言此歧路第過舉半步，則知差而哭，況跌千里者乎！故甚哀而哭之。」

「上偏下偏。」文：「兩者並行，而國在上偏而國安，在下偏而國危。」注：「上偏，偏行上事也。下偏反是。」承上文「無國不有治法亂法，無國不有賢士罷士，無國不有愿民悍民，無國不有美俗惡俗」來。

「何熒而爲。」文：「不能當一人而能當千人、百人者，說無之有也。既能當一人，〔三〕則身有何熒而爲。」注：「而爲皆助語也。當，丁浪反。」

「守少守多。」文：「孔子曰：知者之知，固以多矣，有以守少，能無察乎！愚者之知，固以少矣，有以守多，能無狂乎！」注：「有讀爲又。守少，謂任賢恭己而已也。守多，謂自任主百事

〔二〕「文」字，傅山全書初版本脫，據手稿補。
〔三〕「能當」，手稿作「當能」，據荀子改。

者也。」

「佻。」文：「佻其期日而利其巧任，如是則百工莫不忠信而不楛矣。」注：「佻與姚同，緩也。謂不迫促也。巧任，謂巧者之任。」

「突盜。」榮辱篇曰：「陶誕突盜。」此文云：「汙漫突盜以先之。」注：「突，凌觸。盜，竊也。」山謂上之人之突盜，是鑽利孔以朘民耳。彊國篇「汙漫突盜以爭地」，注：「突，謂相凌犯也。」

「⿰亻匡鬼。」文：「是故百姓賤之如⿰亻匡，惡之如鬼。」注：「⿰亻匡當爲尪，病人也。」山謂不然。⿰亻匡有何可賤？廢疾之人，當憐之矣。今人謂騙人財者曰匡騙，習有此聲而無其字，或即此義，謂上之人騙下之財也。匡本一好字樣，然即匡匪之筐，从人从匡，〔一〕似詐人之匡而去者耶？海篇集音人部有⿰亻匡字，韻不收。上文曰：「汙漫突盜以先之，權謀傾覆以示之，俳優侏儒婦女之請謁以悖之。」今世之⿰亻匡騙之人，此三事皆有之。大有大⿰亻匡之法，小有小⿰亻匡之法。篇海言部有⿱心誆字，音匡，而不注其義，且不得其聲。山以爲誰字是誆字之訛。誆與誑匡同，加心字于上，謂其心原以誆爲主也。今世謂借債不還者曰⿰亻匡騙，謂火計負財主者曰⿰亻匡騙，而皆以一賊字加之。

君道篇第十二

「羿不世中。」文：「羿之法非亡也，而羿不世中。禹之法猶存，而夏不世王。」「中」字無注。

「斗斛敦槩者，所以爲嘖也。」「嘖」字無音義。

〔一〕「匡」，手稿作「匪」，據文義改。

「綦。」

「致功致臨。」文：「請問爲人夫。曰：致功而不流，致臨而有辨。」無注。大概似謂致其女功而不與之狎褻流連，致其臨莅之道，妻妾之間辨而不混也。然二句皮厚不快。

「犨。」文：「敬而不犨。」無注。

「不務說其所以然」。文：「其于天地萬物也，不務說其所以然而致善用其材。」此句亦可玩其破空談之義。

「君射則臣決。」

「四統。」生養、班治、顯設、藩飾。

「至道大形。」又自稱之曰：「塊然獨坐而天下從之如一體，如四胑之从心，夫是之謂大形。」

「案。」

「倜。」文：「倜然乃舉太公于州人而用之。」彊國篇「俄而天下倜然舉去桀紂而犇湯武」，注：「倜然，高舉之貌。」又：「倜然莫不明通而公也，古之士大夫也。」「然而縣之以王者之功名，則倜倜然其不及遠矣。」

「齫。」文：「太公行年七十有二，齫然而齒墜矣。」空衮切，齒起貌。

「齵。」文：「天下之變，境内之事，有弛易齵差者矣。」五溝、牛俱二切，齒不齊也。

「便嬖左右。」文：「便嬖左右者，人主之所以窺遠、收衆之門戶牖嚮也，不可不早具也。」老荀于此失言哉！從來便嬖左右有賢者耶？後雖曰「其知惠足使規物，其端誠足使定物，然後可」，從來有幾個知惠端誠之便嬖耶？下又曰：「人主不能不有遊觀安燕之時，則不得不有疾病物故之變。」言至于此，則便嬖左右足備此而已，所謂「暬御」焉耳。

「還秩。」文：「不還秩，不反君。」「還」字無解。

「拘錄。」文：「拘錄計數纖嗇而無敢遺喪，是官人史吏之才也。」「拘錄」大概以上帳計出入之人。

「一内。」文：「併耳目之樂，而親自貫日而治詳，一内而曲辨之慮。」「一内而曲辨」無注。

臣道篇第十三

「態臣。」「齊之蘇秦、楚之州侯、秦之張儀。」

「環主圖私」。注：「謂環繞其主，不使賢臣得用。」

「篡臣。」「韓之張去疾、趙之奉陽、齊之孟嘗。」

「功臣。」「齊之管仲、晉之咎犯、楚之孫叔敖。」

「聖臣。」「殷之伊尹、周之太公。」

「諫。」「文」：「進言于君，用則可，不用則去，謂之諫。」後云伊尹、箕子是。

「爭。」「文」：「進言于君，用則可，不用則死，謂之爭。」後云比干、子胥是。

「輔。」「文」：「比知同力，率羣臣百吏相與彊君撟君，君雖不安，不能不聽，謂之輔。」後云平原君是。

「拂。」「文」：「抗君之命，竊君之重，反君之事，以安國之危，謂之拂。」後云信陵君是。

「國有大命，不可以告人，妨其躬身。」〔二〕逸詩。

〔二〕「妨」，傅山全書初版本誤作「防」，據手稿改。

「傷疾、墮功、滅苦。」文：「故無德之爲道也，傷疾、墮功、滅苦，故君子不爲也。」注未詳。

「曹觸龍。」文：「若曹觸龍之于紂者，可謂國賊矣。」注：「說苑曰：『左師觸龍事桀，諂諛不止。』此云事紂，未知孰是。」

「案。」

「狎虎。」文：「人不肖而不敬，則是狎虎也。」

「喘臑。」文：「忠信以爲質，端慤以爲統，禮義以爲文，倫類以爲理，喘而言，臑而動，而一可以爲法則。」注：「臑與勸學篇蠕同。」

「通忠之順。」文：「爭然後善，戾然後功，出死無私，致忠而公，夫是之謂通忠之順，信陵君似之。」注：「忠有所雍塞，故通之而終歸于順也。」

「權險之平。」文：「奪然後義，殺然後仁，上下易位然後貞，功參天地，澤被生民，夫是之謂權險之平，湯武是也。」注：「權，變也。既不可扶持，則變其危險，使治平也。」

「禍亂之從聲。」文：「過而通情，〔二〕和而無經」云云，「夫是之謂禍亂之從聲，飛廉、惡來是也。」

臣道篇末結之曰：「傳曰：『斬而齊，枉而順，不同而壹。』詩曰：『受小球大球，爲下國綴旒。』此之謂也。」注：「此言反經合道，如信陵、湯、武者也。長發之篇。球，玉也。綴，猶結也。旒，旌旗之垂者。引此以明湯武取天下，權險之平，爲救下國也」。

〔二〕「通」，手稿作「同」，據荀子改。

致仕篇第十四

明致賢仕之義。

「得衆動天，美意延年。」注：「美意，樂意也。無憂患則延年也。」

「誠信如神，夸誕逐魂。」注：「逐魂，猶喪精也。」

「耀蟬者，明其火、振其樹而已。火不明，雖振其樹，無益也。人主能明其德，則天下歸之，若蟬之歸明火也。」注：「南方人炤蟬，取而食之。」

「師術有四，博習不與，〔一〕尊嚴而憚，耆艾而信，誦説而不陵不犯，知微而論。」

「樹落糞本。」注：「謂木葉落，糞其根也。」

議兵篇第十五

「臨武君。」文：「臨武君與孫卿子議兵于趙孝成王前。」注：「臨武君蓋楚將，未知姓名。」

「感忽悠闇。」注：「感忽悠闇，皆謂倏忽之間也。」傅山曰：「感」字當是「惑」字。

「路亶。」文：「彼可詐者，路亶者也。」注：「路，暴露。亶，讀爲袒。露袒，謂上下不相覆蓋。」

「傳、博。」文：「必將聰明警戒，和傳而一。」注：「明耳目而警戒，相傳以和，無有二心也。

〔一〕「博習」，手稿作「誦説」，據荀子改。

或以傳爲博。博，衆也。言和衆如一也。」山曰：卽「傳」字亦何不可？

「案角鹿埵隴種東籠而退耳。」文：「圜居而方正，則若盤石然，觸之者角摧，案角鹿」云云。注：「其義未詳。蓋皆摧敗披靡之貌。或曰鹿埵下之貌，如禾實垂下然。隴種，遺失貌，如隴之種物然。東籠與湅隴同，沾濕貌，如衣服之沾濕。」

「技擊。」文：「齊人隆技擊。」注：「技，力也。」文：「得一首者，賜贖錙金，無本賞矣。」

「鰌。」文：「鰌之以刑罰。」注：「鰌，藉也。不勝則以刑罰陵藉之。鰌音秋。」彊國篇「大燕鰌吾後」，注：「燕在齊北，故曰後。鰌，蹴也。」

「五甲首而隸五家。」注：「有功而賞之使相長，獲得五甲首，則役隸鄉里之五家也。」

「四世有勝。」注：「四世：孝公、惠王、武王、昭王也。」

「綦。」

「繆蟣。」文：「燕之繆蟣。」注：「燕將，未聞。」

「伍參。」文：「欲伍以參。」注：「猶錯雜也。」

「魏氏武卒。」文：「魏氏之武卒，以度取之，衣三屬之甲，操十二石之弩，負服矢五十个，置戈其上，冠冑帶劍，贏三日之糧，日中而趨百里。中試則復其戶，利其田宅，是數年而衰，而未可奪也，改造則不易周也，是故地雖大，其稅必寡，是危國之兵也。」

「壙。」文：「敬謀無壙，敬事無壙，敬吏無壙，敬衆無壙，敬敵無壙，夫是之謂五無壙。」注：「無壙，言不敢須臾不敬也。壙與曠同。」

「蘇刃者死。」注：「蘇讀爲傃。傃，向也。謂相向格鬬者。」

「大吉。」文：「慮必先事而申之以敬，慎終如始，終始若一，夫是之謂大吉。」注：「言必無覆敗之禍。當在壙前書之。」

「陳囂。」孫卿弟子。

「李斯。」孫卿弟子。

「諰諰。」文：「秦四世有勝，諰諰然常恐天下之一合而軋己也。」注：「漢書諰作鰓，懼貌，先禮反。」彊國篇又有此句，「雖然則甚有其諰也」。樂論「使其文足以辨而不諰」。

「宛鉅鐵釶。」注：「大鋼曰鉅。釶與鍦同，矛也。言宛地出此剛鐵爲矛，慘如蜂蠆。鍦音啻。」

「垂沙。」文：「然而兵殆于垂沙，唐篾死。」注：「垂沙，地名。事在楚懷王二十八年。」

「拑。」文：「溝池不拑。」注：「拑，古掘字。」

「雕雕。」文：「雕雕焉縣貴爵重賞于其前，縣明刑大辱于其後。」

「矜糾收繚爲之化而調。」注：「矜，謂夸汰。糾，謂好發摘人過者也。收，謂掠美者也。繚，謂繚繞，言委曲者也。四者皆鄙陋之人。」山謂下文有「化而調」之文，則四者皆是不調之人，皆有扭捩乖厲之意。

「窌。」文：「發夫掌窌之粟以食之」。注：「匹孝反。」

「兼凝。」文：「兼并易能也，唯兼凝之難焉。」注：「凝，定也。堅固定有地爲難。」又曰「凝士以禮，凝民以政」。又曰「夫是之謂大凝」。

卷七十三　荀子評注（下）

彊國篇第十六

「國之命在禮。」天論篇又見。

「公孫子。」注：「公孫子，齊相也，未知其名。後語孟嘗君客有公孫戌，豈後爲齊相乎？或曰公孫名忌。」

「子發。」楚子發名舍。

「剥脱。」文：「然而不剥脱，不砥礪，則不可以斷繩。」注：「謂刮去其生澀。」

「剅。」文：「剅盤盂」。注：「剅，割也。」

「按。」

「安。」

「襄賁、開陽。」文：「楚則有襄賁、開陽以臨吾左。」注：「襄賁、開陽，楚二邑，在齊東者。賁音肥。」

「假城。」文：「則齊必斷而爲四，三國若假城耳。」注：「言齊國如三國之寄城耳。」如注，當以「若」字在「三國」之上。劉辰翁謂當以「斷而四三」句，亦不通。本義謂齊之一國，斷與楚、燕、魏爲四矣。「三國」上加一「于」字，則明白矣。而古文不暇如此周密。

「渠衝。」文：「是渠衝入穴而求利也。」注：「渠，大也。渠衝，攻城之大車也。」

「剡其脛。」文：「今楚父死焉，國舉焉，負三王之廟而辟于陳蔡之間，視可，司間，安欲剡其脛而以蹈秦之腹。」注：「此楚頃襄王之時也。視可，謂觀其可伐。司，音伺。間，隙也。「剡」亦斬也。」若斬其脛，何能蹈秦之腹？「剡」有輕利之意乃得。又「剡然有苓」，注：「剡然，侵削之貌。苓，地名。」脛本作頸。斬其頸，于文似矣。而以蹈其腹，將何詞？此似謂要以脛蹈其腹，則剡斷非自斬其脛也。

「沙羨。」注：「縣屬江夏郡。」「苓」，注：「地名。」「文」：「今秦南乃有沙羨與俱，是乃江南，北與胡貉爲鄰，西有巴戎，東在楚者乃界于齊，在韓者踰常山乃在臨慮，在魏者乃據圉津，即去大梁百有二十里耳，其在趙者剡然有苓而據松柏之塞，負西海而固常山。」注：「圉當爲圍。漢書：曹參下修武、度圍津。」

「案。」

「節威反文。」注：「節減威强，復用文理。」

「應侯問孫卿子曰：入秦何見？」

「王者敬日，霸者敬時。」此「時」是「四時」，非「時刻」之「時」。

「堂上不糞，則郊草不瞻曠芸。」注：「曠，空也。空謂無草也。芸謂有草可芸鋤也。堂上猶未糞除，則不暇瞻視郊野之草之有無也。」

天論篇第十七

「天職。」文：「不爲而成，不求而得，夫是之謂天職。如是者，雖深，其人不加慮焉；雖大，不加能焉；[一]雖精，不加察焉；夫是之謂不與天爭職。」[二]注：「其人，至人也。言天道雖深遠，至人曾不措意測度焉，以其無益于理。若措其在人者，慕其在天者，是爭職也。」

「動罕。」文：「養略而動罕，則天不能使之全。」義與前「養備而動時，則天不能病」。[三]「罕」字除「希罕」之「罕」，無復別義。若以「希」義解之，是動少也。動少是靜多，如何翻病？當云養略而動多，始可說病。或是不動，如今富貴人之不動，令氣血壅鬱不行耶？若以「大罕是雲旗」之「罕」解之，則旗爲不定之物，謂不住旂颺耶？抑又過于訓詁矣。畢竟是「罕少」之「罕」耳。當在「天職」前。

「已。」文：「已其見象之可以期」、「已其見宜之可以息」、「已其見數之可以事」、「已其見知之可以治」。

「匈匈。」文：「君子不爲小人匈匈也而輟行。」注：「匈匈，喧譁之聲。」

「無何。」文凡多見。「星墜木鳴。曰：是何也？曰：無何也。」注：「言不足憂也。」[四]「雩而雨，何也？曰：無何也。」

「雩而雨，猶不雩而雨也。日月食而救之，天旱而雩，卜筮而後決大事，[五]非以爲得求也，以文之也。故君子以爲文，百姓以爲神。」注：「言爲此以示急于災害，順人之意，以文飾政事而已。」

〔一〕「能」，手稿作「大」，據荀子改。
〔二〕「是」，手稿脱，據荀子補。
〔三〕此句末疑脱一「對」字。
〔四〕「言」，手稿作「無」，據荀子注改。
〔五〕「卜」，手稿作「小」，此據荀子。

「大天而思之。」注：「尊大天而思慕之，欲其豐富，孰與使物畜積而我裁制之？」「一偏。」文：「萬物爲道一偏，一物爲萬物一偏。愚者爲一物一偏，而自以爲知道，無知也。」「愼子。」「有見于後，無見于先。」注：「莊子論愼到曰，塊不失道，以其無爭先之義。」文：「有後而無先，則羣衆無門。」注：「羣衆在上之開導，皆處後而不慮先，則羣衆無門戶也。」「老子。」「有見于詘，無見于信。」注：「其意多以詘爲伸。」文：「有詘無信，則貴賤不分。」「墨子。」「有見于齊，無見于畸。」注：「墨子著書與上同，兼愛，是見齊而不見畸也。」文：「有齊而無畸，則政令不施。」「宋子。」「有見于少，無見于多。」注：「宋鈃。下篇云，宋子以人之情欲寡，而皆以己之情欲多，是過也。」文：「有少而無多，則羣衆不化。」注：「欲多則可以勸誘爲善，若皆欲少，則何能化之？」

荀卿屢有非墨之論，此篇「大天而思之，孰與物畜而制之？從天而頌之，孰與制天命而用之？望時而待之，孰與應時而使之？」與墨子大取篇之語「爲暴人語天之爲，是也；而性爲暴人歌天之爲，非也。」歌天之爲，即「從天而頌之」之義。道固有至相左者，而與之少合者如此。

謂「老子有詘而無信，則貴賤不分」，此大蔑矣。其義似謂貴者當信，賤者當詘也，已自卑陋矣。且不知老子「善下人」、「不爲大」之語，即「天道下濟而光明」之義。〔一〕「不矜不伐，〔二〕莫與之爭」，帝典之言也。「民爲貴，君爲輕」，豈非昧貴賤信詘之義耶？孟子言之也。

〔一〕「義」，手稿作「易」，據文意改。
〔二〕「伐」，手稿作「代」，據文意改。

正論篇第十八

「周。」文：「主道利周，是不然。」注：「周，密也。謂隱匿其情，不使下知也。」明蔽篇「周而成，泄而敗，明君無之有也。故君人者，周則讒言至矣，直言反矣」。

「疑玄。」文：「上周密則下疑玄。」注：「玄，謂幽深難知。或讀爲眩，惑也。」

「隳。」文：「然則以湯武爲弑，則天下未嘗有說也，直隳之耳。」注：「自古論說未嘗有此，世俗之人隳損湯武耳。」

「傴巫跂匡。」文：「譬之是猶傴巫跂匡大自以爲有知也。」注：「匡，讀爲尪，廢疾之人。言俗此說，猶巫尪大自以爲神異也。」老荀每用傴巫。注定以匡爲尪，似不然。前王制篇有「傴巫跛擊」。

「墨黥。」注：「或曰黥當爲幪，以黑巾幪其頭而已。」

「搔嬰。」注：「當爲澡嬰，謂澡濯其布爲纓。鄭云，凶冠之飾，令罪人服之。澡，或讀爲草。」

「共艾畢。」注：「共未詳，或衍字。艾，蒼白色。畢與韠同，紱也。〔二〕所以蔽前，君以朱，大夫素，士爵韋，令罪人服之，故以蒼白色爲韋也。」此斷不然。以禮服而加諸罪人，于懲創何取也？

「菲對屨。」注：「菲，草屨也。對當爲紂，傳寫誤耳。紂，枲也。言罪人或菲或枲爲屨，故曰菲紂屨。紂，方孔反。對或爲蒯。禮有『疏屨』。傳曰『麤蒯』。蒯，屨也。」

「糖、柯、革。」文：「故魯人以糖，衛人用柯，齊人用一革。」注：「未詳。或曰方言云：盌

〔二〕「紱」，手稿作「蔽」，據荀子注改。

謂之梯，孟謂之柯。」

「規磨。」文：「彼楚越者，時享歲貢終王之屬也，必齊之日祭月祀之屬，然後曰受制邪？是規磨之說也。」注：「規磨，猶差錯之說也。」解亦不似。

「不能以僞飾性。」文：「不能以義制利，不能以僞飾性，則兼以爲民。」注：「無能者，則兼幷之，令盡爲民也。」荀子極重「僞」字，禮論篇申申乎其言。

「曼而饋。」注：「曼當爲萬。」即「萬」字，有何義？

「代睪而食。」注：「睪未詳。或曰當爲澤。澤，蘭也。代睪而食，謂焚香氣歇，歇即更以新者代之。」下有「側載睪芷以養鼻」，則此「睪」爲「澤」矣。

「不老者，休也。休猶有安樂恬愉如是乎？」注：「不老，老也。或曰衍不字。」若以不字連上讀，「持老養衰，猶有善于是者與不」〔二〕亦可。若作「不老者，休也」讀之，謂「休」是安樂之美也。謂其得如此安樂之美也。下文曰「諸侯有老，天子無老」。

「天子無老。」文：「故曰：諸侯有老，天子無老。」注：「謂諸侯供職貢朝聘，故曰觔力衰竭，求致仕者，與天子異也。」果如此呆說，天子豈無巡狩、郊天、祀地、享廟、覲羣后之勞乎？且「故曰」兩字，是古有此言，而荀卿引之，豈荀卿不知古帝王之皆死耶？即長壽者不幾人，而爲此無老之說，何所見耶？是必有義。蓋謂古有德之天子，如堯舜者然也。然孟子曰：「堯老而舜攝。」明乎堯有老矣。且又配以飲食起居諸雜事，以證無老之所從來，亦何陋也！

「嵬瑣。」文：「朱象者，天下之嵬，一時之瑣也。」

〔二〕「與」，傅山全書初版本誤作「歟」，據手稿改。

「非者有慶。」文：「故作者不祥，學者受其殃，非者有慶。」注：「作嵬瑣者不祥。有慶，言必無刑戮也。」不解「非者」二字。且詳其文義，非謂作嵬瑣者受不祥也。此段原爲「今世俗之爲說者，不怪朱象而非堯舜，夫是之謂嵬」。說來，此「作」似謂作此言者不祥。「祥」當爲「詳」，謂爲此言者不曾詳審之也。然下有「受殃」，又曰「有慶」，則「祥」又非「詳」矣。此段甚不易讀。

「抇。」文：「不察于抇不抇者之所言也。」注：「抇，穿也。謂發冢也。胡骨反。」

「狗豕吐菽粟。」文：「故盜不竊，賊不刺，狗豕吐菽粟。」狗豕而果能吐菽粟乎？直不得食耳，焉能與食而吐之？不然，則是有餘菽粟，令狗豕亦厭而吐之耶？而聖王之治，又豈有狗豕食人食之理？卽「盜不竊」二句，亦但云無盜無賊可耳，而乃云「盜不竊」，是有盜而不竊，有賊而不刺耶？

「丹矸。」文：「加之以丹矸。」

「犀象以爲樹。」注：「樹之壙中。」不知犀象何以爲樹，或只是立之耳。

「龍兹、華覲。」文：〔二〕「琅玕、龍兹、華覲以爲實。」

「雖此。」文：「雖此倮而埋之，猶且必抇也。」「雖此」兩字，俗人好說，荀遷有此言。

「金舌蔽口。」注：「金舌蔽口，以喻不言也。金或讀爲噤。」

「舌縪。」文：「詈侮捽搏，捶笞臏脚，斬斷枯磔，藉靡舌縪，是辱之由外至者也。夫是之謂勢辱。」注：「藉，見凌藉也。靡，繫縛，與縻同。舌縪未詳。或曰莊子云『公孫龍舌舉而不下』，謂

〔二〕「文」，手稿作「注」，誤。

辭窮，亦耻辱也。」

「情欲。」文：「子宋子曰：人之情欲寡，而皆以己之情欲爲多，是過也。故率其羣徒，辨其談説，明其譬喻，將使人知情欲之寡也。」

禮論篇第十九

「檖䫉。」文：「疏房檖䫉。」注：「疏，通也。䫉，古貌字。或曰䫉讀爲邈，言屋宇深邃綿邈也。」「疏房檖䫉」再見。

「寢兕。」注：「謂武士寢處于甲胄者也。」

「持虎。」注：「謂以虎皮爲弓衣，武士執持者也。」

「蛟韅。」注：「韅，馬服之革，以蛟魚皮爲之。」

「絲末。」注：「末與幦同。絲幦蓋織絲爲幦。」説文：「幦，髤布也，从巾辟聲。」引周禮「駹車犬幦」。集韻：「幦，車覆軨也。」然周禮巾車「王之喪車五乘：木車，蒲蔽、犬襖。素車，棼蔽、犬襖。藻車，藻蔽、鹿淺襖。駹車，雚蔽、然襖。漆車，藩蔽、豻襖」。不曰「駹車犬幦」也。且皆喪車，此絲末何得援喪車之飾？上下文兕、虎、蛟、龍，皆取水陸之獸與鱗蟲，故曰養威。絲末既是織絲爲幦，絲有何威也？注非。

「彌龍。」注：「彌讀爲弭。弭，末也。謂金飾衡軛之末爲龍首也。」彌讀爲弭，弭但爲弓末耳，不聞爲衡軛之末。恐解都强傅，未的也。

「尚拊之膈。」注：「未詳。或曰：尚謂上古也。拊，樂器名。膈，擊也。卽所謂『戛擊鳴球，搏拊琴瑟』也。尚古樂所以示質也。」即如注，亦不知說甚。史記禮書「清廟之歌，一唱而三歎，縣一鍾尚拊膈」，〔一〕索隱曰：「縣音懸。膈，懸鍾格也。〔二〕不擊其鍾而拊其格，不取其聲，亦質也。鄒氏膈音膊。」

「棁、校。」文：「凡禮始乎棁，成乎文，終乎悅校。」注：「言禮始于脫略，成于文飾，終于棁減。禮記曰『禮主其減校』，未詳。」本文曰終曰「悅」，而注仍言「棁」，何也？棁亦不音，是逕讀作脫也。

「壇宇宮庭。」文：「是君子之壇宇宮庭也」。

「凡緣。」文：「凡緣而往埋之。」注：「言其妻子如常所服而埋，不更加絰杖也。」

「窕冶。」文：「其立文飾也，不至于窕冶。」注：「窕，讀爲姚，妖美也。」

「性僞。」文：「性者，本始材朴也。僞者，文理隆盛也。無性，則僞之無所加。無僞，則性不能自美。性僞合，然後聖人之名一，天下之功於是就也。」此明言禮全是僞也。樂記曰：「和順積中，而英華發外，唯樂不可以爲僞。」又曰：「著誠去僞，禮之經也。」蓋見禮之可以僞爲矣。然僞不全爲詐僞也。

「無帾、絲嶲、縷翣、菲帷、幬尉。」注：「無讀爲幠，所以覆尸者也。帾與褚同，所以覆棺者也。絲嶲未詳。或曰嶲讀爲魚，〔三〕謂以銅魚懸于池下。縷讀爲柳，蔞字誤爲縷字耳。菲謂編草爲蔽，

〔一〕「縣一」，傅山全書初版本誤作「懸」，據手稿改。
〔二〕「膈，懸」二字，傅山全書初版本脫，據手稿補。
〔三〕「嶲」，手稿作「嶌」，據上文與荀子注改。

古人所用障蔽門戶者。幬讀爲帳。尉讀爲尉。尉，網也。帷帳如網也。」「抗折、㩧茨、番閼。」注：「抗，御也。㩧，扞也。茨，蓋屋也。㩧茨，猶塈茨也。㩧，莫干反。番讀爲藩。藩，籬也。閼謂門戶壅閼風塵者。抗所以禦土，折所以承抗，皆不使外物侵內，有象㩧茨蕃閼也。」「㩧」卽「畫墁」之「墁」，「扌」與「土」少誤耳。

「安、案。」

「愅詭唈僾。」文：「祭者，志意思慕之情也。愅詭唈僾而不能無時至焉。故人之懽欣和合之時，則夫忠臣孝子亦愅詭而有所至矣。」「案屈然已，則其于志意之情惆然不嗛。」注：「愅，變也。詭，異也。謂變易感動之貌。唈僾，氣不舒、憤鬱之貌。愅音革。唈音邑。僾音愛。」

「案。」

「鐘、鼓、管、磬、琴、瑟、竽、笙，韶、夏、護、武、汋、桓、箾、簡象，是君子之所以愅詭其所喜樂之文也。」〔一〕注：「箾音朔，舞曲名。武、汋、桓皆周頌篇名。簡未詳。象，武王樂。」

「齊衰、苴杖、居廬、食粥、席薪、枕塊，是君子之所以爲愅詭其所哀痛之文也。師旅有制，刑法有等，莫不稱罪，是君子之所以爲愅詭其所敦惡之文也。」「愅」从心从革，謂其感動之時，神情非常也。若「詭」字，則素爲詭詐之義所奪，此處則感動不安而危矣。故詭，詭危也。

樂論篇第二十

「諰。」文：「使其文足以辨而不諰。」

〔一〕「愅詭」，手稿作「愅鼓」，據上下文與荀子改。

「鼓大麗，鐘統實，磬廉制，竽、笙簫和，筦、籥發猛，塤、篪翁博，瑟易良，琴婦好。」「婦」字何義？或謂其靜也，柔也。「歌清盡舞意。」又曰：「鼓似天，鐘似地，磬似水，竽、笙、簫、筦、籥似星辰日月，鞉、柷、拊鞷、控楬似萬物。」字書無「楬」字。篕，枯瞎切，音同劼，卽敔也，所以止樂。或作篕，亦作㮫，通作楬。椌，苦江反，卽柷也。上有柷矣，此又曰控楬，則複矣。控从扌不从木，謂控其楬也。

「謘謘。」文：「衆積謘謘乎。」謘，直黎、直利二切。諄謘也。

解蔽篇第二十一

「鳳皇秋秋，其翼若干，其聲若簫，有鳳有皇，樂帝之心。」逸詩。注：「秋秋猶蹌蹌。」簫叶秋，心亦可叶簫耶？

「唐鞅、戴子。」文：「唐鞅蔽于欲權而逐戴子。」注：「唐鞅，宋康王之臣也。戴子，戴驩也，爲宋太宰，蓋爲唐鞅所逐，奔齊也。」

「賓孟。」注：「周景王之佞臣，立王子朝者。」

「墨子蔽于用而不知文。」注：「欲使上下勤力，股無胈，脛無毛，而不知貴賤等級之文飾也。」

「宋子蔽于欲而不知得。」注：「宋子以人之情欲寡而不欲多，但任其所欲，則自治也。蔽于此說而不知得欲之道。」

「慎子蔽于法而不知賢。」注：「慎子本黄老，歸刑名，其意但明得其法，雖無賢亦可爲治，而不知法待賢而後舉也。」

「申子蔽于勢而不知知。」注：「申子名不害，〔一〕韓昭侯相也。其説但賢得權勢，以刑法馭下，而不知權勢待才智然後治。知音智。」

「惠子蔽于詞而不知實。」

「莊子蔽于天而不知人。」注：「天謂無爲自然之道。莊子但推治亂于天，而不知在人也。」老荀遝被漆園先生瞞過，亦可謂不讀書者矣。莊子眞有世出世有之妙，糟老那得知？

「裏。」文：「經緯天地而材官萬物，制割大理而宇宙裏矣。」注：「裏當爲理。」卽作裏亦可，謂宇宙在其裏也。

「睪睪廣廣，孰知其德？」注：「睪讀爲皞。」

「涫涫紛紛，孰知其形？」注：「涫涫，沸貌。官、貫二音。」

「處一危之，其榮滿側；養一之微，榮矣而未知。故道經曰：人心之危，道心之微。」注：「側謂偪側，亦充滿之意。處心之危有形，故其榮滿則可知也。養心之微無形，故雖榮而未知。言舜之爲治，養其未萌也。」此承上「心枝則無知，傾則不精，貳則疑惑」，皆謂精一也。引道經「人心」二句，而下無「惟精惟一」二句，豈見于書經者，是虞帝又足之耶？危微至下「微者至人也，而何殭，何忍，何危」自明。

「采采卷耳，不盈頃筐，嗟我懷人，寘彼周行。頃筐易滿也，卷耳易得，然而不可以貳周行。」注：「采易得之物，實易盈之器，以懷人寘周行之心，二之則不滿。」此當列之「處一危之」之

〔一〕「害」，手稿作「齊」，據荀子注改。

前。〔二〕

「浮游。」文：「倕作弓，浮游作矢，而羿精于射。」注：「世本云夷牟作矢，此云浮游，未詳，或聲相近而誤耳。」

「乘杜作乘馬。」文：「乘杜作乘馬。」注：「世本云相土作乘馬。杜與土同。相土，契孫也。乘音剩。」

「搏鼠不能歌。」文：「曾子曰：是其庭可以搏鼠，惡能與我歌也！」注：「是當爲眡。有人視庭中可以搏擊鼠，則安能與我歌咏乎？言外物誘之，思不精也。」

「觙。」文：「空石之中有人焉，其名曰觙。〔三〕其爲人也，善射以好思。耳目之欲接，則敗其思。」

「孟子惡敗而出妻，可謂能自强矣。有子惡臥而焠其掌，可謂能自忍矣，未及好也。闢耳目之欲，可謂危矣，未可謂微也。夫微者，至人也。至人何强，何忍，何危？」

「聖人縱欲。」文：「聖人縱其欲，兼其情，而制焉者，理矣。夫何强，何忍，何危？」

「案、案。」

「涓蜀梁。」文：「夏首之南有人焉，曰涓蜀梁，愚而善畏。明月而宵行，俯見其影，以爲鬼也。」

「無有有無。」文：「此人之所以無有而有無之時也。」句儁永。

〔二〕此句，傅山全書初版本脱，據手稿補。

〔三〕「曰」，傅山全書初版本脱，據手稿補。

「邑憐。」文：「不慕往，不憫來，無邑憐之心。」注：「言棄無益之事，更無悒怏悋惜之心。此皆明不爲異端所蔽也。」

「周而成，泄而敗，明君無之有也。」注：「明君日月之炤臨，安用周密也？」

「宣而成，隱而敗，闇君無之有也。」注：「闇君『務在隱蔽』，而不知昭明之功也。」此誠大昧。既云「務在隱閉」，如何又説「無之有」？周與隱一義，宣與泄一義，本義謂用宣泄，不用周隱。

「墨以爲明，狐狸其蒼，此言上幽而下險也。」注：「逸詩。墨，謂蔽塞也。狐狸其蒼，猶指鹿爲馬也。」

正名篇第二十二

「性。」「文」：「生之所然者謂之性，性之和所生，精合感應，不事而自然謂之性。」

「僞。」文：「心慮而能動謂之僞，慮積焉、能習焉而後成謂之僞。」

「玄紐。」文：「異形離心，交喻異物，名實玄紐。」注：「玄，深隱。紐，結也。若不爲分別立名，使物物而交相譬喻，則名實深隱，紛結難知也。」

「洒酸。」文：「香、臭、芬、鬱、腥、臊、洒、酸、奇臭以鼻異。」注：「洒未詳。」

「滄滑鈹。」文：「疾、養、滄、熱、滑、鈹、輕、重，以形體異。」注：「疾，痛也。養與癢同。滄，寒也，初亮反。滑與汩同，鈹與披同，皆壞亂之名。輕重爲分，銖與鈞石也。」成相篇「吏謹將之無鈹滑」，注：「言不使紛亂披汩也。」但此節用字皆兩相對，若「鈹」「滑」亦當有二義。

「說故。」文：「說故喜、怒、哀、樂、愛、惡、欲以心異。」注：「說讀爲脱。脱故，猶律文之故悞也。」此注大胡。「說故」兩字可不有。

「當簿。」文：「必待天官之當簿其類然後可。」注：「類，謂可聞之物耳之類，可見之物目之類。言心雖能召所知，必將任使耳目，令各主掌其類。」下文又曰「五官簿之而不知」。

「單與兼無所相避則共，雖共，不爲害矣。」文：「單足以喻則單，單不足以喻則兼；單與兼無所相避則共，雖共，不爲害矣。」注：「單，物之單名也。兼，復名也。喻，曉也。謂單名、復名不可相避者，則雖共同其名，若單名謂之馬，萬馬同名，復名謂之白馬亦然，雖共，不害于分別也。」其意以爲公孫龍「白馬非馬」之說，如馬可共謂之馬，白馬不可共謂之馬矣。以其但馬而不白之，則既害于白之異，亦害于馬之同也。而馬，馬也。白馬，仍馬也。原可共之而不必相避者，通稱之曰馬，何害也？

「非而謁，楹有牛。」注：「未詳所出。」

「忌禕。」文：「忌禕不稱，祆辭不出。」禕，說文無。玉篇、韻于宜反，美貌，又歎辭。

「長夜漫兮，永思騫兮。大古之不慢兮，禮義之不愆兮，何恤人之言兮。」逸詩。

「訒。」文：「外是謂之訒，是君子之所弃，而愚者拾以爲己寶。」注：「訒，難。過于志義相通之外，則是務爲難說耳。君子不用。」

「芴、嘖、誻誻。」文：「愚者之言，芴然而粗，嘖然而不類，誻誻然而沸。」注：「芴與忽同，無根本貌。嘖，爭言也。」

「守門。」文：「雖爲守門，欲不可去。」注：「夫人各有心，雖至賤不能去欲。」

「假而得，問而嗛之，則不能離也。」注：「謂假或有人問之，慙以爲足，其意終不能離不足也。」承上「心憂患，則口銜芻豢、耳聽鐘鼓、目視黼黻、體輕煖而不知味、不知聲、不知狀、不知安，故嚮萬物之美而不能嗛也。」假有既得此諸美者，口自問其心，則亦似乎其足矣，可以止矣。而終貪婪無厭，不能捨此，别有所爲安閑自在之樂，如今死作牛馬之人也。「問而嗛」之三字最可笑，不必作或有人問之也。此是田舍翁、守財虜衾影間事。

「屋室廬庾葭藁蓐，尚機筵而可以養形。」注：「以廬爲屋室，葭藁爲席蓐，貧賤人之居也。尚言尚古，尚機筵，質樸之機筵也。」不解「庾」字。以廬爲屋室，不知「廬」字何義。廬，説文：「寄也。秋冬去，春夏居。」周禮：「凡國十里有廬，廬有飲食，賓客行道所舍也。」詩「于時廬旅」。又租屋總名。漢志：「在野曰廬，田中屋也。」莊子：「仁義，先王之蘧廬。」庾，説文：「水漕倉也，从广臾聲。一曰倉無屋者。」詩傳：「露積于庾。」又在邑曰倉，在野曰庾。从广矣，上必有蔽，不得謂之無屋也。屋室廬庾，大概謂非一定之華居，或在野之廬，或貯粟之庾，皆任耳。

性惡篇第二十三

「人之性惡，其善者僞也。」

「小人可以爲君子而不肯爲君子」猶可言也，「君子可以爲小人而不肯爲小人」則非矣。

「蔥、闕、錄、曶。」文：「桓公之蔥，太公之闕，文王之錄，莊君之曶，古之良劍。」注：「蔥，青色。錄與綠同，以色爲名。曶，劒光彩，以形爲名。闕，或曰缺也。劒至利，則喜缺。」「驩。」注：「驩讀驪。」此字在「役夫之知」之後。

「佚之以繩。」注：「佚猶引也。」
「折速粹熟而不急，以期勝人爲意，是役夫之知也。」注：「折謂折辭。速謂發詞疾速。粹熟，所以著論甚精熟。不急，言不急于用也。」

君子篇第二十四

注：「此篇皆論人君之事，卽『君子』當爲『天子』，恐傳寫誤也。」
「天子無妻，告人無匹也。」
「綦。」

成相篇第二十五

「成相。」下云「如瞽無相何倀倀」。相，佐義耳。
「人。」文：「請布基，愼聖人。」「人」字無音。下文「治」字，「災」字，則「人」亦當爲然宜切以叶之。
「反施。」文：「論臣過，反其施，尊主安國尚賢義。」義與禍叶，施當如佗之去，義如俄之去。不然則禍讀平聲，口音之拖長也。
「季。」文：「愼、墨、季、惠，百家之説誠不詳。」注：「季卽莊子。」莊子徐無鬼篇有「季子聞而恥之」，〔一〕則陽篇有「少知曰：季子之莫爲」，此云卽莊子，不知何本。

「下鴻。」文：「禹有功，抑下鴻。」注：「抑，遏也。下，謂治水使歸下也。鴻卽洪水也。」江叶工。

「孰公、長父。」文：「孰公、長父之難，厲王流于彘。」注：「孰公、長父皆厲王之嬖臣。孰或爲郭。」

「銀。」文：「刑稱陳，守其銀。」注：「稱謂當罪。當罪之法施陳，則各守其分限。銀與垠同。」大戴記有「銀」字。大戴禮「上友下交，銀手如斷，卜商之行也」，注：「廉鍔也。」以此解「守其銀」亦微中。

「鈹滑。」文：「吏謹將之無鈹滑。」注：「言不使紛披汩亂也。」〔二〕然以前正名篇「亦鈹滑」考之，此義似以鈹爲入而深者，滑爲浮而淺者。然則入出、輕重，二義耳。

成相篇中，〔三〕「禹有功，抑下鴻」與「十二渚疏三江」叶，又云「欲衷對，言不從」與「剄而獨鹿棄之江」，江字皆讀爲工矣。說文「江」下曰：「古雙切，工聲。」若古皆讀如工，則不應加「工聲」兩字。玉篇于「雙」曰「所江切」，于「江」曰「古雙切」。雙可轉而爲㦼，如江字可轉而爲工之類。人每云說文注非許氏，然顧野王則在隋唐之前，所引音非許氏而誰？

〔一〕此句引文出自莊子則陽篇，青主筆誤。

〔二〕「紛披汩亂」，手稿作「紛亂披汩」，據荀子注改。

〔三〕「成相篇」，手稿作「賦篇」，據文義改。

賦篇第二十六

「大物。」禮也。

「雅似。」文：「則甚雅似者與。」注：「雅，正也。似謂似續古人。」

「血氣之精，志意之榮。」此八字賦知，亦有摯義。

「綦」。

「德厚堯禹。」四字賦云亦迂。

「攭。」文：「攭兮其相逐而反也。」注：「分判貌，音戾。」

「卬卬咸蹇。」文：「卬卬兮天下之咸蹇也。」注：「卬卬，高貌。雲高而不雨，則天下皆蹇難也。」

「惛憊。」文：「往來惛憊，通于大神。」注：「惛憊猶晦暝也。」

「託訊。」文：「行遠疾速而不可託訊者與？」妙句。然以之賦風更妙，不但雲也。

「友風而子雨。」妙句，不可移易。

「𠐋𠐋。」文：「𠐋𠐋兮，其狀屢化如神。」注：「𠐋，讀如蟲倮之倮。」

「與暴爲鄰。」注：「侵暴者，亦取名于蠶食。」

「不盜不竊，穿窬而行。日夜合離，以成文章。以能合從，又善連衡。」〔二〕賦箴絕句也。

〔二〕「善」，手稿作「能」，據荀子改。

「趙繚。」文：「頭銛達而剽趙繚者耶？」注：「趙讀爲掉。掉，繚長貌。言箴尾掉而繚也。」〔二〕

「佹。」文：「天下不治，請陳佹詩。」注：「陳佹異激切之詩。」

「無私罪人，憋革貳兵。」注：「憋與儆同，備也。貳，副也。」不解其義。上文曰：「公正無私，反見縱横；志愛公利，重樓疏堂。」然則謂志愛公利之人，謂苟偷國家之財用者，反居重樓疏堂，而無私于罪人者，乃以之備貳兵革，如遣戍之罰也。然「志愛公利」，亦可以解作「志好與公家爲利」、奉公之人也？連下文讀之則不然。

「小歌。」文：「與愚以疑，願聞反詞，其小歌也。」注：「此下卽其反辭，謂之小歌。」

「念彼遠方，何其塞矣。仁人絀約，暴人衍矣。忠臣危殆，讒人服矣。」三句當叶，而塞、服之間夾一「衍」字，不知讀作何聲。

「璇。」文：「璇玉瑤珠，不知佩也。」注：「璇，赤玉。璇音瓊。」

大略篇第二十七

「外内屏。」文：「天子外屏，諸侯内屏。外屏不欲見外也，内屏不欲見内也。」

「荼。」文：「諸侯御荼。」注：「荼，古舒字，玉之上圓下方者也。」

「君疇、務成昭、西王國。」文：「堯學于君疇，舜學于務成昭，禹學于西王國。」注：「君疇，漢書作尹壽。漢藝文志有務成子十一篇。昭，其名也。西王國未詳。」

〔二〕「尾掉」，手稿作「掉尾」，據荀子注改。

「三策。」文：「天子卽位，〔二〕上卿授一策，中卿授一策，下卿授一策。」

「式耦。」文：「禹見畊者耦，立而武，過十室之邑必下。」

「遂、獨。」文：「迷者不問路，溺者不問遂，亡人好獨。」注：「遂，謂徑遂，水中可涉之徑也。」山謂「遂」不必爲水中之「隧」，謂不問而遂過，有「馮河」之義。

「續然。」文：「子謂子家駒續然大夫，不如晏子。」注：「子，孔子。子家駒名羈。績言補續君之過，不能興功用，故不如晏子也。」

「氐羌憂不焚。」文：「氐羌之虜也，不憂其係壘也，〔三〕而憂其不焚也。」注：「羌俗死則焚其尸。」

「眸而見箴。」文：「今夫亡箴者，終日求之而不得；其得之，非益明也，眸而見之也。心之于慮也亦然。」注：「謂以眸審視之也。言心于思慮，亦當反覆盡其精妙，如眸子之求針也。」

「卞莊、子路。」〔文〕：「齊人欲伐魯，忌卞莊子，不敢過卞。晉人欲伐衛，畏子路，不敢過蒲。」

「六貳、天府。」文：「無有而求天府。」「六貳之博，則天府已。」注：「求財于六貳之博，得之不窮，故曰天府。今之博局亦六貳相對，故曰六貳。」此「六貳」不知何指，後又有「天府」字。

「如蛻。」文：「君子之學如蛻，幡然遷之。」妙喻。

「陜窮。」文：「君子陜窮而不失。」注：「不失道而隕穫。」「陜」字不音不解，不知是「陜」

〔二〕「位」，手稿脱，據荀子補。
〔三〕「不憂」，手稿作「不見」，據荀子改。

是「狹」？

「雨小漢故潛。」注：「未詳。或曰漢水溢流爲潛，言漢本因雨小水濫觴而成，至其盛也，乃溢爲潛矣。言自小至大者也。」

「誠言。」文：「不足于信者誠言。」注：「數欲誠實其言，故信不能副，君子所以貴行不貴言也。」誠與信同義，而誠言反不足于信，何也？猶言粉飾其言以爲誠也。若眞信者，言無不誠，不待誠其言也。

「幬菜。」文：「晏子贈曾子之言曰：乘輿之輪，大山之木也。示諸隱栝，三月五月，爲幬菜，敝而不反其常。」注：「示讀爲寘。幬菜未詳，或曰菜讀爲菑，謂轂與輻也。言矯揉直木爲牙，至於轂輻，皆敝，而規曲不反其初。」解亦似矣，但「爲」字尚未有着落。本文是爲「輪」，非爲「幬菜」也。若「幬」字與「爲」字句，「菜敝而不反常」爲句，則「幬」有圍義。謂輪本直木，矯揉之令曲而爲幬也。菑則輻之入于幬者。

「正君漸于香酒，可讒而得也。」注：「言甘醴變香草之性，甘言變正君之性。」此句上文「蘭茝、槀本漸于蜜醴，一佩易之」，注：「謂雖皆香草，然以浸于甘醴，一玉佩方可易之。言所漸者美而加貴也。佩或爲倍。」與下連，文義不甚貫。山謂「佩」謂人佩之也。香草又漸于蜜醴，可謂香矣。若人佩之，則其氣味被人之氣味染之，漸漸不甚香矣。故正君之性如香酒，亦可因讒而得。得，謂讒人得之也。

「厥。」文：「和之璧，井里之厥也，玉人琢之，爲天子寳。」注：「井里，里名。厥未詳，或曰：厥，石也。」說文：「厥，發石也，从厂欮，音厥。」

「天府。」文：「學問不厭，好士不倦，是天府。」

「皐如、嵮如、鬲如。」文：「望其壙，皐如也」云云。注：「皐當爲宰。宰，冢也。嵮與塡同。鬲謂隔絕于上。」

「人有快。」文：「賤師而輕傅，則人有快。人有快則法度壞。」

「後門。」〔文〕：「柳下惠與後門者同衣而不見疑，非一日之聞也。」注：「言柳下惠安于貧賤，渾跡而人不知也。」注不解「後門」爲何事。

「藍苴。」文：「藍苴路作，似知而非。」注：「未詳其義。或曰苴讀爲姐，漫也。」

「區蓋。」文：「言之信者，在乎區蓋之間。」注：「凡言之可信者，如物在器皿之間，言有分限，不流溢也。」

「流丸止于甌臾，流言止于知者。」注：「甌臾皆瓦器也。」〔二〕臾與者叶。說文：「臾，从乙，束縛捽抴之義。徐曰：乙，屈也。」〔三〕此「甌」卽地之窩坎也。而「臾」或取屈乙之處，如地有屈乙，則丸亦不得滑滑而前也。

「泔、奥。」文：「曾子食魚，有餘，曰：泔之。門人曰：泔之傷人，不若奥之。曾子泣涕曰：有異心乎哉！傷其『聞之晚』也。」注：「甘與奥皆烹和之名，未詳其說。」然玩「泣涕曰：有異心乎哉」之語，似不爲「聞之晚」也。

「喆然雖辨，小人也。」注：「喆當爲洒。」未然。明白「喆」字，硬作「洒」，何也？喆、嚞、哲同。此言其口語明哲耳。

〔二〕「瓦器」，手稿作「歐器」，據荀子注改。
〔三〕「乙，屈也」，手稿作「屈，乙也」，據說文改。

「串以無分得。」文：「國法禁拾遺，惡民之串以無分得也。」注：「古患反，習也。」此與「遺秉穉穗」之義異。

「特意。」文：「天下之人，唯各特意哉，然而有所共予。言味者予易牙」云云。注：「特意，謂人殊意。」

「惟惟而亡者，誹也。」注：「惟讀爲唯，唯唯，聽從之貌。常聽從人而不免亡者，由于退後卽誹謗也。」

宥坐篇第二十八

「宥坐之器。」注：「宥與右同。言人君可置于座右以爲戒也。」

「少正卯心達而險，〔一〕行辟而堅，言僞而辯，記醜而博，順非而澤。」注：「醜謂怪異之事。」「怪異」非「醜」類，似記人之穢行耳。

「尹諧。」湯誅之。

「潘止。」文王誅之。

「管叔。」周公誅之。

「華仕。」太公誅之。

「付里乙。」管仲誅之。

「鄧析、史付。」子產誅之。

〔一〕「心達而險」，手稿作「心險而達」，據荀子改。

注：「尹諧、潘止、付里乙、史付事跡並未聞。」

「綦。」

「單。」文：「廢不能以單之。」注：「盡也。」

「綦。」

「伊稽首。」文：「子曰：〔一〕伊稽首不其有來乎？」注：「有所不來者，〔二〕爲上失其道而人散也。若施德化，〔三〕使人稽首歸向，雖道遠，能無來乎！」「伊稽首」定有本。

「淖約微達，似察。」此句說水微妙。注：「淖當爲綽。」

「糂。」〔文〕：「藜羹不糂。」〔四〕注：「與糝同。」

「桑落。」文：「女庸安知吾不得之桑落之下！」注：「桑落，九月時也。夫子當此時，蓋暴露居此樹之下。」

「子貢觀于魯廟之北堂，出而問于孔子曰：鄉者，賜觀于太廟之北堂，吾亦未輟，還復瞻被九蓋皆繼，彼有說耶？匠過絕耶？」注：「北堂，神主所在也。輟，止也。九當爲北，傳寫誤耳。被當爲彼。蓋音盍，扇戶也。皆繼，謂其斷絕相接繼也。子貢問北盍皆繼續，彼有說耶？匠過誤而遂絕之也？」解大不可知。「匠過絕」，又似謂匠之技過于巧絕耶？

「孔子曰：太廟之堂，亦嘗有說。」注：「言舊曾說，今則無也。」

〔一〕「子曰」二字，傅山全書初版本脫，據手稿補。

〔二〕「有」，傅山全書初版本脫，據手稿補。

〔三〕「施」，手稿作「使」，據荀子注改。

〔四〕「羹」，手稿作「類」，據荀子改。

「官致良工，因麗節文，非無良材也，蓋曰貴文也。」〔注〕：「言官致其良工，工則因隨其木之美麗節文而裁製之，所以斷絕。」如此説，則「過絕」非誤絕之矣，是技之過于絕巧者也。

子道篇第二十九

「衣與繆與不汝聊。」〔注〕：「或曰：繆，綢也。言雖衣服我、綢繆我，而不敬不順，則不賴汝也。」

「魯大夫練而牀。」「子路問孔子曰：禮邪？孔子曰：吾不知也。子貢問之。曰：非禮也。子貢出，謂子路曰：禮，居是邑，不非其大夫。」

「裾裾。」〔文〕：「子路盛服見孔子。子曰：由，是裾裾何也？」注：「衣服盛貌。」

「猶若。」文：「子路改服而入，蓋猶若也。」注：「猶若，舒和之貌。」

法行篇第三十

「涓涓源水，〔一〕不雝不塞。轂已破碎，乃大其輻。」引「詩曰」，注不言何詩。

「雜。」〔文〕：「南郭惠子問于子貢曰：夫子之門，何其雜也？」

〔一〕「源水」，手稿作「源源」，據荀子改。

哀公問篇第三十一

「五鑿爲政，心從而壞。」注：「鑿，竅也。」

「富有天下而無怨財。」注「怨讀蘊」，亦不必爾。凡財皆斂怨之具。言富有天下而無取怨之才也。

「繆繆肫肫。」注：「繆當膠，相加之貌。肫與訰同，雜亂之貌。」山謂「肫肫」即「肫肫其仁」之肫肫，何必曰訰？又何必曰雜亂也？文：「繆繆肫肫，共事不可循。若天之嗣，其事不可識。」言聖人如天之繼嗣，人不能識其意。

「舜冠。」〔文〕：「魯哀公問舜冠，孔子不對。」

「務而拘領。」注：「務讀爲冒。拘與勾同，曲領也。帝雖衣冠拙朴，〔二〕而行仁政也。」鄭云：冒，覆項。勾領，繞頸也。」

「號。」文：「君號然也。」注：「號讀爲胡。聲相近，字遂誤耳。」

「好肆不守折，長者不爲市竊。」注：「好，喜也。言喜于市肆之人，不使所守貨財折耗，而長者亦不能爲此市井盜竊之事。」語有味而解不盡。

「詌。」文：「無取健，無取詌，無取口啍。健，貪也。詌，亂也。口啍，誕也。」注：「健羨之人多貪欲，詌忌之人多悖亂，〔三〕讒疾之人多妄誕。」文只有一「健」字，而注逕添「羡」字，因史

〔二〕「帝」，傅山全書初版本誤作「言」，據手稿改。
〔三〕「人」字，手稿脫，據上下文與荀子注補。

記「健羡」多字。原是兩義，不知何人作一義讀，凡稱「羡」曰「健羡」，遂習而兩字不相舍。此又因「健」而添一「羡」字，與因「羡」字而添一「健」字同失。

堯問篇第三十二

「魏武侯謀事而當，退朝有喜色。楚莊王謀事而當，退朝而有憂色。」

「中歸。」注：「與仲虺同。」

「伯禽三惡。」其傅曰：「其爲人也寬，好自用，以愼。」

「繒丘之封人。」「見楚孫叔敖曰：處官久者士妒之，祿厚者民怨之，位尊者君恨之。」

「爲人下者猶土，深扣之而得甘泉焉，樹之而五穀蕃焉」云云。

「子馬。」〔文〕：「萊不用子馬而齊幷之。」注：「子馬未詳。」

荀子三十二篇，不全儒家者言，而習稱爲儒者，不細讀其書也。有儒之一端焉，是其辭之複而嘽者也。但少精摯處，則卽與儒遠，而近于法家，近于刑名家，非墨而又有近于墨家者言。性惡一篇立義甚高而文不足副之。「僞」字本別有義，而爲後世用以爲詐譌，遂昧从人从爲之義。此亦會意一種。

卷七十四　淮南子評注[一]（上）

淮南訓二十篇，每篇皆凌雜段落，作數十條分讀之可也。浩博亦浩博，重複亦重複，中亦不乏雋永也。高誘注義既晦拙，而字音猶異，不知其訛耶？其習于此者不知原有彼音邪？偶一草錄之備覽，再遇善本較之。老矣，亦不復能專叩之藏書家，聽之而已。

先大夫刻此書于楚中，精致無倫。少年時不知讀之，今徒思想耳。前見平定張配公書房有新刊本，[二]甚精孅，尚欲借看之，然亦未必也。音釋亦與此同。黃裒微讀如黃維救。

淮南子高誘注，字句、音釋時本訛甚。

原道訓第一

注：「原，本也。本道根眞，包裹天地，以歷萬物，故曰原道。因以題篇。」

「柝」字。文曰：「柝八極。」注：「音托，開也。」說文：「判也。」本作㭊，今爲「擊柝」之「柝」專矣。「擊欜」之「欜」，原作从槖。

「滒」字。文曰：「甚淖而滒。」〔注〕：「音歌。滒亦淖也。饘粥多瀋者，曰滒。」廣韻：「多

〔一〕此篇據山西博物院藏手稿整理。由吳連城先生釋文，郭淑英重校。文中「〔〕」中的文字，爲編者所加。

〔二〕「公」字，傅山全書初版本脫，據手稿補。

汁。」

「犢、豭。」音瀆段。文曰：「獸胎不犢，鳥卵不豭。」〔注〕：「胎不成獸曰犢，卵不成鳥曰豭。」

「跂」，音吉。「蠉」，音宣。「蝡」，音軟。

「馮夷、大丙之御。」注：「二人名，古之得道能御陰陽者。」

「扶搖抮抱羊角而上。」〔注〕：「抮音紾。扶，扳。搖，動。抮抱，引戾也。扶搖如羊角，轉如曲，縈行而上也。」扶搖，莊注不解。

「鍛。」〔注〕：「音炳。」文曰：「勁策利鍛。」炳字豈訛耶？當「段」字。

「霓。」〔注〕：「音翟。」文曰：「上游于霄霓之野。」〔注〕：「霄霓，高峻貌。」

「劉」字。文曰：「劉覽偏炤。」注：「劉，如留連之留。」

「詹何娟嬛。」注：「古善釣人名。」列子詹何，楚人也，而善釣。

「綦衛之箭。」文曰：「彎綦衛之箭。」注：「綦，美箭所出。衛，利也。」美箭所出，亦可作淇。

「窾」字。〔二〕〔注〕：「音科。」文曰：「窾者主浮。」〔注〕：「窾，空也，舟屬。」

「到生挫傷。」注：「草木首地而生，故曰到生。」

「芄。」無音。文曰：「禽獸有芄。」注：「蓐也。」說文：「蘭莞也，從艸，丸聲。」引詩「芄蘭之支」，毛傳：「草也。」

〔二〕「字」，傅山全書初版本脫，據手稿補。

「毳」字。文曰：「柔毳安靜，藏于不敢。」

「强勝不若己者，至于若己者而同。柔勝出于己者，其力不可量。」精語。又見銓言篇，本之列子黄帝篇。

「綣」字。文曰：「短綣不絝。」「綣」字無音。

「𥈭」字。文曰：「偶𥈭智故。」音槎。

「趨舍指凑，日以月悔也。」〔一〕注：「指，所之也。凑，所合也。猶言行止也。積日而月，必悔前非。」深于世故之言。

「執道理以耦變，先亦制後，後亦制先。」

「聖人守清道而抱雌節。」

「蚑蟯。」音岐饒。〔注〕：「蚑，行。蟯，小蟲。」

「無形者，物之大祖也；無音者，聲之大宗也。」

「其子爲光，其孫爲水。」「子光孫水」句奇妙。

「穆忞隱閔。」忞音民。〔注〕：「皆無形之貌。」

「圈。」文曰：「天下爲之圈。」

「破陰、墜陽。」文曰：「大怒破陰，大喜墜陽。」

「通而不變，靜之至也。」「通而不變」四字妙。若變而不通，難矣。

「韇。」音貴。〔注〕：「折也。」文曰：「堅强而不韇。」後本經訓有「韇」。

〔一〕「日」，傅山全書初版本誤作「曰」，據手稿改。

爲何字。

「窕。」文：「處大而不窕。」注：「在大能大。」兵略篇亦有此句。

「躁。」音皂。文曰：「其魂不躁。」

「梟。」文曰：「爲天下梟。」注：「雄也。」

「玄仗。」文曰：「履危行險，無忘玄仗。」注：「玄仗，道也。」伏字、仗字易混，不知此字的爲何字。

「鈞射鶤鷄之爲樂乎。」「射」只可加之鳥耳，上一「鈞」字無着。或有脱字。

「不以内樂外，而以外樂内。樂作而喜，曲終而悲。」

「滔朗。」音朗。文曰：「耳聽滔朗奇麗激抮之音。」注：「激揚抮轉，皆曲名也。」朗，玉篇「朗」字从力，注：「魯當切，强力也。」朗字从刀，力可切，擊也。亦作斫，不知此爲朗爲朗？又似朗字，而高不解。又曰「新而不朗」，注：「朗，明也。」逕似朗字矣。

「瀼灖。」音倘挍。文曰：「雪霜瀼灖。」注：「雪霜貌。」水从靡聲，而音挍，大乖。挍，疑是校字之訛耶？玉篇：「文彼切，流也。」

「貞蟲。」文曰：「蚑蟯貞蟲。」注：「貞蟲，卽細腰之蟲也。」

「眭。」〔注〕：「音桂。」「瞥。」〔注〕：「音營。」文曰：「眭然能視，瞥然能聽。」眭平聲，此音桂。瞥音同僚，腸脂也，而此音營。玉篇有「覺」字，注：「于幷切。覺然能聽。」瞥或卽覺之訛。廣韻有「瞥」字，下从目，惑也。既言能聽，似當从耳，不見聳字。

「蹪。」文曰：「足蹪趎埳。」注：「蹪，躓也，楚人讀躓爲蹪。」後又有「萬人之蹪」。

「連嶁列埒。」嶁，音樓。文曰：「終身運枯形于連嶁列埒之門。」注：「運，行。枯，病也。連嶁，猶離嶁也，委曲之類。列埒，不平均也。」此段本曰病狂者，而語義似謂偏廢不良能行者之態，何也？

「形閉中距。」文曰：「貪饕多欲之人」云云，「則形閉中距，則神無由入矣」。四字宜寫務外迷性之人可憐。〔一〕

「共工與高辛爭爲帝。」注：「共工以水行霸於伏羲、神農間。高辛，帝嚳。」羲農之間，去嚳尚遠，不知何據與嚳爭也？本經訓曰：「舜之時，共工振滔洪水，以薄空桑。」注：「共工，水官名，柏有之後。振，動。滔，蕩也。欲壅防百川，滔高堙卑，以害天下也。空桑，魯地名。」兵略篇：「顓頊常與共工爭矣。」注又曰：「共工與顓頊爭爲帝。」

俶眞訓第二

注：「俶，始也。眞，實也。說道之實，始於無，化育於有，故曰俶眞。俶音出。」俶音出，又異。

「霄雿。」文曰：「蕭條霄雿。」

「萑蒮」字。文曰：「萑蒮炫煌。」音委戶。

「儲與扈冶。」注：「褒大意也。」本經訓「陰陽儲與」，注曰：「猶尚羊也。」儲似包孕，與似容與。扈冶，卽大冶也。檀弓「扈之爾」，注：「廣也，大也。」又見要略篇，注：「儲與，猶挕業也。」揚雄羽獵賦「諸與乎大浦」。

「揚擢。」文曰：「物豈可謂無大揚擢乎？」注：「擢音鎬。揚擢，無慮大數名也。」句法似用

〔一〕「宜」，傅山全書初版本脫，據手稿補。

莊子徐無鬼篇「則可不謂有大揚搉乎？」篇末小字注：「揚，舉也。搉，引也。舉而引之，陳其趣也。」郭注則云「搉而揚之，有大限也。」呂注曰：「揚謂發其幽，搉謂核其實。」循本「揚者，舉揚也。搉者，反覆手也。當舉揚對答，以手反覆指陳之也。」其説與「可不謂有」四字義不相炤顧。高注「大數名也」卻似。郭注其取「大數名」之義，而云「大限」也。然以「揚搉古今」之語考之，似「舉揚核實」之義爲長，而于本文之義不合。淮南之文曰：「若藏天下于天下，則無所遁其形矣。物豈可謂無大揚攉乎？」莊子之文曰：「其問之也，不可以有崖，而不可以無崖。頡滑有實，古今不代，而不可以虧，則可不謂有大揚搉乎？闔不亦問是已。〔一〕」文章皆捉摸不定，不勝翻騰其解也。

「牛哀。」文曰：「昔公牛哀，轉病也，七日化爲虎。」注曰：「公牛氏，韓人。轉病，易病也。江淮之間，公牛氏有易病，化爲虎，若中國有狂病者。疾作有時。其爲虎食人者，因作眞虎，不食人者，更復化爲人。」

「苑」字。文曰：「形苑而神壯。」注：「苑，枯病也。壯，傷也。」「傷」字訛。

「嬈」字。文曰：「傷死者，其鬼嬈。」注：「煩嬈，善行病祟人。」嬈音遶。

「杖。」〔文〕：「士用心杖性，依神相扶。」二月二日之夢，或當爾解耶？

「攙搶。」音撑。〔文〕：「攙搶衡杓之氣，莫不彌靡而不能爲害。」注：「攙搶，彗孛也。杓，北斗柄第七星。」攙搶是妖星，而斗杓如何與並？言其爲害也。

「中至。」文曰：「眞人立於天地之本，中至優游。」無注。不過謂其中極優游邪！

〔一〕「已」，傅山全書初版本誤作「己」，據手稿改。

「解構。」文曰：「熟肯解構人間之事？」注：「解構猶合會也。」其意卽邂逅耶？

「跂躍。」「擿。」潭。「掞。」善。「挺。」廷。「挏。」同。「摸蘇。」文曰「挾依于跂躍之術，提挈人間之際，擿掞挺挏世之風俗，以摸蘇牽連物之微妙，猶得肆其志」云。注：「跂躍，猶齟齬不正之道也。擿，引。掞，利也。挺挏，猶上下也。摸蘇，猶摸索也。微妙，猶細小也。」跂躍，上下文連讀之，不過謂扳援奔競耳。「齟齬不正」，非也。跂躍之人，豈有齟齬不合之處？擿卽探。掞猶剡之快利。挺是硬入。挏卽挏馬酒之挏。大概謂奔競之人，或偵探鑽刺，或逕進與之骨董之意。蘇讀爲索，聲之自然，卽挲，是蘇之開口者。下又有「挺挏萬物」，恰是說道妙矣，與此不同。

「弊」，音「跋」。「撥」，音「殺」。文曰：「不與物相弊撥。」〔注〕：「弊撥，猶雜揉也。」「弊音跋」，聲遠。

「𥕐」字。音爲。文曰：「休于天鈞而不𥕐。」注：「𥕐，敗也。天鈞，北極之地，積寒之野，休之輒敗，唯體道者爲能不敗也。」以天鈞爲北極，不知何本。

「句望。」文曰：「飛狐、句望之險。」注：「皆險隘也。」

「臺簡。」文曰：「臺簡以遊太清。」注：「臺，持。簡，大也。」愚意作「高」字亦通。劉熙釋名：「臺，持也。築土堅高，能自勝持也。」轉多少灣然後到。

「引楯。」文曰：「引楯萬物。」注：「楯，音允。引楯猶拔擢也。」

「栓。」音遏。文曰：「百事之莖葉條栓。」〔二〕下又曰：「栓讀作蘗。」栓。

「周雲之遼巢蘢蓯彭濞而爲雨。」注：「周雲，密雲也。遼巢彭濞，蘊積貌。」

〔二〕「莖」，傅山全書初版本誤作「基」，據手稿改。

「整。」垠。文曰：「通於無整。」

「圻。」文曰：「通於無圻。」注：「音寅，垠也。」然此字本有畿音，在此當作寅聲耳。

「挺挏。」見上。

「揣丸。」文曰：「揣丸變化。」「揣」字不音。愚謂此不當如常讀「揣摩」之「揣」，當讀如「摶」。

「嘔苻嫗掩萬民百姓。」無注。萬民百姓，豈不重複？

「鏄」字。文曰：「華藻鏄鮮。」注：「鏄，今之金樽也。」以義考之，不謂金樽也。

「蜚廉敦圄。」注：「蜚廉，獸名，長毛有翼。敦圄，似虎而小。」

「梣。」音尋。「羸」。裸。「瘉」。與。「惼」。瓜。「睆」。文曰：「夫梣木，色青翳而羸瘉蝸睆，皆治目之藥也。」注：「梣木青皮。羸，蜾蟲。蝸牛，卽蜣蝓也。睆音喚。」「瘉」，似「蝓」之訛。「睆」字不解。

「無裹。」文曰：「又況乎以無裹之者耶？」注：「無裹，無形也。」

「涸濶。」〔注〕：「音閑。」文曰：「甘瞑于涸濶之域。」注：「無垠虛之貌。」

「景柱。」文曰：「以鴻濛爲景柱。」注：「鴻濛，東方之野，日所出者，故以爲影柱。」不解是何語何義。後繆稱篇曰：「列子學壺子，觀景柱而知持後矣。」注：「先有形而後有景。」若鴻濛，則無形也。

「莫之領理決離。」不注。

「昧昧晽晽。」音林。〔注〕：「欲有之貌。」

「襲九窾，重九㝔。」注：「襲，因。窾，法。㝔音整，形也。」音義俱不解。

「嫥捖。」專桓。專，卽搏義。

「慲。」滿。「觟。」化。文曰：「乃始慲觟離跂。」注：「觟，徯徑之徯也。」玉篇：「胡瓦切，角貌」。慲，玉篇「莫蘭切，忘也」。與此義乖。

「捲。」文曰：「擢德捲性。」捲，音蹇。注：「擢，取。捲，縮也。」又曰「萬物之來，擢拔吾性，攓取吾情」，又作攓。

「招蟯振繾。搖消掉（吊）捎（稍）。」文曰：「招蟯振繾，物之毫芒。」無注。又曰：「搖消掉捎仁義禮樂。」注：「言未能行仁義禮樂也。」莊子：「逍遙」本卽「消搖」。此言「未能行」，義乖。似形容行禮樂仁義者之非自然處。

「儡。」文曰：「不免于儡。」注：「音雷，謂身不見用，儡儡然也。」身不見用，如何謂之儡儡然？

「攢疾蠭。」文曰：「手足之攢疾蠭。」音費、養。

「瀿。」文曰：「灌以瀿水。」注：「繁，波也。音繁。」

「歷陽爲湖。」注：「歷陽，淮南國縣名。昔有老嫗，常行仁義，二諸生過之，此當沒爲湖」云云。

「膏夏。」注：「膏夏，大木也。其理密，白如膏，故曰膏夏。」

天文訓第三

注：「文者，象也。天先垂文象，日月五星及彗孛，皆謂以譴告一人，故曰天文。」

「馮馮翼翼，洞洞灟灟。」注：「無形之貌。」

「共工與顓頊爭爲帝。」前云與高辛爭。

「火曰外景。水曰内景。」

「除。」文曰：「春夏則羣獸除。」注：「除，冬毛微墮也。」

「硥膲。」文曰：「月死而蠃硥膲。」注：「膲，肉不滿。音醮。」

「蕁。」文曰：「火上蕁。」〔注〕：「音蕈。」

「陽燧、方諸。」注：「陽燧，金也。取金杯無緣者，熟摩令熱。日中時，當日下，以艾承之，則得火。方諸，陰燧，大蛤也。熟摩令熱，月盛時，以向月，則水生。以銅盤受之，下水數滴。」

「蠶珥絲而商弦絕。」注：「蠶老絲成，自中徹外，然視之如金精珥，表裏見。故曰珥絲。」

「太陰在四仲，則歲星行三宿。在四鉤，則歲星行二宿。」注：「四中，謂太陰在子午卯酉四面之中。丑鉤辰，申鉤巳，寅鉤亥，未鉤戌，謂太陰在四角。」

「効。」文：太白「以二月春分効奎婁」云。〔注〕：「効，見也。」

「四維，東北報德，西南背陽，東南常羊，西北號通。」注：「報，復也。陰氣拯于北方，陽氣發于東方，自陰復陽曰報德。西南已過，陽將復陰，故曰背陽。常羊，不進不退之貌。東南純陽用事，不盛不衰，常如此，故曰常羊。西北純陰，陽氣閉結，陽氣將萌，號始通之，故曰號通。」二「陽」字必有一訛。「號始通之」，亦不可解。

「升」字。文曰：「兩維之間，九十一度十六分度之五而升。」注不解「升」字。

「小歲。」「太歲。」「大時。」「小時。」文曰：「斗杓爲小歲。」「咸池爲太歲。」「大時者，咸池也。小時者，月建也。」

「日，冬至子午，夏至卯酉，冬至加三日，則夏至之日也。歲遷六日，終而復始。」注：「冬至後三日，則明年夏至之日。遷六日，謂今年以子冬至，後年以午冬至。」

「春夏。」

「粰鬻。」音浮欲。注：「粥也。」

「五子相干。」

「熯。」文曰：「苽封熯。」注：「苽，蔣草也。生水上，相連特大如薄者曰封。熯音染。」「薄」字疑。熯音染者，卽爇，音然，从難省。而作染，音又異耳。說文「熯，忍善切」，卽近染也。

「女夷。」注：「主春夏長養之神也。」

「候歲。」文曰：「雄鳩長鳴，爲帝候歲。」注：「布穀也。」

「朏。」文曰：「日登于扶桑，是謂朏明。」注：「將明也，音窟。」月三日生明之「朏」，本音斐。廣韻去聲，隧韻，日向曙色也，音如配。玉篇日部有「朏」字。音滂佩〔切〕，前向曙也。是从日者正。說文「朏」字，普乃切，又勞尾切。絕無近窟音者。作窟音者，玉篇肉部之「朏」字，臀也。廣韻月韻有之，與玉篇同。又曰：「一作腒。」然則此「朏」字當从日，卽廣韻去聲收之作「朏」者，亦日之小訛耳。

「止女。」文曰：「日至悲泉，爰止其女，爰息其馬。」「止女」不注。

「斗指巳，巳則生已定也。」無注。此「巳」字卽「ε」。說文：「巳，已也。陽氣已出，陰氣已藏。」律歷志「已藏於巳」，上音以，下音似。毛氏曰：「陽氣終於巳。」故又爲終巳字。史記：

「巳者，言陽氣之已盡也。」是辰巳之巳，皆可讀如已然之以也。〔一〕

「三罕。」文曰：「兵重三罕以爲制。」不注。

「蕈。」文曰：「秋分蕈定。」注：「蕈，禾穗粟孚甲之芒也。」〔二〕不〔三〕

「誘不敏。」文曰：「律曆之數，〔四〕下生者倍，以三除之。上生者四，以三除之。」注：「鐘律上下相生，誘不敏也。」

「太陰歲徙辰。」文曰：「太陰元始，建于甲寅。一終而建甲戌，二終而建甲午，三終而復得甲寅之元。歲徙一辰。立春之後，得其所辰，而要其所順。前三後五，百事可舉。」注：「前後，太陰之前後也。」後又曰「太陰在寅，歲名攝提格」云云。太陰不言所以謂之太陰者爲何。又曰：「太陰所居爲厭日，厭日不可以舉百事。」又曰：「太陰、小歲、星、日、辰，五神皆合，其日有雲氣風雨，國君當之。天神之貴者，莫貴于青龍，或曰天一，或曰太陰。太陰所居，不可背而可鄉。」前有「斗杓爲小歲」之言矣，獨不及何者爲太陰。史記曰：「太陰在卯穰。」注：「歲後二辰爲太陰。」不知「歲後二辰」何說。此又曰青龍、天一爲太陰，不知是一是二。

「歲民食升、斗之數：寅四升，卯五升，辰三升，巳二升，午二升，未三升，申三升，酉五升，戌七升，亥三升，子三斗（獨此三斗，不知何說），丑一升。」無注。不知升斗之數何所取義。

〔一〕「以」當爲「已」字之誤。

〔二〕此條除「文曰秋」、「芒也」外，手稿均殘缺，據淮南子高誘注補。

〔三〕「不」字下手稿殘缺，可能是「音」字。

〔四〕「文曰律曆」四字，手稿殘缺，據淮南子補。

墬形訓第四

注：「紀東西南北，山川藪澤，地之所載，萬物形兆所化育也，故曰地形。」

「首山。」注：「在蒲坂縣南阿曲之中，伯夷所隱。」

「大章、豎亥。」文：「禹使大章，步自東極，至于西極，二億三萬三千五百里七十五步。使豎亥步自北極，至于南極，二億三萬三千五百里七十五步。」注：「大章，豎亥，善行人，皆禹臣也。海内東西短，南北長，極内等也。」

「崑崙琁樹。」〔注〕：「琁音窮。」琁當作瓊。卽瓊，亦渠營切，與窮字全遠。東庚二韻不大分別，在漢亦爾。琁本璿字，音如旋。說文「琁」字注：「瓊，或从旋。」「臣鉉等曰：今與璿同。」讀說文而始知高注音有本也，但輕重間異。

「玉橫。」文曰：「旁有九井玉橫，維其西北之隅。」注：「橫猶光也。橫作彭，彭受不死藥器也。」

「曊。」文曰：「日之所曊。」注：「炤也。音費。」

「建木如牛。」文曰：「建木在廣都。」注：「建木狀如牛，引之有皮，若瓔黃蛇，葉如羅。」

「編駒。」文：「西南方曰編駒之山。」「編駒」字不解。

「珠玉陰陽。」詳後。

「直夢。」文曰：「西方有殘形之尸，寢居直夢，人死爲鬼。」注：「西方金，金斷剖攻戰之事，有形殘之尸也。寢，寐也。居，處也。金氣方剛，故其寢寐處夢，悟如其夢，故曰直夢。不終其命，死而爲鬼，能爲祆怪病人也。一説曰形殘之尸，於是以兩乳爲目，臍爲口，操干戚以舞。以無夢，天神斷其手，後天帝斷其首也。故曰，寢居直夢。」注都如夢。

「奰。」文曰：「食木者，多力而奰。」注：「熊羆之屬，煩腸黃理也。奰，音閉。」「煩腸黃理」不解。

「貞蟲。」注：「諸細要之屬。」同首篇。

「無前、無後。」文曰：「無角者，膏而無前。有角者，脂而無後。」注：「膏，豕、熊、猿之屬。無前，肥從前起也。指，牛、羊、麋之屬。無後，肥從後起也。」指是脂之訛。「肥從前後起」之義不解。

「肶。」文曰：「南方之人，兑上、大口、決肶。」〔注〕：「音慈。」不解「肶」義。

「惷。」冲。文曰：「北方幽晦不明，其人惷愚，禽獸而壽。」

「惡肥。」文：「中央人大面、短頤、美須、惡肥。」無注。不知「惡肥」何義。

「肅慎。」文曰：「凡海外三十六國。自西北至西南方，有修股民、天民、肅慎民」。若以邪與肅慎爲鄰之言論之，肅慎自是東方之國，非西方也。

「建疵。」文曰：「有娀在不周之北。長女簡翟，少女建疵。」注：「姊妹二人。」

「半魚。」文曰：「后稷隴在建木西。其人死復蘇。其半魚在其間。」注：「建木在都廣。都廣，南方澤名。南方人死復生，或化爲魚，在都廣建木間。」

「窫生海人。」注：「窫音演。窫，人之先人。」窫从穴从叐，音演，不知何取。此段文最奇，惜無注。

「八風之神。」條風曰諸稽攝提（艮），明庶曰通視（震），清明曰赤奮若（巽），景曰共工

（離），涼曰諸比（坤），閶闔曰臯稽（兌），不周曰禺強（乾），廣莫曰窮奇（坎）。」注：「共工，人面蛇身。窮奇，口足乘兩龍，[一]其形如虎。」

「蕈。」文曰：「容華生蕈。」注：「蕈，流也。無根水中草。」與前「秋分蕈定」不同。

山名多異，無注，錄之待考：江出岷山，東流，絕漢入海。左還北流，至於開母之山。右還東流，至於東極。河出積石。睢出荆山。注：「禹貢北條荆山，在左馮翊懷德縣之南。下有荆漂原，雎州浸也。」淮出桐柏山。睢出羽山。清漳出楬戾。〔注〕：[二]「山在上黨。」濁漳出發包。〔注〕：「山在上黨，一名鹿谷。」濟出王屋。時、泗、沂出臺、台、術。〔注〕：「時、[三]泗、沂，皆水名。臺、台、術，皆山名。處則未聞。」洛出獵山。〔注〕：「山在北地西北夷中。」汶出弗其，流合於濟。〔注〕：「弗其山在北海朱虛縣東。」漢出嶓冢。涇出薄落之山。〔注〕：「薄落一名筓頭山。」渭出鳥鼠同穴。伊出上魏。〔注〕：「山名。處則未聞。」洛出熊耳。浚出華竅。維出覆舟。[四]不注。汾出燕京。〔注〕：「燕京，山名，在太原汾陽。」衽出濆熊。不注。淄出目飴。〔注〕：「山名。」丹水出高褚。〔注〕：「一名冢領山，在京兆上雒。」股出嶕山。鎬出鮮于。〔注〕：「山名。」涼出茅盧、石梁。〔注〕：「山名。」汝出猛山。〔注〕：「一名高陵山。」淇出大號。〔注〕：「山在河內邛縣北，或曰在臨慮西。」晉出龍山。〔注〕：「在晉陽之西北。」結給合出封羊。「結給合，一名，

[一]「口」，手稿看不清，淮南子注爲「道」字。
[二]「〔〕」中的「注」字，手稿均無，爲區分注文與正文而加。下同。
[三]「時」字上，手稿有一「處」字，據上下文删。
[四]「出」，手稿脫，據淮南子補。

山。〔一〕封羊，山名。」遼出砥石。〔注〕：「山名。」釜出景。〔注〕：「在邯鄲西南。」岐出石橋。呼沱出魯平。〔二〕〔注〕：「山名。呼沱，〔三〕並州之浸，今中山、漢昌呼沱河。」泥塗淵出樠山。維濕北流出於燕。〔注〕：「樠音瞞，流于北燕塞外。」

「窫（演）生海人，海人生若菌，若菌生聖人，聖人生庶人。凡窫者，生於庶人。」〔注〕：「窫，人之先。」（人）

「羽嘉生飛龍，飛龍生鳳皇，鳳皇生鸞鳥，鸞鳥生庶鳥，凡羽者生於庶鳥。」（鳥）

「毛犢生應龍，應龍生建馬，建馬生麒麟，麒麟生庶獸，凡毛者生於庶獸。」（獸）

「介鱗（鱗蟲之先）生蛟龍，蛟龍生鯤鯁，鯤鯁生建邪，建邪生庶魚，凡鱗者生於庶魚。」（魚）

「介潭生先龍，先龍生玄黿，玄黿生靈龜，靈龜生庶龜，凡介者生於庶龜。」〔注〕：「介潭，龜之先。」（龜）

「煖濕生容，煖濕生於毛風，〔四〕毛風生於濕玄，濕玄生羽風，羽風生煗介，煗介生鱗薄，鱗薄生煗介，五類雜種興乎外，肖形而蕃。」（此種不知爲何類）

「日馮生陽閼，陽閼生喬如，喬如生幹木，幹木生庶木，凡根拔木者生於庶木。」〔注〕：「日馮，木之先也。」

「根拔生程若，程若生玄玉，玄玉生醴泉，醴泉生皇辜，皇辜（又作辜）生庶草，凡根茇草者，

〔一〕「山」，傅山全書初版本脫，據手稿補。
〔二〕「沱」，傅山全書初版本誤作「池」，據手稿改。
〔三〕「沱」，傅山全書初版本誤作「池」，據手稿改。
〔四〕「毛風」，手稿作「風毛」，據淮南子改。

生於庶草。」〔注〕：「根茇，根生之草先也。」

「海閭生屈龍，屈龍生容華，容華生蕈，蕈生苹藻，萍藻生浮草，凡浮生不根茇者，生於萍藻。」〔注〕：「海閭，浮草之先。屈龍，游龍鴻也。容華，芙蓉草花。蕈，流也，無根水中草。」

「缺。」文：「正土之氣，御於埃天，埃天五百歲生缺，缺五百歲生黄澒。」「缺」字不注，不知爲何物。

「五土。」「正」，中。「偏」，東。「壯」，南。「弱」，西。「牝」，北。

「水圓折者有珠，方折者有玉。」注：「圓折者陽也。珠，陰中之陽。方折者陰也。玉，陽中之陰。」愚嘗正管子侈靡篇「玉，陰中之陰」爲「陰中之陽」，得此注，益信非妄。

時則訓第五

注：「則，法也。四時寒暑，十二月之常法，故曰時則。」

「萁。」文：「孟春爨萁燧火。」注：「取萁燧火炊之。音該。」萁，豆稭也。此云木，不知的爲何木。

「首稼。」文：「行冬令，首稼不入。」注：「百穀惟稷先種，不入，不熟也。」

「通精。」注：「以雷電合房室者，生子必有瘖聾通精癡狂之疾。」「通精」不知是何等疾。醫書有「通睛」。

「焉始。」文：「天子焉始乘舟。」注：「焉，猶於也。」

「餒毒。」文曰：「餒毒之藥，毋出九門。」注：「餒，啗也。」

「撲曲。」文：「具撲曲筐筥。」注：「撲，持也。三轉謂之撲。撲音薄。」音義都不解。

「騾牛騰馬。」〔注〕：「騾牛，特牛也。騰馬，跳躍，善將羣者也。」

「季春儺。」注：「散宮室中區隅幽闇之處，擊鼓大呼，以逐不祥。」

「仲秋儺。」注：「止秋氣，不使爲害也。」

「季冬大儺。」

「百鍾。」〔一〕文：「季夏律中百鍾。」注：「百鍾，林鍾也。」

「蚈。」文：「腐草化爲蚈。」注：「馬蚿也。一曰螢火，音谿。」

「滂人。」注：「滂人，掌池澤之官。」

「官少内。」注：「六月植稼成熟，故官少内也。」印譜有「少内」兩字。

「仲秋，勸種宿麥。」

「戴荏。」文：「季秋命太僕及七騶，咸駕戴荏，授車以級，皆正設於屏外。」「戴荏」無注。

「厲服。」文：「天子乃厲服。」注：「是月尚武，天子乃服猛厲之服。」

「鼽窒。」文：「季秋行夏令，民多鼽窒。」注：「火金相干，鼻不通利。鼽音仇。」

「揵、鎖湏。」文：「孟冬脩揵閉，慎管籥。」注：「揵，鎖湏也。閉，鎖筒也。管籥，鎖匙也。揵音蹇。」

「殦鳴不鳴。」〔注〕：「亍音夭。鶡鳴作殦鳴。」亍音夭，遠矣。

「虎始交。」注：「交讀較。」

〔一〕「百」，傅山全書初版本脫，據手稿補。

「暘月。」文：仲冬「命曰暘月」。注：「陰氣在上，民人空閒，故曰暘月。」

「大酋。」注：「酒官之長。」

「湛熺必絜。」注：「音審熾。湛，漬。熺，蒸也。」

「不詰。」文：「農有不收藏積聚，〔一〕牛馬畜獸有放失者，取之不詰。」注：「詰，呵問也。」

「疏食。」文：「有能取疏食田獵禽獸者。」「疏食」不解，後主術訓又見之。

「櫟。」文：「十二月，其樹櫟。」注：「櫟可以爲車轂。木不出火，惟櫟爲然，亦應陰氣也。」

覽冥訓第六

注：「覽觀幽冥變化之端，至精感天，通達無極，故曰覽冥。」

「白雪。」注：「白雪，太乙五十絃琴瑟樂名也。」

「尚葈。」文：「瞽師庶女，位賤尚葈。」注：「尚，主也。葈耳，菜名也。主是官者，至微賤也。」

「魯陽公戰酣。」注：「魯陽，楚之縣公也。楚僭號稱王，其守縣大夫皆稱公。酣，對戰合樂時也。」戰酣，謂戰之酣也。「合樂」何謂？「合」字當訛。

「歙唈。」文：「孟嘗君爲之增欷歙唈。」注：「失聲也。歙音翕。唈音遏。」「歙音翕」又異。

「鶩魚。」文：「蒲子連鳥於青雲之上，詹何鶩魚於大淵之中。」注：「言其善釣，令魚馳鶩，來趨鉤餌。」

〔一〕「農」，傅山全書初版本誤作「震」，據手稿改。

「王孫綽欲倍偏枯之藥，而欲以生殊死之人。」注：「王孫綽，周人。言一劑藥愈偏枯之病，欲信其劑，以生已死之人。」

「嶢。」文：「嶢山崩而薄落之水渴。」注：「薄落，涇水。」前地形訓涇水出薄落之山。

「宗。」文曰：「若未始出其宗。」此當在「二十五絃」之後，詳於詮言訓。

「區冶生而淳鈎之劍成。」注：「區音歐，越人。」

「左強。」注：「紂之諛臣。」

「二十五絃。」本莊子文。又見後齊俗篇。

「佼。」文：「燕雀佼之，以爲不能與之爭于宇宙之間。」注：「燕雀自以爲能佼健于鳳皇也。佼或作詨字，佼音交。」説文：「佼，好也。本作姣，从女。」廣韻：「佼，女字也。」小補：「又古肴切，又胡茅切，又古孝切，又胡教切。詨，古教切，叫呼也。又胡教、許教二切。又平聲，虚交切。」

「抑節。」文：「入日抑節。」注：「言鳳皇過廣都之野，送日入於抑節之地。」

「畢。」文：「體便輕畢。」注：「畢，疾也。」

「姑餘。」文：「軼鶤鷄於姑餘。」注：「姑餘，山名，在吴。」

「落棠。」文：「日入落棠。」注：「山名。」

「榑。」文：「朝發榑桑。」注：「音扶。」

「爁。」文：「火爁炎而不滅。」爁，廣韻「力驗切，火延」。玉篇「力蹔切」。

「太祖。」文：「宓穆休於太祖之下。」注：「道之太宗。」

「㙩。」文：「植社槁而㙩裂。」「㙩」字不音。

「容臺。」文：「容臺振而掩覆。」注：「行禮容之臺也。」

「挐首。」文：「美人挐首墨面。」注：「挐首，亂頭也。草與髮並編爲挐首。」

「吞炭。」文：「曼聲吞炭，內閉而不歌。」注：「善歌者，見世亂，故吞炭自敗音聲也。」

「西姥折勝。」注：「西王母折其頭上所戴勝，爲時無法度。」西母亦何與人間事，亦尔憤弁耶？

「黃神嘯吟。」注：「黃帝之神，傷道之衰。」「黃神」解爲「黃帝之神」，亦無義。

「金積折廉，璧襲無理。」注：「金氣積聚折其鋒廉也。璧文襲重，言用之煩數皆鈍，無復文理也。」

「軵。」文：「軵車奉饟。」注：「軵音拊，推也。」後屢見。又音茸。

「嘍喋。」文：「不嘍喋苛事也。」注：「猶深算也。言不采取煩苛之事。音雜牒。」

「周書曰：掩雉不得，更順其風。」

「瀷。」文：「受瀷而無源者。」注：「雨瀆疾流者。音敕。」管子「泉踰瀷而不盡，薄承瀷而不滿」，注：「瀷，湊漏之流也。」說文「瀷水出密縣，與瀷同」。玉篇本說文。廣韻「瀷，水稱」。

「譬若羿請不死之藥於西王母，〔一〕恆娥竊以奔月，悵然有喪，無以續之。何則？不知不死之藥所由生也。」注：「恆娥，羿妻。羿請不死之藥于西王母，未及服之，恆娥盜食之，得仙，奔入月中，爲月精。奔月或作坌肉。藥坌肉，以爲死畜之肉可復生也。」淮南本好神仙者，而此云「不知不死之藥所由生」，爲之著述者，亦有義哉？

〔一〕「之」，傅山全書初版本脫，據手稿補。

精神訓第七

注：「精者人之氣，神者人之守也。本其原，説其意，故曰精神。」

「芒芠。」文曰：「芒芠漠閔。」〔注〕：「音莽拔。」

「鴻洞。」〔注〕：「音贛同。」

「肺火肝金。」

「肺主目，腎主鼻，膽主口，肝主耳。」注：「肺象朱雀，火外景，故主目。腎象龜，水所以通溝，鼻所以通氣，故主鼻。膽勇者決，所以處，故主口。肝，金也，金内景，故主耳。」肺金肝木，此獨謂肺火肝金。

「膽雲。」文曰：「膽爲雲。」注：「膽，金也。金石，雲之所出，故爲雲。」膽亦木府，此謂爲金。「膽雲」字穎。

「脾雷。」無注。

「抮抱。」注：「抮抱，猶持著也。」

「逯然而來。」注：「謂無所爲，忽然而來也。音錄。」

「以道爲紃。」注：「法也。」

「頬。」文：「西施、毛嬙，猶頬醜也。」注：「頬，頭也。方相氏黄金四目。音欺。」

「嬗。」文：「以不同形相嬗。」注：「傳也，音扇。」本莊子之文。莊子作「禪」。

「千變萬抮。」「抮」字不解。又曰：「千變萬紾。」注：「紾，轉也。」

「子求病傴僂，脊管高于頂，腸上迫頤，兩髀在上，燭營指天。」注：「子求，楚人也。僂，脊管下竅也。高於頂，出頭上也。腸，肝胸也，迫薄至於頤也。燭陰華營，其竅也。（燭陰不解。）〔二〕上指天也。燭營，讀曰括撮。」解全不解。此本莊子大宗師篇語也。「子輿有病，曲僂發背，上有五管，頤隱於齊，肩高於頂，句贅指天。」〔注〕：「句贅，項椎也。句猶節也。椎骨廿四節。贅，言其形如贅瘤也。」此「燭營」讀如「括撮」，聲義俱不知何本。

「贛人敖倉。」注：「贛，賜也。音貢。」

「篅笹。」音顓頓。

「鹽汗交流。」注：「白汗鹹如鹽。」

「莯。」文：「得莯越下。」注：「莯，蔭也。」「莯」字音與「蒋」同。而此義則「休息」之「休」，音亦當「休」矣。然从艸从休，不礙其爲「休蔭」之「休」也。「越」即「樾」，去「木」耳。

「疵瘕。」注：「瘕音架。」

「諦。」文曰：「踦踽而諦。」諦與啼同。管子「立而諦」。荀子「哭泣諦號」。

「噲然得臥。」又曰：「脩夜之寧，非直一噲之樂也。」注：「得安臥極夜者，樂于一噲之樂。」「噲」字不注其義。說文：「噲，咽也。讀若快。一曰嚵噲也。」「嚵噲」之義不解。而「嚵」字注曰：「小啐也。」「啐」字注曰：「小歠也。」然則嚵噲是得酒而小咽之也。从毚，與饞同，是嚵於

〔二〕「陰」，傅山全書初版本誤作「營」，據手稿改。

酒者。此謂不得臥而一臥之，〔二〕猶不得飲而一飲之也。詩「噲噲其正」，注：「噲噲猶快快。」此「噲然」卽「快然」耳。

「終身爲悲人。」文曰：「衰世湊學，不知原心反本」云云。「終身爲悲人」五字，說得味道之人可憐。

本經訓第八

注：「本，始也；經，常也。本經造化出于道。治亂之由，得失有常，故曰本經。」

「俛」字。文曰：「其行俛而順情。」注：「俛，簡易也。」音脫。

「流黃出。」注：「流黃，玉也。」

「鍥金玉。」注：「鍥刻金玉以爲器。」鍥音結。

「鑽燧取火。」文云：「逮至衰世」云云。燧皇之世已衰耶？

「懸聯房植。」文曰：「乃至夏屋宮駕，懸聯房植。」注：「夏屋，大屋也。懸聯，聯受雀頭箸桷者，一曰辟帶也。房，室也。植，戶植也。」「宮駕」不解。「懸聯」曰「受雀頭箸桷者」，不知何語。戶植，說文曰：「植，戶植也」。爾雅植謂之傳，傳謂之挨。注：「謂戶持鎖植也。」徐案：「植卽門戶之橫鍵所穿，木鎖所拊焉。」

「阿。」文曰：「彫琢刻鏤，喬枝菱阿。」注：「阿，曲屋也。」此段皆言彫刻花飾。上用一菱字，而下之阿字，卽爲曲屋耶？殊無義。阿字，或是柯字，不則猶婀娜耳。

〔二〕「一」字，傅山全書初版本脫，據手稿補。

「公輸、王尔，無所錯其剞、劂、削、鋸。」注：「公輸，巧者，一曰魯班之號。王尔，古之巧匠。剞，巧刺畫，盡頭黑邊箋也。劂，⿰金屈尺。削，兩刃句刀也。」「盡頭黑邊箋」五字不解何語。

「菌露。」注：「菌露，竹筦。菌音綸。」說文竹部有「箘、簬」字。此「菌露」即「箘簬」也。音綸者，即「綸巾」之「綸」。「箘」古作「箟」，則同「綸」音矣。一作箬，一作簵。菌字亦有況晚切之一讀。

「專室。」注：「專持小室也。」「專持」兩字不解。「持」或「特」訛，猶「獨」邪？

「儲與。」文曰：「陽陰儲與。」注：「猶尚羊也。」前俶眞訓有此字而無注。

「天雨粟，鬼夜哭。」注：「鬼或作兔。兔恐取毫作筆，害及其軀，故哭。」

「伯益作井，龍登玄雲。」注：「初鑿地求水，龍知將決川谷，漉陂池，故登云去。」

「倕銜其指。」注：「周鑄鼎，著倕像，使銜其指。假令倕在見之，伎巧不能復踰，但當銜齧其指。故曰以明巧之不可爲也。一說，周人鏤倕身於鼎，使自銜其指，以戒後世，不當大巧。」

「充忍。」文曰：「德交歸焉，而莫之充忍也。」注：「忍不忍也。」大概即大宗師篇「澤及萬世而不爲仁」之意。

「瑤光。」文曰：「取焉而不損，酌焉而不竭，莫知其所由出，是謂瑤光。瑤光者，資糧萬物者也。」注：「瑤光，謂北斗杓第七星也。居中而運，歷指十二辰，擿起陰陽，以殺生萬物也。一說瑤光，和氣之見者也。」七星之「搖」，多作扌，不从玉。爾雅「四時和，謂之玉燭」，注云：「道光炤也。」以之解此極合。

「轒。」文曰：「剛而不貴。」注：「折也。」前原道訓有之。

「九嬰。」注：「水火之怪。」

「帝者體太一，王者法陰陽，霸者則四時，君者用六律。帝體陰陽則侵，王法四時則削，霸節六律則辱。」以太一、陰陽、四時、六律分配帝、王、霸、君。

「滔窕。」文：「小而行大，則滔窕而不親。」注：「滔窕，不滿密也。」今忻州人鄉語謂寬大有餘皆「超滔」，亦此「滔窕」之義。

「四關。」注：「耳、目、心、口。」謬稱篇「四角」亦曰耳、目、口、心。

「五遁。」金、木、水、火、土。

「苑。」文：「百節莫苑。」注：「病也。」

「浮首虎頭。」文：「木巧之飾，盤紆刻儼。」注：「盤，盤龍。紆，屈曲貌。刻儼，浮首虎頭之屬。」「浮首」不解何似。

「淌游瀷淢，菱杼紾抱。」注：「淌游瀷淢，皆文畫水勢之貌。菱，芰。杼，采實。紾，戾。抱，轉也。淌音敞。瀷音敕。淢音郁。抱音嶷。」〔一〕菱，草。杼，橡也，而注云「采實」，不知「采」爲何物。然菱與杼連，斷非栩橡木屬矣。抱音嶷猶異。

「⿰氵愚浯。」注：「⿰氵愚，番禺。浯，蒼梧。之二國多水，江湖環之，故多爲渠池，法而像之也。音愚吾。」

「霜文沈居。」文曰：「雕琢之飾，鍛錫文鏡，乍晦乍明，抑微滅瑕。霜文沈居，若簟籧篨。」注云：「劍理之美，沒滅其瑕，文鏡如霜。豈（豈訛）沒身中，故曰沈居。簟，竹蓆。籧篨，葦席。取其邪文次敘如劍鏡，美眩人目。」注文義不甚通。

〔一〕「抱」，傅山全書初版本誤作「泡」，據手稿改。

「經冗。」文曰：「纏錦經冗，似數而疏。」注：「劍文相句，連纏如綺，經冗如錦，似數如疏。〔二〕文鏡美眩若此。」注文義又不通。冗字又無音，或音如宂雜之宂邪？當乳勇切矣。

「吹埵。」文曰：「鼓橐吹埵。」〔三〕注：「埵，銅橐口鐵筒，埵入火中吹火也。音朶。」注義又疏。

「隅差。」文曰：「衣無隅差之削。」注：「隅，角也。差，邪也。古者質，皆全幅爲衣裳，無有邪角。邪角，削殺也。」

「觚鸁。」文曰：「冠無觚鸁之理。」注：「觚鸁，謂若馬目籠相連干也。」馬目籠相連干，不知何說。鸁亦無音。馬目籠。

〔二〕「數」，手稿作「疏」，據淮南子高誘注改。

〔三〕「吹」字上，傅山全書初版本衍一「埵」字，據手稿删。

卷七十五　淮南子評注（中）

主術訓訓第九

注：「主，君也。術，道也。君之宰國，統御臣下，五帝三王以來，無不用道而興，故曰主術。」

「三關者，不可不愼守也。」謂上文之目、耳、口也。

「拼梲而狎犬。」拼音篦。「拼梲」不解。

「孫叔敖恬臥，而郢人無所害其鋒。」注：「敖乘馬三年，而不知其牝牡。但恬臥養德，敵國不敢犯害。」

「市南宜遼弄丸，而兩家之難無所關其辭。」注引左傳事，「舉之以劍不動，而弄丸不輟，心志不懼。曰：不能從子爲亂，亦不能泄子之事。白公遂殺子西。故兩家雖有難，不怨宜遼。故曰：無所關其辭也。」莊子曰「弄丸而兩家之難解」，與此不同。

「史黯。」〔文〕：「趙簡子欲伐衛，使黯往覲焉。還報曰：蘧伯玉爲相，未可以加兵。」

「皋陶瘖而爲大理。」〔注〕：「瘖音因。」「瘖」字本當音「音」，而以「因」音之，是「眞、侵」之可合之證。

「榮啓期。」注：「孔子游於泰山，見榮啓期行乎郕之野」云云。

「徽。」文曰：「鄒忌一徽，而威王終夕悲感於憂。」注：「徽，鶩彈也。音繯。」說文「徽，袤幅也。一曰三糾縷也」。陸機文賦「猶絃么而徽急」。李善引淮南子「鼓琴循絃謂之徽」，五臣曰：「調也。樂書作『暉』，云琴之爲樂，絃合聲以作主，暉分律以配臣。古暉十有三，象十二月及閏也。」音線又異。

「横局。」文曰：「横局四方而不窮。」無注。

「蝨首。」文曰：「權輕重，不差蝨首。」注：「蝨首，猶微細也。」蝨首謂蚊子頭，猶蠅頭之頭。

「心有目則眩。」句本莊子。

「重爲惠若重爲暴，則治道通矣。」在「零星」後。

「軨舟。」文曰：「湯武，聖人也，不能與越人乘軨舟而浮于江湖。〔二〕」注：「軨舟，小船也。音擭。」「軨」逕作「軨」。又古緩切，轉也，運也。古緩切與斡字近矣。音擭近于烏括切。

「零星之尸。」文曰：「君人之道，猶零星之尸，儼然玄默，而吉祥受福。」注：「尸，祭主也。」而不言「零星」。「尸」解爲「祭主」，尚隔一層。尸是受祭者，非祭者也。

「橋。」文曰：「橋直植立而不動，俯仰取制焉。」注：「橋，桔槔上衡也。植，柱。」

「員。」文曰：「王道員者，運轉而無端，化育如神，虚無因循，常後而不先也。臣道員者，運轉而無方，論是而處當，爲事先倡，守職分明，以立成功也。是故君臣異道則治，同道則亂。」此「員」字即「云」字。

「嚾䈞。」文曰：「聾者可令嚾䈞。」音嚾斤。

〔二〕「軨」，傅山全書初版本誤作「幹」，據手稿改。

「抓。」文曰：「人之所以莫抓玉石而抓瓜瓠者。」音嘲。

「蹏馬。」文曰：「君德不下流於民，而欲用之，如鞭蹏馬。」不注。

「粢食不毇。」注：「毇，細也。」音毇，說文。

「非澹薄無以明德，非寧靜無以致遠。」忠武侯本此。

「鷄毒。」〔注〕：「烏頭也。」

「揄。」文曰：「揄策于廟堂之上。」〔一〕注：「音兜，出策謀也。」

「䅺。」文曰：「寸生于䅺。」注：「䅺，禾穗。十粟爲一分。」

「據除而觀井底。」「除」字不注。說文：「除，堂陛也。」

「臧獲。」注：「臧獲，古之不能御者，魯人也。」

「佻長而干次。」注：「奇才輕佻修長，非常之才。佻長，卒非純賢也，故曰干次。」

「勢不反君。」文曰：「富貴者之於勞，達事者之于察，驕恣者之于恭，勢不反君。」無注。

「首子。」文曰：「易牙烹其首子。」

「以奈何爲寶。」文曰：「以不知爲道，以奈何爲寶。」注：「道貴無形，無形不可奈何。」妙語。

「鵕鸃。」文曰：「趙武靈王貝帶鵕鸃而朝。」注：「鵕鸃讀曰私鈚，二字三音，曰郭落帶，係銚鎬也。」國策「遂賜周紹胡服，衣冠具帶，黃金師比」，注：「具帶猶具劍。」補注「貝帶鵕冠而朝」，以「具」作「貝」。注「師比」引此。注鵕鸃，讀曰私鈚頭三字。與此小異。正曰：漢書

〔一〕「策」，傅山全書初版本誤作「第」，據手稿改。

「黃金犀比」，師古曰：「胡帶之鉤也。」廷篤說同。大事記引又謂「師比」。史記「胥紕」。師、犀、胥，一也。此又作「私」，音與師、犀等近。「比」字添「金」，即「黃金師比」也。「鵔」字雖與「私」音遠，而「夋」音如「綏」，又近「胥」矣。但以「鸃」字轉寫成「⿰壽鳥」，與「鸃」聲大遠。⿰壽鳥，文由切，南方雉名。國策注尚作「鸃」，不作「⿰壽鳥」也。壽、義之間轉訛。

「藉蕃。」文與「烏獲」並稱。注：「皆多力人也。」

「堿。」文曰：「威行也若發堿決塘。」注：「堿，水堿也。」無音。

「桓公三舉。」謂「去食肉之獸、食粟之鳥、係置之網」。

「紂再舉。」謂「殺比干，斮朝涉」。

「有今無儲。」注：「有今日之食。」

「中田之獲，卒歲之收，不過畝四石。」卽上田，那得一畝四石也？

「疏食。」注：「菜蔬曰疏，穀食曰食。」

「心欲小而志欲大，智欲圓而行欲方。」孫眞人本此。

「孔子足弭郊菟，力招城關。」注：「招，舉也。以一手招城門關端，能舉之。」

「錯有時合。」文曰：「仁智錯，有時合，合者爲正，錯者爲權。」

「劬錄。」文曰：「捷疾劬錄。」無注。又見泰族篇，作祿，亦無注。

「處」字。文：「問瞽師曰：白素何如？曰：縞然。曰：黑何若？曰：黮然。援白黑而示之，則不處焉。」「處」字不注。似謂白黑在前，而不能的指孰白孰黑也。梁丘據亦作梁丘處。據，持也。義亦可通。但豦、處自別。可見古人亦有傳訛點畫之敝。

「國有以存，人有以生。國之所以存，仁義是也。人之所以生，行善是也。國無義雖大必亡；

人無善志，雖勇必傷。治國上使，不得與焉。孝於父母，弟於兄嫂，信於朋友，不得上令而可得爲也。釋已之所得爲，而責於其所不得制，悖矣。」此段文義，本自平正明白。唯中「治國上使不得與焉」一句，疑疑似似之間，頗費卜度。注曰「使不得與亡傷之危，是上術也」，殊悶悶。

繆稱稱訓第十

注：「謬異之論，稱物假類，同之神明，以知所貴。故曰繆稱。」

「易曰：同人于野，利涉大川。」注：「言能同人道至於野，則可以濟大川。大川，大難也。」

「易曰：卽鹿無虞，惟入于林中，君子幾，不如舍，往吝。」注：「卽，就也。鹿以諭民。虞，欺也。幾，終也。就民欺之，卽入林中，幾終不如舍之，使之不終，如其吝也。」解別，而文義又棘。

「寢關曝纊。」文曰：「小人在上位，如寢關曝纊。」注：「寢謂臥關上之不安。纊，蠒也。曝繭，動搖不休，死乃止也。」

「懟」字。文曰：「侏儒瞽師，人之困懟者也，人主以備樂。是故聖人制其剟材，無所不用矣。」注：「懟可蹶也。一曰懟極。」玉篇「直類切，怨也。徒對切，愚也」，與憝同。法言「楚憞羣策」，注：「廢也。」此當從「廢」意。

「剟。」〔注〕：「音拙，疏殺也。」解皆不快。說文「刊也」。廣韻「擊也」。增韻「劃也」。齊俗篇曰：「及其已用之後，則壤土草剟而已。」又音出。

「戴」字。篇中再見。曰：「凡行戴情，雖過無怨。不戴其情，雖忠來惡。」注：「戴，心所感也。」又文曰：「倡而不知，意而不戴，中心必有不合者也。」注：「意，恚聲。戴，嗟也。」

「詔。」文曰：「可以形勢接，而不可以炤詔。」又曰：「目之精者，可以消澤，而不可以昭詔。」前「詔」下無解，後注曰：「昭，道。詔，誡也。不可以教導戒人。」說文「詔，誡也。」徐曰：「今言誡詔是也」。增韻「告也」。齊俗篇「日月之所炤詔」。

「消釋。」文：「目之精者，可以消澤。」不解消澤之義。

「甘甘。」文：「人之甘甘，非正爲蹠也，而蹠焉往。」注：「猶樂樂而爲之。臣之死君，子之死父，非以求蹠蹠也。言蹠乃往至也。」

「蹠。」「甘甘」之下見之。又曰：「鑿池漂池，非止以勞苦民也，各從其蹠，而亂生焉。」注：「蹠，願也。」

「憂尋。」文曰：「父之于子也，能發起之，不能使無憂尋。」注：「憂尋，憂長也，仁念也。仁念父母，不樂子之如此，然不能止。」文又曰：「文王聞善如不及，宿不善如不祥。非爲日不足也，其憂尋推之也。」注：「憂尋，憂深也。」又曰：「聖人之行義也，其憂尋出乎中也，于己何以利？」又曰：「上憂尋不誠，則不法民，憂尋不在民，則是絕民之繫也。」

「首禾。」文曰：「夫子見禾之三變也，滔滔然曰：狐鄉丘而死，我其首禾乎？」注：「三變始于粟，粟生于苗，成于穗也。禾穗垂而向根，君子不忘本也。」

「叫呼。」文曰：「俱之叫呼也，在家老則爲恩厚，其在債人則生爭鬭。」平平語，說得入情如此。

「蹗」字。文曰：「人之憂喜，非爲蹗蹗焉，往生也。」注：「言非爲冀幸往生利意也。音鹿。」玉篇「力谷、力玉二切，行也」。與前「甘甘之蹠」混，而音太遼。

「始乎叔季，歸乎伯孟。」文曰：「日滔滔以自新，忘老之及已矣。始乎叔季，歸乎伯孟，必此積也。不身遁，斯亦不遁人。」注：「己不隱身之行，亦不隱之於人故也。」「始叔季而歸伯孟」，謂人從小漸漸至長老，皆不得瞞昧於人。

「若行獨梁，不爲無人，不兢其容。」好句。

「申喜。」文：「申喜聞乞人之歌而悲，出而視之，其母也。」

「夷聲陽。句吳。」文曰：「艾陵之戰也，夫差曰：夷聲陽，句吳其庶乎？」注：「夫差與齊戰於艾陵。夷謂吳。陽，告也。」「告」字或是「吉」字耶？猶軍中聽聲，其律皆陽。「句吳，夷語，不正言吳加以句也。」「陽，告也」三字不解。此與上申喜事總結之曰：「同是聲，而取信焉異，有諸情也。」

「醫駱。」注：「越醫也。」

「輸子陽。」文曰：「輸子陽語其子曰，良工漸乎矩、鑿之中，矩、鑿之中固無物而不周。聖王以治民，造父以治馬，醫駱以治病，同材而各自取焉。」

「伋于不己知者，不自知也。矜怚生於不足，華誣生於矜。誠中之人，樂而不伋。」注：「音鵮，急也。」伋，即急字。急，及在心上，此在心傍耳。鵮，玉篇音子列切，與伋音又不同。

「伷。」文曰：「容貌顏色。理詘伷倨，徇知情僞矣。」伷字下不眞，不知是甹，是曳，而小字音弋。無論爲俜爲使，皆與弋聲遠。「理詘俜倨」四字不注其義。若以俜字連倨字，則是任氣而傲。翻繹上之「理詘」，則是細密而絀。理短者當自詘，而反俜然而傲。若分作兩樣看，則謂或是細密詘退，或是俜抨倨傲。畢竟是俜。

「東戸季子之世，道路不拾遺。」注：「東戸季子，古之人君也。」

「子曰：鈞之哭也，曰：子予奈何兮乘我何，其哀則同，其所以哀則異。」此句文義未解。

「誘然。」文曰：「善生乎君子，誘然與日月爭光。」注：「誘，美稱也。」

「共雍。」文曰：「楚莊王謂共雍曰，有德者受吾爵祿，有功者受吾田宅。是二者，汝無一焉，吾無以與汝。可謂不踰于理乎。其謝之也，猶未之莫與？」注：「共雍，楚臣。謝，謂遣共雍也。莫，勉之也。」

「莫，勉之也」，見上。方言：「侔莫，強也。凡勞而相勉，若云努力者，謂之侔莫。」

「不越隣而成章。」文曰：「脩近彌遠，而後世稱其大，不越隣而成章，而莫能至焉。」無注。不知「越隣」之義。

「孝己。」文曰：「孝己之禮可爲也。而莫能奪之名也，必不得其所懷也。」注：「孝己，殷高宗之子也。蓋放逐而不失禮。不能與孝己爭名者，不得孝己之所懷也。」文義亦簡棘不透。

「古人味而不貪，今人貪而弗味。」二句淺而雋。

「老子學商容，見舌而知守柔。」注：「商容，神人也。」

「景柱。」文曰：「列子學壺子，觀景柱而知持後矣。」注：「先有形而後有影。」前叚眞篇有「景柱」字。

「暉目知晏。」注：「暉目，鴆鳥也。晏，無雲也。天將晏靜，暉目先鳴。」

「陰諧知雨。」注：「陰諧，暉目之雌也，天將陰雨則鳴。」暉目、陰諧，鴆牡、鴆牝。

「甯戚。」

「雍門。」

「簡公。」注：「簡公，齊君也。」

「子陽。」注：「子陽，鄭相也。尚形而劫死。」
「嘰」字。文曰：「紂爲象著而箕子嘰。」注：「啼也。」
「崝」字。文曰：「岸崝者必陀。」注：「峭也。陀，落也。崝音棖。」
「組」字。文曰：「大絃組，則小絃絕矣。」注：「組，急也。音綻。」
「四用。」目、耳、口、心也。
「君子誠仁，施亦仁，不施亦仁。小人誠不仁，不施亦不仁，施亦不仁。」

齊俗訓第十一

注：「齊，一也。四宇之風，世之衆理，皆混其俗，令爲一道也。故曰齊俗。」卽此數句亦拙。
「銖」字。文：「兵戈銖而無刃。」注：「楚人謂刃頓爲銖。」
「拊楗、抽箕、喻備。」注但曰「抽，握也。備，後垣也」，不及拊楗、抽箕爲何如事。
「跐踦。」注：「跐，偶也。踦，適也。跐音此。」說文「踦，一足也」。廣雅「脛也」。廣韻「脚跛也」。方言「梁楚之間，物體不具者謂之踦」。魯語「踦跂畢行」，跰蹇也。皆丘奇切。又上聲，舉綺切；去聲，己冀切。一曰，立倚也。
「蝦蟆爲鶉。」注：「鶉，鴽也。」
「水蠆爲蟱莣。」注：「蟱，音予。莣，音務，青蛉也。」說林篇「水蠆爲蟌」。此蟱字卽蟌之訛耳。又音一「予」字，不解。

「熱升。」文曰：「炮烙生于熱升。」注：「庖人進羹于紂，熱，〔一〕以爲惡，以熱升殺之。趙國升可以殺人，故炮烙。」趙國不解。

「撜。」文曰：「子路撜溺而受牛謝。」撜，音同拯。

「詎。」文曰：「日月之所炤詎。」

「柱不可以摘齒。」摘音的。

「筐不可以持屋。」注：「筐，小簪。」筐簏之筐，解以小簪。

「黑螟。」注：「黑螟，神蛇也。潛于神淵，能興雲雨。音戾。」

「觰。」文曰：「角觰不厭薄。」注：「角觰，刀劍羽間之覆角也。音𧈅。」刀劍羽間覆角，不解何物。玉篇「角不正」。廣韻「角長」。

「肆。」注：「沙地宜肆。」

「埵防。」文曰：「狟狢得埵防，弗去而緣。」注：「狟，狟豚也。埵，水埒也。防，隄也。」又曰：「鑪橐埵坊設，非巧冶不能以冶金。」注：「鑪、橐、埵，皆冶具也。坊，土形也。」形當作型。

「垂象狄騠。」文曰：「垂象狄騠，不能通其言。」注：「象，狄騠驛也。象傳狄騠之語也。」周禮「象胥」，注：「通夷狄之言曰象。」

「隴西之游，愈躁愈沈。」無注。

「劗。」文曰：「越人劗髮。」玉篇：「子踐、子丸二切。剃髮也。」

〔一〕「紂、熱」二字手稿脱，據淮南子注補。

「切踦。」文曰：「顓頊之法，婦人不避男子於路者，拂之于四達之衢。今之國都，男女切踦。」注：「足也。」

「相人。」文曰：「獫狁之俗，相人皆慈其子，而嚴其上。」「相人」不知本何字之訛。

「拘罷拒折之容。」注：「拘罷，圓也。拒折，方也。」

「恲」字。文曰：「仁發恲以見容。」注：「恲，色也。」玉篇「普行切，忼慷也」。廣韻「滿也」。

「棘下。」文曰：「其樂大武、三象、棘下。」注：「三象、棘下，武象樂也。」文又曰：「無以異于彈一弦而會棘下。」

「虛循撓。」文曰：「明王制禮義而爲衣，〔一〕分節行而爲帶。衣足以覆形，從典墳，虛循撓，便身體，適行步。」「循撓」不注。

「文句疏短之鞻。」亦無注。

「尸祝袀袨。」注：「袀、純服。袨，黑齋衣也。」

「狐梁之歌可隨也，其所以歌者不可爲也。」「狐梁」無注。

「往古來今謂之宙，四方上下謂之宇。」

「馮夷得道，以潛大川。」注：「馮夷，河伯也，華陰潼鄉隄首里人。服八石得水仙。」

「鉗且得道，以處崑崙。」「鉗且」無注。

「披斷撥檖。」注：「披，解也。撥，析理也。檖，順也。音檖。」

〔一〕「明王」，手稿作「明文」，誤，據淮南子改。

「銷」字。文曰：「欹劂銷鋸陳。」〔一〕注：「銷音削。」欹本剞。銷卽削。

「連鐖運開，陰閉眩錯。」注：「連鐖，鐖發也。運開，相通也。陰閉，獨閉也。眩因而相錯也。」文義不透。

「廿五絃。」又見。文曰：「故叩宮而宮應，彈角而角動，此同音之相應也。其于五音無所比，而廿五絃皆應。此不傳之道也。故蕭條者，形之君，而寂寞者，音之主也。」逕無「改調一弦」之句，而不結以「音之君已形」。

「跌衽宮壁。」文曰：「晉平公出言不當，師曠舉琴而撞之，跌衽宮壁，左右欲塗之。」注曰：「跌衽至平公衣衽中宮壁，欲塗師曠所敗壁也。」然下文孔子曰：「平公非不痛其體也，欲來諫者也。」塗顯是塗壁，「痛體」義又大遠。

「扢禿。」文曰：「親母爲其子治扢禿，而血流至耳。」注：「扢音蓋。」不解扢意。

「隨」字。文曰：「鬫面於盤水則員，于杯則隨。」「隨」字無注，恐是「墯」字，對圓者言。然於杯，猶然盤也。不知有何異。

「聆聆。」文：「告以東西南北，所居聆聆。」注：「聆聆，意晓解也。」「晓」字不知何意，或是「曉」字之訛。

「俔之見風。」注：「俔，候風者，世所謂五兩。凡看風以鷄羽重五兩繫五丈。〔二〕音遣。」俔，詩「俔天之妹」，譬喻也。音見。「盡」字不解。

〔一〕「劂」，傅山全書初版本誤作「鐝」，據手稿改。
〔二〕「看」，傅山全書初版本誤作「盡」，據手稿改。

「顏闔鑿培而遁之，爲天下顯武。」注：「培，屋後牆也。楚人謂士爲武。」

「莊子弃餘魚。」文：「惠子從車百乘，以過孟諸。莊子見之，弃其餘魚。」

「鱓鮪入口若露而死。」無注。鱓鮪應不飲水耶？

「蹠。」文曰：「致其所蹠，謂之成人。」注：「蹠，至也。」

「成荆。」注：「古勇士也。」

「嚂。」文曰：「荆吴芬馨，以嚂其口。」注：「荆吴，國也。芬，珍味也。嚂，貪求也，音藍。」

「解札。」文曰：「冬則羊裘解札。」注：「裘敗解也。」

「仕鄙在時不在行。」「仕鄙」不注。

「廿五絃。」冥覽訓曰：「今夫調弦者，叩宫宫應，彈角角動，此同聲相和者也。夫有改調一弦，其于五音無所比，鼓之，而二十五弦皆應。此未始異于聲，而音之君已形也。」注：「一絃，宫音也，音之君也，故二十五絃皆和也。一説改調一絃，不比五音，調一聲宫音也。故曰未始異於聲也。五王于一聲，故曰音之君。已形，君王形見也。」如此注可謂轂矣。

道應訓第十二

〔注〕：「道之所行，物動而應，考之禍福，以知驗符也，故曰道應。」通篇引老子。

「白公微言。」文曰：「白公問於孔子曰，人可以微言？孔子不應。」

「爭魚者濡，逐獸者趨，非樂之故，至言去言。」

「翟煎。」文：「惠子爲惠王爲國法。惠王以示翟煎。」

「田駢以道術説齊王。」

「材不及林，林不及雨，雨不及陰陽，陰陽不及和，和不及道。」即田駢之言。

「白公不能以府庫分人。」

「石乞曰：不義得之，又不能布施，患必至矣。不能予人，不若焚之。」

「趙無恤能爲社稷忍羞。」文曰：「趙簡子以襄子爲後。董閼于曰：無恤賤。簡子曰：是爲人也，能爲社稷忍羞。」

「疏隊。」文曰：「襄子疏隊而擊之。」注：「疏，分也。隊，軍二百人爲一隊。」

「尤人、終人。」注：「翟之二邑。」

「杓。」文曰：「孔子勁杓國門之關。」注：「杓，引也。古者縣門下，從上杓引之者，難也。」

「惠孟四累。」注：「此上凡四事，皆累于世。」刺不入，擊不中，上而又有不欲刺，不欲擊；上而又有本無擊刺之意；上而又有丈夫女子皆欲愛利之。凡四層類，而此獨爲上，故曰四累之上。乃曰「皆累于世」，何也？

「蹷鼠前而免後。」

「薄疑説衛嗣君。」

「杜赫説周昭文君。」

「子貢贖魯人于諸侯，而辭不受金。孔子曰：魯人不復贖人于諸侯矣。」

「李克對魏武侯，數戰而數勝，吳所以亡。」

「甯越擊牛角而疾商歌。」

「中山公子牟謂詹子曰：『身處江海之上，心在魏闕之中，爲之奈何？』詹子曰：『重生，重生則輕利。』」

「詹何曰：不能自勝，而强弗從者，此之謂重傷。」

「身心之魏闕。」「公子牟」注曰：「江海之上，言志在於己，身心之魏闕也。言内守。」

「輪扁。」

「子罕卻宋君而專其政。」

「王壽、徐馮。」文：「王壽負書而行，見徐馮于周。徐馮曰：事者應變而動，變生于時，故知時者無常行。書者知言之所出也，言出于智者，知者藏書。于是王壽乃焚書而舞之。」注：「王壽，古好書之人。徐馮，周之隱者也。」「知者藏書」四字，是掂播問頭語，只不曾用乎字耳。本韓非子。

「令君子佩。」注：「楚王相。」

「强臺。」「料山。」〔注〕：「山名。」「方皇。」〔注〕：「水名。」

「不乘人于利，不迫人于險。」文：「中牟入齊，趙襄子起兵攻，圍之。未合，而城自壞者十丈。襄子擊金而退之」云云。

「儋纏。」文曰：「白樂有可與供儋纏采薪者九方堙。」注：「纏，索也。」

「屈宜若。」注：「屈宜若，楚大夫，亡在魏者也。」與吳起言。

「子韋。」注：「宋司星者也。」

「呼。」文：「公孫龍在趙之時，謂弟子曰：人而無能者，龍不能與游。有客衣褐帶索而見曰：臣能呼。」

「子發辭封。」注：「子發，楚宣王之將軍。」

「公儀休嗜魚。」

「狐丘丈人。孫叔敖。」

「捶鉤。」文：「大司馬捶鉤者。」注：「捶，鍛銀擊也。鉤，鈞鉤也。捶音朶。」「銀擊」二字疑。

「屈商。」注：「紂臣。」

「雞斯。」文：「屈商乃拘文王于羑里。散宜生以千金求天下之珍怪。得騶虞雞斯之乘。」注：「騶虞，白虎黑文而仁，食自死之獸，日行千里。雞斯，神馬也。」此又説爲閎夭事。

「玄玉百工。」注：「二玉爲一工也。」「大貝百朋。」注：「五貝爲一朋也。」

「費仲。」注：「紂佞臣。」

「文王歸，爲玉門，築靈台，相女童，擊鐘鼓。」注：「以玉飾門爲柱樞也。相女童，相，視之。一曰，相，匠也。」「匠」字不知何訛。

「尹佚。」注：「尹佚，史佚也。」

「宿沙之民，皆自攻其君而歸神農。」注：「伏羲、神農之間，有共工、宿沙，霸天下者也。」

「跖之徒問跖，盜亦有道乎」云云，「由此觀之，盜賊之心，必託聖人之道而後行」。

「楚有善爲偷者，願以技賫一卒。」注：「賫，備。卒，足也。」

「薦賢。」文曰：「仲尼謂曰，洞則無善也，化則無常矣。而夫子薦賢（孔子謂顔淵爲夫子），丘請從之後。」注：「薦，先也。」此「夫子」，逕是孔子謂顔淵爲夫子也。「薦」解爲「先」字，於文義，猶曰「夫子先賢」，猶言先我而賢矣耶？此段與莊子小異。莊子曰：「離形去知，同於大通。仲尼曰：同則無好也，化則無常也。而果其賢乎？」此曰「離形去智，洞於化通。仲尼曰：洞則無善也，化則無常矣。」

「蹇叔。弦高。」文：「秦三師懼而謀曰：吾行數千里以襲人，未至而人已知之。其備必先成，不可襲也。還師而去。」

「先軫。」文：「先軫言于襄公曰：昔吾先君與穆公交，天下莫不聞，諸侯莫不知」云云。「舉兵而與秦師遇之殽，大破之，禽其三帥以歸。故老子曰：知而不知，尚矣；不知而知，病也。」

「薛公獻珥。」文曰：「齊王欲置后，而未定，使羣臣議。薛公欲中王之意，因獻十珥，而美其一。旦日，因問美珥之所在，因勸立以爲王后。」國策有之。

「盧敖。」注：「燕人。秦始皇召以爲博士，使求神仙，亡而不反也。」

「玄闕。」注：「北方山名。」

「蒙穀。」注：「山名。」

「倦龜殼而食蛤蛪。」注：「楚人謂倨爲倦。」

「齤。」文曰：「若士者，齤然而笑。」音拳。

「罔轙。」音浪。

「汰沃之汜。」注：「汰沃，四海子天之際，水流聲也。汜，涯也。」「子」字訛。

「止駕，止柸治，悖若有喪也。」注：「止其所駕之車。楚人謂恨不得爲柸王也。柸音坯。」解不可知。「治」字注又不及，「王」字尤訛。

「巫馬期。」

「季子賤不欲人取小魚。」引老子「去彼取此」。

「錣。」文曰：「白公勝慮亂，罷朝而立，倒杖策，錣上貫頤。」注：「策，馬捶，端有針以刺馬，謂之錣。」此策非馬鞭也，謂拄杖之類。杖末多有鐵鏟之屬。言勝思慮，顛倒其策杖，遂令末錣傷頤也。

「漏理。」文曰：「不能漏理其形也。」注：「漏，補空也。」

「閉鍾。」文曰：「劉氏奪之，若轉閉鍾。」注：「閉鍾，格也。鍾所以編薄席。反覆之易。」

「柴箕子之門。」注：「紂死，箕子亡之朝鮮，舊居空，故柴護之也。」

「尹需夢秋駕。」

「佽非得寶劍于干隊。」注：「干國在今臨淮。音寒。」

淳于髡說縱又說横。

「愼子曰：匠人知爲門，能以門，所以不知門也。」注：「愼子名到，齊人。不知門，不知門之要也。門之要，在門外。」

「田鳩因楚而見秦惠王。」

「筦子梟飛而維繩者。」注：「言爲士者，上下無常，進退無恆，不可繩也，以喻飛梟從下繩維之，而欲翱翔，則不可也。」此語本管子宙合篇「鳥飛準繩」也。而「鳥」作「梟」，「準」作「維」，解又非其本義。筦子即管子也，注不引。

「廓革。」文曰：「趙文子問叔向曰：晉六將軍孰先亡？對曰「中行、知氏」云云，「譬之猶廓革者也，廓之大則大矣，裂之道也」。

「地動。」文曰：「景公謂太卜曰：子何能？對曰：能動地。晏子往見公，公曰：太卜云能動地，地可動乎？晏子默然不對。出見太卜，曰：昔吾見句星在房心之間，地其動乎？太卜曰然。晏子出，太卜走往見公，曰：臣非能動地，地固將動也。田子陽聞之，曰：晏子默然不對者，不欲太卜之死，往見太卜者，恐公之欺也。晏子可謂忠于上而惠于下矣。故老子曰：方而不割，廉而不劌。」注：「句星，客星也。駟房句星守房心，則地動。」房旁有鉤鈐二星，非客也。說苑亦有此事，而爲伯常騫爲景公延命。

「田子陽。」注不云爲誰。

「蹇重舉白而進曰：請浮君。」注：「蹇重，魏文侯臣。舉白，進酒也。浮，猶罰也。」

「去其晳而載之木。」注：「晳，被髮也。木，鷸鳥冠也。〔一〕知文者冠鷸。」

「宥卮。」注：「宥在坐右。」

「老子曰：保此道者不欲盈。夫唯不盈，故能弊而不新成。」老子注：「弊，匿光榮也。新成者，貴功名也。」見古之善爲士者章第十五。

老子「知不知尚，不知知病」文義最明。淮南子乃于「蹇叔之勸無襲鄭，弦高之勞師而懾三帥，先軫之敗秦師于殽，禽三帥歸」下，總引之曰：「知不知尚，不知知病。」其以三帥之千里襲人，爲不知之知耶？「知不知」句則無所貼。其似以蹇叔爲知者耶？概語蹇叔是知兵者而不與知，三帥是不知兵者而使之知之義耶？要之細細配合，不得不過影響其言而已。

「去彼取此」，本五色章，承「聖人爲腹不爲目」來。而淮南則于巫馬期觀子賤之化，得魚而釋之者，曰：「季子不欲人取小魚也。巫馬期以告孔子曰：『使人闇行，若有嚴刑在其側者。』孔子曰：『丘常問之以治，言曰：誠于此者刑于彼。』故老子曰：去彼取此。」此所謂「彼此」者，不

〔一〕「鷸」，傅山全書初版本誤作「鷸」，據手稿改。

知又何所貼配也。

氾論訓第十三

〔注〕：「博說世間古今得失，以道爲化，大歸于一，故曰氾論。」

「鍪而綣領。」注：「蓋三皇以前也。鍪，頭著兜鍪帽，言未制冠也。綣領，皮衣屈而紩之，如今胡家韋襲反褶以爲領。一說鍪，放髮也；綣，繞頸而已。」

「伯余作衣。」注：「黄帝臣。世本曰：伯余制衣裳。一曰：伯余，黄帝。」

「緂麻索縷，手經指挂，其成猶網羅。」注：「緂，銳索切。〔二〕緂音恬。」

「勝複。」文曰：「爲之機杼勝複。」無注。

「小武。」文曰：「抱甀而汲。」注：「今兗州曰小武爲甀，幽州曰瓦。」

「靻。」文曰：「靻蹻而超千里。」注：「靻蹻，靸也，音祖。」

「三十而娶。」注：「陰陽未分時，俱生于子。男從子數，左行三十年立于巳；女從子數，右行二十年，亦立于巳，合夫婦。故聖人因是制禮，使男三十而娶，女二十而嫁。其男子自巳數，左行十得寅，故十月而生于寅，男子數從寅起。女自巳數，右行得申，亦十月而生于申，故女子數從申起。歲星十二歲而周天，天道十二而備，故國君十二歲而冠，冠而娶。十五生子，重國嗣也。故不從制。」

「榘彠。」〔注〕：「矩，方也。彠，法度也。彠音約。」約音又異。

〔二〕「切」，傅山全書初版本誤作「功」，據手稿改。

「陽侯殺蓼侯而竊其夫人，故大饗廢夫人之禮。」注：「陽侯，陽陵國侯也。蓼侯，皐陶之後，偃姓之國侯也，今在廬江。古者大饗飲酒，君執爵，夫人執豆。陽侯見蓼侯夫人美艷，因殺蓼侯而娶夫人。由是廢致夫人之禮。」禮記有。

「以詩、春秋爲古之道而貴之，又有未作詩、春秋之時。」句高！

「洞洞屬屬。」注：「婉順貌。」禮記注疏：「專一之貌。」

「道猶金石，一調不更；事猶琴瑟，每絃改調。」

「鏑銜。」注：「口中央鐵，大如雞子，中黃，所制馬口也。」

「馯馬。」注：「窔馬也。」「窔」字不知何音義。

「槽柔無擊。」注：「槽柔，木予。無擊，無刃也。」「木予」何義？其或「矛」字。

「渠幨以守。」注：「渠，漸也。一曰渠，甲名。幨，憲，所以禦矢也。」

「銷車。」注：「以刃著左右，爲機關發之，曰銷車。」不解何器。

「圖工好畫鬼魅，而憎圖狗馬。」

「鴟夷子皮。」文：「陳成田常、鴟夷子皮得成其難。」鴟夷子皮在此不知何說。

「鄭子陽之舍人有折弓者，畏罪而恐誅，因猘狗之驚，以殺子陽。」注：「子陽，鄭君也。一曰鄭相。」

「韓娥、秦青、薛談。」注：「三人皆善謳者。」

「會稽。」注：「山名。浮石，隨水高下。言不沒。皆在遼西界。一說會稽山在太山下。『封於太山，禪會稽』是也。會稽或作滄海。」如此，則會稽有三處矣。「浮石」亦似山名，注逕連會稽讀爲一山耶！

「陽原。」注：「陽原，蓋在太原。或曰代郡廣昌東五阮關是也。」〔一〕「五阮」不知本何字，有無訛不？

「紿」字。文曰：「出百死而紿一生。」注：「紿，至也，音代。」紿，説文「絲勞即紿」，一曰纏也。有隊、燕二韻，皆取「絲勞」之義。漢書「紿」字義獨異。此又曰「至也」，於文義亦不切。

「終古。」文曰：「夏之將亡，太史令終古先奔商。」

「向藝。」文曰：「殷之將敗也，太史令向藝先歸文王。」注：「賢人名。」

「五行山。」注：「今太行山也。」

「公孫丙。」〔注〕：「楚大夫。」

「黄衰微。」文曰：「楚恭王懼而失體，黄衰微舉足蹵其體，恭王乃覺。怒其失禮，奮體而起。」「失體」字亦雋，謂懼而不能行動，如遺失其身矣。注有「衰讀微、微讀救」六字，不解。

「蒼吾繞娶妻而美，以讓兄。」注：「蒼吾繞，孔子時人。」

「乾鵠。」注：「鵲也。」鵲與鵠易混。然鵠爲鴻鵠之大者，而鵲亦可謂鵠耶？

「屬臾之貌。」注：「謹也。」説文：「屬，連也。臾，束縛捽抴，从申从乙。」合而解之，義最著也。

「羸蓋。」文：「蘇秦粗蹻羸蓋。」注：「羸，籯囊也。蓋，步蓋也。」「粗」字見前。羸囊步蓋，羸字亦可作羸弊之囊。

〔一〕「關」，手稿作「門」，據淮南子改。

「駔」字。文曰：「段干木，晉國之大駔也，而爲文侯師。」注：「驕怚，一曰市儈也，音祚。」不作子朗切讀，聲原可轉而通之。

「孟卯妻其嫂，有五子焉而相魏，寧其危，解其患。」注：「齊人也。及爲魏臣，能安危解患。戰國策曰芒卯也。」

「景陽淫酒被髮而御于婦人，威服諸侯。」注：「楚將。」

「訾行者不容於衆。」注：「好揜人之善，揚人之短，訾毀人行，自獨卑藏，衆人所疾而不容之也。」

「易曰：『小過，亨，利貞。』言人莫不有過，而不欲其大也。」

「考。」文曰：「夏后氏之璜，不能無考。」注：「瑕釁。」

「纇。」文曰：「明月之珠，不能無纇。」注：「纇盤，若絲之結纇也。」「盤」字不解。

「碧盧。」文曰：「玉工眩玉之似碧盧者，唯猗頓不失其情。」注：「碧盧，或云碔砆。猗頓，魯之富人，能知玉理。」「魯」字，貨殖傳注引孔叢子：「魯之窮士也。」

「薛燭庸子見若狐甲於劍，而利鈍識矣。」注：「薛，齊邑。燭庸氏子通利劍。」「若狐甲」三字，不解其義。「狐」字或是「抓」字耶？定是抓字。主術篇有「抓」字。

「臾兒、易牙。」注：「皆齊之知味者。」

「一哈水而甘苦知。」哈音惡。

「高赫爲賞首。襄子曰：晉陽之圍，羣臣無不有驕侮之心，唯赫不失君臣之禮。」高赫。

「無鹽令。」齊威王烹之者。人皆習烹阿之言，而此曰「無鹽」。

「勤。」文曰：「勤率隨其蹤跡。」注：「勤，主問吏也。」又曰：「齊人有盜金者，勤問其故。」

「隊階之卒。」文曰：「然而隊階之卒，皆不能前遂斬首之功。」「隊階」無注，似謂擺隊於階下之卒也。

「嗥陽。」注：「山精也。人形，長大，面黑色，身有毛，若反踵，見人而笑。嗥音交。」

「饗太高者，彘爲上牲。」注：「太高，祖也。一曰上帝。」

「軵」字。「太祖。」文曰：「相戲以刃者，太祖軵其肘。」注：「軵，擠也。音茸。」「茸」是「茸」之訛。而前有「軵」字，但音拊。又見說林篇。

「橉。」文曰：「枕戶橉而臥者，鬼神蹠其首。」注：「橉音藺。」說山訓「牛車絕橉」。說林訓「亡馬不發戶轔」，[一]注曰：「轔，戶限也。楚人謂之轔，音璘。」「橉」卽「轔」，[二]音又兩音，何也？

「宗布。」文曰：「羿除天下之害，而死爲宗布。」注：「羿，堯時諸侯。河伯溺殺人，羿射其左目。風伯壞人屋室，羿射中其膝。又誅九嬰、窫窳之屬。宗布，祭田爲宗布，謂出也。一曰，今人室中所祀之宗布是也。或曰，司命傍布也。」

「加轅。兩玦。」文：「僦載者，救一車之任，極一牛之力，爲軸之折也。有加轅軸其上以爲造，不知軸轅之趣軸折也。楚王佩玦而逐兔，爲走而破其玦也。因佩兩玦，以爲之豫。兩玦相觸，破乃逾疾。」「造」字、「豫」字皆不注。「僦音蹵。」「僦」本音就，賃也。「蹵」與「蹴」同，才

[一] 此句在說林訓，手稿誤作「說山訓」，據淮南子改。

[二] 「橉」字上，傅山全書初版本衍一「此」字，據手稿删。

六、〔二〕子六二切，與「僦」音義皆遠。上曰「加轅軸」，下曰「不知軸轅之趣軸折」，文義似謂于轅間又加一軸，本欲其原軸之壯也，不知加軸于轅，于原軸無益而又重加焉耳。

詮言訓第十四

〔注〕：「詮，就也。就萬物之指，以言其徵，事之所謂，道之所依也。故曰詮言。」

「宗。」文曰：「物以羣分，性命不同。皆形于有，隔而不通。分而爲萬物，莫能及宗。」注：「謂及己之性宗，同于洞同。」前覽冥篇曰：「通于太和者，惛若純醉而甘臥，以遊其中，而不知其所由也。純溫以淪，鈍悶以終，若未始出其宗。」

「桃棓。」文曰：「羿死于桃棓。」注：「棓，大杖。以桃木爲杖，以擊殺羿。由是以來，鬼畏桃也。」說山訓又曰〔三〕「羿死桃部」，注又曰「地名」。

「極。」〔文〕：「溺其所貴，而極其所賤。」「極」字無注。

「去載。」文曰：「反性之本，在于去載。」注：「去浮華，載在亡者也。」「去載」之「載」，即偕來者也。

「強勝不若己者，至于與同則格。柔勝出于己者，其力不可度。」注：「言人力能與己力同也，己以强加之，則格戰也。」即原道訓中語，而「與同則格」之句快于前。

「搔」字。文曰：「厭文搔法」。注：「厭，持也。搔，勞也。」「厭」以「持」字解，則當作

〔二〕「才六」下，手稿有一「切」字，衍，據文義删。

〔三〕「又」，傅山全書初版本脫，據手稿補。

「厭」矣。舞文之人，以文爲食，而求厭足也。」

「有以欲治而亂者，未有以守常而失者也。」氾論訓曰：「苟利于民，不必法古。苟周于事，不必循舊。」又與此反。

「故治未固于不亂，而事爲治者必危。行未固于無非，而急求名者必剉也。」注：「治不亂之道，未至于牢固也。」句拙，而義亦通。

「貨數。」文曰：「欲爲善者必生事，事生則釋公而就私，貨數而任己。」是以智數爲貨而居之也。

「重爲善若重爲非，而幾于道矣。」與主術篇「重爲惠」句義同。

「公孫龍粲于辭而貿名。」注：「公孫龍以白馬非馬、冰不寒。火不熱爲論，故曰貿也。」莊子載惠施之言，惟有「火不熱」，而無「冰不寒」之句，非公孫龍之言也。余常怪有「火不熱」之論而不及「冰不寒」，似欠缺。後因有傅會之論，曰「祇可謂火不熱，而不可謂冰不寒」，亦屬解書依經之見。讀此注，乃知古原有是說，即不必惠施，不方于公孫龍有之也。

「圍。」文曰：「一人之力，以圍強敵，必不堪也。」「圍」字似訛，恐是「圉」字之流耳。

「聖人勝心，衆人勝欲。」注：「心者，欲之所生也。聖人止欲，故勝其心，而以百姓爲心也。」解「止」多枝。〔二〕「衆人勝」句自明，而注曰「心欲之而能勝止」也。若能勝止其欲，尚爲衆人耶？

〔二〕此句四字，傅山全書初版本脫，據手稿補。

「見其文者蔽其質，無須臾忘爲質者，必困于性。」〔一〕注：「常思爲質，不脩自然，則性困也。」句拙甚。大概謂質不可爲，爲之者，是有所造作加上也。卽是文之過者。

「直己而足物，不爲人贛。」「贛」卽賜意。

「理而爲受名，名興則道行，道行則人無位矣。」注：「理，事理情欲也。」此句承上「天地無予故無奪，日月無德故無怨」。則此「理」字，是自能其治術者，名歸之，名歸而自以爲道行矣。以爲道行則人皆不安其位，謂多事之擾民也。「名」字顧非好字，此「道」字亦非好字。

「解搆。」文曰：「行所不得已之事，而不解搆耳。豈加故爲哉？」「解搆」無注。

「牟。捉。」文曰：「善博者，不欲牟，不恐不勝。平心定意，捉得其齊。」「牟」字注不解。牟，大也，侵也，又過也，進也，又倍勝曰牟。招魂曰：「成梟而牟，呼五白。」以之解「不欲牟」之義最妙。韋懷文大得此微，詳卷末。

「勝在其數，不在于欲。」八字亦足令人警策。

「駎者，不貪最先，不恐獨後。」「駎」卽「騄」宇。

「行成獸。」注：「謂古禮執羔、麋、鹿，取其跪乳，羣而不黨。」此解恐不然。承上文「中規、中矩」來，則「獸」字恐是「禸」字之義，謂其足蹟不亂耳。

「瓶甌有堤。」注：「堤，瓶甌下安也。」又作「⿱艹是」。

「庾」字。「漑」字。文曰：「自樂于內，無急于外，雖天下之大，不足以易其一概。日月庾而無漑于志。故雖賤如貴，雖富如貧。」注：「庾，隱也。漑，灌也。已自隱藏，不以他欲灌其志

〔一〕「必」，傅山全書初版本誤作「心」，據手稿改。

也。」意同「遯世無悶」。「廋」不知爲「廋」耶，「庾」耶？皆可。「溉」字或卽「慨」之訛。

「調」字。〔文〕：「作始簡者其必調。」「調」字不注。文義卽法涼敝貪之意。而調字不知如何用。

「詩之失僻，樂之失刺，禮之失責。」注：「鄉飲酒之樂，歌鹿鳴。鹿鳴之作，君有酒肴，不召其臣，臣怨而刺之，非也。禮無往不復，有施於人則責之。」解「樂之失刺」，引鹿鳴云云，不知何所取義。

「軫」字。〔文〕：「聖人接物，千變万軫。」「軫」，前作「紾」，此又从車。

「大寒，地坼冰凝，火弗爲衰其暑；大熱，鑠石流金，火弗爲益其烈。」無注。大概承上文「有不化而應化者」。

「龜三千歲，浮游不過三日，以浮游而爲龜養生之具，人必笑之矣。」有味之言。

南史「邵陽之役，昌義之甚德韋叡，請曹景宗與叡會，因設錢二十萬，官賭之。景宗擲得雉，叡徐得盧，遽取一子反之，曰『異事』，遂作塞。景宗時與羣帥爭先啟之捷，叡獨居後，其不尚勝率多如此。」是「博不欲牟」一証，妙事。

兵略訓第十五

注：「兵，防也。防亂之萌，皆在略謀。解喻至論，用師之意也，故曰兵略。」不知如何爲文義。

「詘伸不獲五度。」注：「獲，誤也。五度，五守也。」「五度」似承上文天地、日月、四時、雷霆、八風五者而來。此不云何者爲五，而但云「五守」，何也？「獲」解爲「誤」，亦聲而已。

「斥闉要遮。」注：「斥，候也。闉，塞也。」斥亦拓也。

「捷捽招抒。」注：「捽音族。」族、卒輕重迴甚，而作一音，北音自來耶？

「解贖。」文曰：「察行陣解贖之數。」「解贖」無注。

「奇賌。」文曰：「陰陽奇賌之數」。注：「奇賌，陰陽奇祕之要。音該。」〔史記〕：「淳于意受奇咳術，揆度陰陽外變、石神，接陰陽禁書于公乘陽慶。」注：「音羈該。」

「勝亡全亡。」文曰：「此軍之大資也，而勝亡焉。」又曰：「此戰之助也，而全亡焉。」注不解。其下文則曰：「良將之所以必勝者，恆有不原之智，不道之道，難以衆同也。」似謂勝敵全軍之道，別有妙運耳。

「周錐鑿而爲刃。」注：「周，内也。」

「剡摲筡奮儋钁。」〔注〕：「摲音攕。筡音屠。儋音詹。钁音矍。剡，鋭也。钁，斫也。」筡，説文「折竹笢也。」爾雅「簢，筡中」，注云：「言其中空。竹類。」説文「笢，竹膚也」，音「武盡切」，音如泯。钁，説文「大鉏也」。爾雅「所謂之鐯」，注云：「钁也。」以鉏注钁，義始明。而斫亦爾雅之文。不甚快者，以「斫」有用力斫伐一義，不專爲器之名也。

「共頭。」文曰：「武王伐紂，至共頭而墜。」注：「共頭，山名。墜，隕也。」

「猶猶。與與。」文曰：「見敵之虚」云云，「擊其猶猶，陵其與與」。無注。大概謂敵之疎縱可乘處耳。

「龍蛇蟠。」文曰：「峽路津關，大山名塞，龍蛇蟠。」注：「蟠，宛屈也。」

「卻笠居。」注：「卻，偃覆也。笠，簦也。」

「羊腸道。」注：「一屈一伸。」

「發笱門。」注：「發笱，竹笱，所以捕魚，其門可入而不可出。」

「揞揞。揭揭。」文曰：「推其揞揞，擠其揭揭。」注：「揞揞，欲臥也。揭揭，欲拔也。擠，排也。揞音安。」揞當音諳，而音安，輕重又乖也。然搖字傍有作㸦者，㸦亦近㸦，即作搖搖亦通。而揞字古。「欲臥」斷非揞字矣。

「調。」文曰：「彼不吾應，獨盡其調。」注：「言我之盡調以待敵也。」「盡調」是何語？調猶調弄耳。

「後節。」文曰：「彼持後節，與之推移。」注：「彼謂敵。持後節，敵在後，使先己。」文義與本文不合，彼持後節，謂敵不肯先動，而我與之推移也。謂若是敵不肯先，我且與之推移已耳，不得爲所致也。

「精若轉左，陷其右陂。」「精」字不注。似謂彼兵之精者。

「奄遲。」文曰：「敵迫而不動，名之曰奄遲。」無注。

「鋗。」文曰：「人不及步鋗。」〔注〕：「音喧。」喧，說文「許元切」。鋗，廣韻「火玄切，銅銚也」。此義謂旋轉耳。

「填填之旗。」文曰：「不襲堂堂之寇，不擊填填之旗。」注：「旗立牢端貌。」今逕作「堂堂正正」。

「挃。」〔注〕：「擣也。」

「瞷瞷。」文曰：「深哉瞷瞷。」〔注〕：「音帚。」廣韻有韻之「瞷」，从日不从目。玉篇「瞷」

字又「只由切」，〔二〕平上兩聲，皆可讀也。目與日易混耳。睭，明也，日光也。

「風之疾，至于飛屋折木，虛舉之下大遲，自上高丘，人之有所推也。」注：「虛舉，不駕也。風疾飛之，下大遲，復上高丘也。」本文「虛舉之下大遲」六字不知何謂。而注猶轂轂。「虛舉下遲」還是說屋，古文木。〔三〕

「誂。」文曰：「雖誂合刃于天下，誰敢在於上者？」注：「誂，卒也。雖卒然合與天下爭，人誰敢在其上？音弔。」

「滔滔。」「廣廣。」音擴。「湫漻。」音啾遼。「典凝。」文曰：「將軍之心，滔滔如春，廣廣如夏，湫漻如秋，典凝如冬。」注：「典，常。凝，正也。常正於冬也。」典，常。凝，不動。而曰「常正於冬」，是何義？「湫漻、典凝」，好語。

「嚂。」文曰：「不嚂于辯。」〔注〕：「音罕。」玉篇「嚂」，音「力暫切，貪也」。前十一篇則又音「藍」。

「五行。」文：「柔不可卷，剛不可折，仁不可犯，信不可欺，勇不可陵。」

「十守。」〔文〕：「神清不可濁，謀遠不可慕，操固不可遷，知明不可蔽，不貪於貨，不淫於物，不嚂於辯，不推於方，不可喜也，不可怒也。」「不推於方」四字亦須細解。方似方法之方，推如推尊之推。方是「可欺以其方」之方。

〔二〕「睭」，傅山全書初版本誤作「睭」，據手稿改。

〔三〕「古」，傅山全書初版本誤作「言」，據手稿改。

卷七十六　淮南子評注（下）

說山訓第十六

注：「山爲道本，仁者所處。說道之旨，委積如山，故曰說山。」

「朱儒問徑天高于修人，修人不知。曰：子雖不知，猶近之于我。」在篇末。

「郢人有鬻其母，爲請于買者曰：此母老矣，幸善食之。」篇末。

「不小學，不大迷；不小慧，不大愚。」精語。

「沬雨。」文曰：「人莫鑑于沬雨。」注：「沬雨，雨潦上覆瓮也。或作流潦。」沬之从未者，音如昧，說文「洒面也」。沬之从末者，說文「水出西南徼外，東南入江」。而沬亦水名，詩「沬之鄉矣」是也。漢書「沬流赭」，李奇音「靧」，又與沬同音矣。此沬字似當音末，所謂「涎沫」也。小補兩字皆引未沫，云已也，則沬沬混矣。

「曾子攀柩車，引輴者爲之止。」注：「輴音春，棺下輪也。」

「淫魚。」注：「淫魚喜音，出頭于水而聽之。淫魚長，頭身相半，長丈。魚鼻正白，身黑，口在頷下，似鬲獄魚，而身無鱗，出江中也。」淫卽鱘也，聲相近。

「鬲獄魚。」不知何爲「鬲獄」。

「螾上食晞堁。」注：「晞，草也。堁，土塵也。」晞訓草不解。且螾不能食草，定訛字。

「釣可以教騎，可以教御，可以教刺舟。」

「參天。」文曰：「越人遠射，參天而發，適在五步之内。」注：「參，猶望也。」

「膠漆。冰炭。」文曰：「天下莫相憎于膠漆，而莫相愛于冰炭。」注：「膠漆相持不解，故曰相憎。冰得炭則解，歸水復其性。炭得冰則保其炭，故曰相愛。」别義可味。

「消病。」文曰：「嫁女于消病者，夫死則後難復處也。」注：「以女爲妨夫，後人不敢娶，故難復嫁處也。一説：女以天下人皆消，不肯復嫁之也。」

「執牢獄者無病。」注：「執，主也。厲鬼畏之，故不病。」

「罪當死者肥澤。」注：「計决，心無外思。〔一〕一説治當死者，罪已定無憂，故肥澤也。」「治」之義乖。

「刑者多壽。」注：「宫人也。無情欲之累，故多壽也。」

「淳于髡告失火者。」注：「淳于髡，齊人也。告其鄰突將失火，使曲突徙薪。鄰人不從，後竟失火。言者不爲功，救火者焦頭爛額爲上客。刺不備豫，喻凡人不知預備其情欲，而思得人救其禍。」

「善射者發不失的，善于射矣，而不善所射。善釣者無所失，善于釣矣，而不善所釣。故有所善，則不善矣。」注：「所射者死，所釣者魚也，于魚不善也。」愚謂注義自好，然以老子「知美之爲美，斯惡矣」之義解之，亦可。

「揲挻。」文曰：「譬陶人爲器也，揲挻其土而不益厚，破乃愈疾。」「揲挻」不注其義。

「近之則鐘音充，遠之則磬音章。」

〔一〕「心」，傅山全書初版本誤作「必」，據手稿改。

「將軍不敢騎白馬。」注：「爲見識。一說白，凶服，故不敢騎也。傳曰：晉襄公與姜戎子墨衰，敗秦師于殽，言其變凶服也，故不敢騎白馬。」「爲見識」，謂白馬令人見而識之也。

「抗浮。」文曰：「百人抗浮，不若一人挈而趨。」注：「抗，舉也。浮，瓠也。」

「二六。」文曰：「引車者，二六而後之。」注：「轅三人，兩轅六人，故謂二六。」「而後之」不解。

「不脂之戶。」文曰：「少言者，猶不脂之戶也。」注：「言其不鳴。一曰不脂之戶難開閉，亦喻人少言語也。」人而能爲不脂之戶，誰能測也？

「林木。池魚。」文曰：「楚王亡其猿，而林木爲之殘；宋君亡其珠，而池中魚爲之殫。」注：「猿捷躁，依木而處，故殘木以求之。」「池仲魚」之說原鄙，而字書竟引之。

「上求材，臣殘木，上求魚，臣乾谷。」

「上有三衰，下有九殺。」注：「衰、殺，皆喻踰也。傳曰，上之所好，下尤甚焉。故有九殺。」

「針幕。虆城。」文曰：「針成幕，虆成城。」注：「幕，帷也。上曰幕，旁曰帷。虆，土籠也，音羅。」

「以東薪爲鬼，朅而走；以火烟爲氣，殺豚烹狗。先事如此，不如其後。」注：「夜見束薪，以爲鬼，故去而走。以火烟爲吉凶之氣，殺牲以禳之，惑也。」解未必。

「桃部。」文曰：「羿死桃部。」注：「桃部，地名。」詮言篇則曰「桃棓」，「棓，〔二〕棒也」。自注而自忘之耶？

〔二〕「棓」，傅山全書初版本脫，據手稿補。

「訣亂。」文曰：「滅非者，戸告之曰，我實不與，我（此我字有疑）訣亂，謗乃愈起。」「訣亂」兩字不解。

「騏驥一日千里，其出致釋駕而僵。」「出致」無注，似乎謂多求其力，出于所可至之地而僵矣。然已千里矣，尚多責耶？後有小馬非大馬之類之語，則此「出致」又似不在騏驥上用意者。再覓善本考之。「出致」謂千里是其力量可致者，已致之矣，又欲出而前。

「萬人之蹟，踰于一人之隧。」蹟。

「有譽人之力儉者，舂至旦，不中員呈，猶謫之。察之，乃其母也。」注：「呈作不中科員，而責怒也。君子視之，乃自呈作其母。」「員」字猶言官員之員，謂不彀一人之程課也。「譽」字左。

「社。母。」文曰：「東家母死，其子哭之不哀，西家子見之，歸謂其母曰，社何愛速死，吾必悲哭社。」注：「江淮謂母爲社。」

「謂學不暇者，雖暇亦不能學矣。」誠然。學者念玆。

「馬氂截玉。」文曰：「執而不釋，馬氂截玉。」注：「馬尾也。」

「礛諸。」注：「礛諸，攻玉之器，言物有待賤而貴者也。礛，廉，或直言藍也。」廣韻：「礛䃴，青礪，古銜切，音如監。」此注「直言藍」之文不明。若以「青礪」解之，當作「藍䃴」。「諸」字必加石始得。

「無錙錘之礛諸。」注：「六銖曰錙，八銖曰錘，言賤也。」

「熙。」文曰：「白猿搏矢而熙。」注：「戲也。」人間篇有「木熙」。

「咼氏之璧。」注：「咼音和。」

「人有昆弟相分者無量，而衆稱義焉。」注：「多不可計。」注解「無量」字呆。

「一里撓椎。」注：「撓弱一人之人，皆有能屈椎者，人則信之也。」注「一人之人」訛。或是「一里之人」耶？亦不解。

「髡屯犁牛，既犐以𤛛，決鼻而羈。」注：「髡屯，醜牛貌。犁牛，不純色。犐，無角。𤛛，無尾。決鼻，羈頭而牽。〔二〕犐音科。𤛛音脩。」

「招蕢。」文曰：「死而弃其招蕢，不怨人取之。」注：「招蕢，稱死者浴牀上之栭也。蕢音績。」

「轙。」文曰：「遺人車而稅其轙。」注：「轙，所以縛衡也。音倚。」說文作「轙，車衡載轡者」，不從義。此作義，贅矣。「所以縛衡」之語，亦不若「衡載轡」切。

「桀瓦。」文曰：「桀有得事。」注：「謂若作瓦以蓋屋，遺後世也。」

「瓾。」文曰：「弊箄甑瓾，在衻茵之上，雖貪者不搏。」注：「瓾，甑帶，音黽。」弊箄無用之物，藉於衻茵。

「衻。」音然。博雅：「褘衻，蔽膝也。一曰衣下襬。」皆與「茵」字不合。此似指鋪陳之褥而言。

「孕婦見麋而子四目。」

「小馬大目，不可謂大馬。大馬之目眇，可謂之眇馬。」〔三〕

「媒怛者，非學謾也，怛成而生不信。立慬者，非學鬬爭也，慬立而生不讓。」注：「怛，猶詐

〔二〕「羈頭」，手稿作「牽頭」，據淮南子注改。
〔三〕「可」，手稿誤作「所」，據淮南子改。

也。懂音勤。」「媒怚」兩字，亦須細繹。

「侳廉。」文曰：「君子不入市，爲其侳廉也。」注：「侳，辱也。」

「里史。」文曰：「莊王誅里史，孫叔敖制冠浣衣。」注：「里史，佞臣。惡人死，叔敖知當見用。」

「席黴。」文曰：「文公棄荏席後黴黑，咎犯辭歸。」注：「臥席之下黴黑者。咎犯感其捐舊物。」

「撒。」注：「工之掩牀也。」

「轔。」文曰：「剡靡勿釋，牛車絕轔。」注：「剡，切。楚人謂門切之轔，車行其上，則斷之也。」剡音幾。「門切之」，三字錯。

說山篇中有陳成子一段，書於後備覽：「陳成子恆之劫子淵捷也，子罕之辭其不欲而得其所欲。孔子之見黏蟬者，白公勝之倒杖策也，衛姬之請罪於桓公，〔二〕子見子夏曰『何肥也』，魏文侯見之反被裘而負芻也，兒說之爲宋王解閉結也。此皆微眇可以論觀者。」注：「爲見始知終也。」

「郢人有買屋棟者，求大三圍之木，而人予車轂，跪而度之，曰：巨雖可，而長不足。」在「衶」字後。

「污膺。傴背。」文曰：「文王污膺，鮑申傴背。」注：「文王，楚武王之子熊疵。污膺，陷胸也。鮑申，楚相。傴背，背僂。」

〔二〕「請罪」，手稿作「論罪」，據淮南子改。「桓」，傅山全書初版本誤作「恆」，據手稿改。

說林訓第十七

注：「木叢生曰林。說萬物承阜，若林之聚，故曰說林。」

「㧪。」文：「中流遺其劍，遽契其舟㧪。」〔一〕注：「契，刻也。㧪，船弦板也。墮劍於中流，刻下船弦，言識其于此下失劍也。㧪音汜。」「汜」音不知爲「凡」之音也，爲「似」之音，而與从㧪者皆邈。玉篇有「㧪」字，音語鬼切，懸也。卽以船之桅竿解之，亦當从木，不从扌。桅，說文「黄木可染」。唯廣韻灰韻中亦收之，曰「船小檣竿也」。而上声收之，曰「過委切」，義同說文。「汜」傍「巳」，與「危」之「㔾」近，或「危」漸漸訛成「汜」矣。

「抪。」文：「游者以足蹷，以手抪。」音潑。

「蝍蛆。」文曰：「騰蛇游霧，而殆於蝍蛆。」注：「蝍蛆，蟋蟀，爾雅謂之蜻蛩之大腹也。上蛇，蛇不敢動，故曰殆於蝍蛆。」「蝍蛆甘帶」，則蜈蚣也，而曰蟋蟀，大異。

「瓦鉒者全，金鉒者跋，玉鉒者發。」注：「鉒者提馬，雒家謂之投翮。全者全發，除跋者刺跋，走發者疾迅也。」莊子「瓦巧、鈎憚、金昏」之言明快。此跋、發字，皆不如彼雋也。注又作鉒。鉒，博雅「署置也」，義與此遠。然从主，可通用也。「雒」當用「博」，此用「雒」，不知何說，似有義。「投翮」兩字亦新永，而不知所從來。

「提馬。」見上。

「雒。」見上。

〔一〕「㧪」，手稿作「尾」，據下文文意改。中華書局一九九八年版淮南子集釋作「桅」，似青主所見本爲「㧪」。

「投翮。」見上。

「内爲之掘。」莊子「外重者内拙」。此作「掘」，或字小訛耳。而注曰「掘，不安詳也」，似原不用「拙」字。

「鼱。」文曰：「水火相憎、鼱在其間。」注：「音慧，小鼎。又曰鼎無耳爲鼱。」

「極。」文曰：「舞者舉節，坐者不期而抃，皆如一，所極同也。」淮南子好用「極」字。

「蛉窮。」文：「昌羊去蚤蝨而來蛉窮。」注：「蛉窮，蝱蜒，入耳之虫也。」蝱當是蚰。

「絑。」卽韈字，亦作韎、𩎟、袜、帓。釋名「末也，在脚末」。說文「足衣也」。

「輎。」文：「倚者易輎也。」音亢。

「黃帝。上駢。桑林。女媧。」文曰：「黃帝生陰陽，上駢生耳目，桑林生臂手，此女媧所以七十化也。」注：「黃帝，古天神也，始造人之時，化生陰陽也。上駢、桑林，皆神名。女媧，王天下者，七十變造化。此言造化治世，非一人之功。」

「鼓造。」文曰：「鼓造辟兵，壽進五月之望。」注：「鼓造，蓋謂梟，一曰蝦蟆。今世人五月望作梟羹，亦作蝦蟆羹，言物不當爲用也。」

「蟬匷。」文曰：「古之所爲不可更，則推車至今無蟬匷。」注：「蟬匷，車類。匷音矍。」注無義。愚謂「推車」是蜣蜋之一名也，蟬匷卽蟬蜕之區殼。意謂若古之所爲不可更變，則推車至今同蟬蜕之區。謂蜣蜋羽化而爲蟬，蟬又化去而遺其匷也。匷字別無見。鹽鐵論非鞅篇「大夫曰：推車之蟬，攫負子之教也」，義當同此。而又作「攫負子」，不知是何物。

「但。氏。」文曰：「使但吹竽，氏厭竅，雖中節不可聽。」注：「但，古不知吹人。但讀燕。」厭，卽「擪捻」之「擪」。

「佳人不同體，美人不同面，而皆說于目。」佳、美義不同，注混看過矣。

「蔄。」卽「狄」字。

「乍。」文：「猿狖之捷來乍。」乍卽措，當讀如措。而注解曰：「乍，暫疾。以其操捷來，使疾擊而取之。」又異前文矣。

「測。」文：「篙終而以水爲測。」注：「篙沒因以江水爲盡。」

「考。」文：「白璧有考。」注：「釁污也。」

「當涷而不死者，不失其適。當暑而不暍者，不亡其適。未嘗適，亡其適。」三句義不可卽解。

「膞。」文曰：「膞炭熯，掇之則爛指。」注：「一膞，一挺也。音轉。」

「頭蝨與空木之瑟，名同而實異也。」

「蘇秦步曰何步？趍曰何馳？有爲則議，多事固苛。」注：「蘇秦爲多事之人，故見議見苛也。」

「的的者獲，提提者射。」注：「的的，明也。提提，安也。」管子白心篇「欲爲善乎，無提提」。「射」字在此處與上文一義。而以「安」字解「提提」，信。

「太山不上小人。」注：「王者所封禪處，不令殗亂小人得上。」

「君子有酒，鄙人擊缶，雖不見好，亦不見醜。」

「蚈。」文「善用人者，若蚈之足，衆而不相害。」

「窒。」文：「靨酺在頰則好，在顙則醜。」注：「靨酺者，頰上窒也。窒者在顙，似槷，故醜。」玉篇：「窒，胡圭、古攜二切，甑孔也。亦作甗。」廣韻列「齊」。「槷」字當作「瘢」。

「故之與先，諾之與已也，相去千里。」文曰：「扶之與提，謝之與讓，故之與先，諾之與已」

二句，義亦多而不注。

「簪燐。」文曰：「以簪招燐，有何爲驚？」注：「燐，血精，似野火。招之，應聲而至。血洒汚人，以簪招則不至。故曰何驚。」「簪招燐不至」，不知何意。

「水蠆爲蟌。」音聰。注：「青蜓也。」

「孑孑爲螶。」注：「孑音廉。孑孑、結蠆，水上到跂蟲。」「孑音廉」大異，不知何本。廣韻「孑孑，井中小蟲，音拱」。卽此孑孑，與說文大異。

「兔齧爲蠪。」注：「兔所囓草，靈在其心中，化爲蠪。一說兔囓，蟲名。蠪音那。」靈樞癰疽部：「發於脛者曰兔囓。」豈其瘡之形似邪？

「雖欲謹，亡馬不發戶轔。」注：「言馬亡，不可發戶限而求。轔，戶限也。楚人謂之轔。音璘。」

「有然之。」文曰：「兔絲無根而生，〔二〕蛇無足而行，魚無耳而聽，蟬無口而鳴，有然之者也。」注：「然，如是也。」

「杕。」文曰：「心所說，毀舟爲杕。」注：「杕，舟尾也。」音第。舟杕。

「刺我行者，欲與我交。訾我貨者，欲與我市。」此過爲揣度之辭，不盡然也。訾貨欲市，則市井之常。

「慈母吟于巷，適子懷于荆。」注：「精相往來也。」「荆」字不注。

「交畫不暢。」注：「暢，達也。不得達至也。交，止也。」文義得注而晦如此。人間篇又有此

〔二〕「根」，傅山全書初版本誤作「报」，據手稿改。

句。「文畫不暢」，畢竟當何解？

「聖人處于陰，衆人處于陽。」

「聖人行于水，衆人行于霜。」注：「水有形而不可毀，無跡。霜雪履有跡。」

「寅丘。」文曰：「寅丘無壑。」注：「寅寅之丘無大壑，泉淵不溥。」

「非訶。」文曰：「善舉事，若乘舟而非訶，一人唱而千人和。」「非」字不解，義猶飛耶？非字或是輩字，偶脱車文耶？

「銷。」文曰：「陶人棄索，車人掇之；屠者棄銷，而鍛者拾之。所緩急異也。」齊俗篇「銷音削」。

「擢對。」文曰：「涔則具擢對。」注：「擢對，貯水器也。」

「纂繹。」文曰：「臨淄之女，織紈而思，行者爲之悖戾。室有美容，繒爲之纂繹。」注：「纂繹，不密緻。志有感故纂。」

「捌格。批伉。」文曰：「解捽者，不在于捌格，在于批伉。」注：「批，擊也。伉，推擊其要也。伉音沉。」「批亢」不待注而訛作伉，伉又訛而爲伉，伉又音沉。文字之訛，豈止魯魚亥豕哉？卽从人之伉，有彊健之義，於此亦非所宜。又偶也，亦非義。

「擢。」文「木大者根擢」。無注。音義俱無。

「宄。」文曰：「狂者傷人莫之怨，嬰兒詈老莫之疾，賊心宄。」注：「賊，害也。宄音忙。」不解其義。以文求之，宄下當有一也字，始結上二句爲句。言其無賊害之心，豈是「忘」字耶？字書無「宄」，當是「亡」字下有一語助字，而訛作山矣。

「雔禮。」文曰：「烏力勝日，而服于雔禮。」注：「烏在日中而見，故曰勝日。服猶畏也。雔禮，爾雅謂之『裨笠』，秦人謂之『祀祝』。蠶時鳴人舍者，鴻鳥皆畏之。」在「蝍蛆」下。

人間訓第十八

注：「人間之事，吉凶之中，徵得失之端，反存亡之幾也。故曰人間。」

「使知所爲是者，事必可行，則天下無不達之塗矣。」是而不可行，往往然。深于世故之言。

「河雍之間。」注：「泌，河雍地也。」

「嘉陵。」文：「晉厲公合諸侯于嘉陵。」注不説其地。

「張武。」〔注〕：「智伯臣。」篇中再見。

「陽虎。」文：「門者出陽虎。顧反，取其出之者，以戈推之。」

「任登。」文曰：「智伯求地于魏宣子。任登曰：與之使喜，必將復求地於諸侯。」

「植耳。」〔文〕：「諸侯必植耳。」注：「言竦耳而聽也。」

「竘。」注：「高壯貌。音口。」

「高陽魋。」注：「或曰，高陽魋，宋大夫。」

「匠人曰：以生木任重塗。魋曰：木枯則益勁，塗乾則益輕。以勁材任輕塗，今雖惡，後必善。匠人窮於辭。」

「括子。牛子。無害子。」文曰：「三國伐齊，圍平陸。括子以報于牛子曰：三國之地，不接于我，踰鄰國而圍平陸，利不足貪也，然則求名於我也。請以齊侯往。牛子以爲善。括子出，無害子入，牛子以括子之言告無害子。無害子曰：異乎臣之所聞。牛子曰：國危而不安，患結而不解，何謂貴智？無害子曰：有裂壤以安社稷者，聞殺身破家以存其國者，不聞出其君以爲封疆者。牛子不聽無害子之言，而用括子之計。三國之兵罷，而平陸之地存。自此之後，括子日以疏，無害子日以進。」

「高赫不失君臣之禮。」見前。

「西門豹。」文曰：「廩無積粟，府無儲錢，庫無甲兵，官無計會。」

「解扁。」文曰：「解扁爲東封，上計而入三倍。」注：「解扁，魏臣，治東封者。」

「魄聞倫。」文曰：「中行穆伯攻鼓，弗能下。魄聞倫曰：鼓之嗇夫，聞倫知之，請無罷武大夫，而鼓可得也。穆伯不應，曰：聞倫爲人，佞而不仁，若是聞倫下之，吾可以勿賞乎？若賞之，是賞佞人。」

「蹇他。」注：「弦高之黨。」

「叕。」文曰：「聖人之思脩，愚人之思叕。」注：「短也。音哲。」叕音本如拙，而曰哲，可見哲、拙古同音也。

「仞。」文曰：「非其事者，勿仞也。」說文「伸臂一尋八尺，从人，刃声」。小爾雅「四尺」。包咸、鄭玄皆謂「七尺」。應劭「五尺六寸」。此處用「仞」字，逕是「任」字之義。

「唐子。」文曰：「唐子短陳駢子。」注：「唐子，齊大夫。」

「捷剟。」文曰：「使離朱，捷剟索之。」注：二人皆黃帝臣也。」

「宰予。」文：「諸御鞅復于簡公曰：陳成常、宰予二子者，甚相憎也」云云，「陳成常果攻宰予于庭中」。此逕以闞爲宰我矣。

「子朱。」文曰：「太宰子朱侍飯于令尹子國，令尹子國啜羹而熱，投巵漿而沃之。明日，子朱辭官而歸。曰：令尹輕行簡禮，辱人不難。明年，伏朗尹而笞之三百。」投漿沃熱，子朱辭歸。

「牛缺。」文曰：「車馬所以載身也，衣被所以揜形也。聖人不以所養害其養。盜相視而笑曰：世之聖人也，以此見王者，必且以我爲事也。還反殺之。」對盜語此三句，自然誅殺。

「楊翁子。」文：「使蒙公、楊翁子。」注：「蒙恬。楊翁子亦秦將。」

「監祿。」注：「秦將。」

「西嘔君譯吁宋。」注：「譯吁宋，西嘔君名也。」是何名？〔一〕

「尉屠睢。」注：「尉屠睢，秦將。」

「宰折睢。」文：「魯哀公欲西益宅，左右數諫不聽。乃問其傅宰折睢。」

「子貢。」

「馬圉。」

「轊」字。文曰：「奮翼揮轊。」注：「轊，六翮之末也。轊音慧。」

「延路、陽局。」注：「延路、陽局，鄙歌曲也。」

「交畫不暢，連環不解。」注：「暢，申也。」「交畫」二句說林篇有之，解曰「不得達」。至此又解「暢」爲「申」，又不解。

「王孫厲。」注：「楚臣也。」

「徐偃爲義而滅，子噲行仁而亡，哀公好儒而削，代君爲墨而殘。」「代君」一句不知出何典。

「終日乾乾，以陽動也。夕惕若厲，以陰息也。」此又一義。

〔一〕「是何名」三字，傅山全書初版本脫，據手稿補。

「狂譎。」注：「狂譎，東海上人，畊田而食，讓不受祿，太公以爲飾虛亂民而誅。」老姜幹了只等个胡事。

「公宣子。」注：「魯大夫。」諫魯公爲大室事。

「射朋張中反兩。」文曰：「虞氏，梁之大富人也。升高樓，臨大路，設樂陳酒，集博其上，游俠相隨而過樓下。博上者，射朋張中反兩而笑，飛鳶適墮其腐鼠，而中游俠。」注：「射朋張上棋中之，以一反兩也。」不知是何語。列子曰：「射朋瓊張中，反兩㩉魚而笑。」又不解是何語。列子注有之，再抄其下。

「盤罪。」文曰：「子發盤罪威王而出奔。」注：「盤，辟也。發得辟罪于威王。」

「植睹。」文：「使狐瞋目植睹，見必殺之勢，雉亦知驚憚。」注：「植睹，枉尾也。」「枉尾」不知說甚。「見」字當讀如見。〔一〕「枉尾」似謂屈其尾，謂欲前撲雉時之勢也。〔二〕

「物無不可奈何，有人無奈何。」注：「言物皆可術而治，事有人材所不及，無奈之何。」下文又曰：「鉛之與丹，異類殊色，而可以爲丹者，得其數也。」此與前「以奈何爲寶」反。

脩務訓第十九

注：「脩，勉。務，趨。聖人趨時，冠敝弗顧，履遺不取。必用仁義之道，以濟萬民。故曰脩務。」

〔一〕「讀如見」的「見」字，手稿右上角有圓圈，當音「現」。

〔二〕「撲」，傅山全書初版本誤作「拱捉」，據手稿改。

「禹以身解于陽盱之河。」注：「爲治水解禱，以身爲質。陽盱，在秦地。」

「湯以身禱于桑山之林。」注：「桑山之林，能興雲致雨。」

「悠悠慚影。」文：「魏文侯曰：吾日悠悠慚于影。」

「司馬庾。」注：「秦大夫。庾或作唐。」

「魚躍鵲駮。」

「帽憑而爲義。」注：「帽憑，盈滿積思之貌。」

「曼頰。」注：「細理也。」文曰「曼頰皓齒」，而但曰「細理」，不著「頰」上。詩「孔曼且碩」，毛傳「長也」，箋云「脩也，又澤也」。

「啳、睽、哆、嗚。」注：「音權、葵、夸、麾，皆醜貌。」廣韻作「矔睽，醜貌」。从卷从雚者，可互用其聲，故从女之婘嬳，同聲，皆曰美貌也。哆，說文「典可切」，玉篇「昌紀、尺馬二切」。廣韻「脣下垂貌」。此字聲有七八聲，而此又音夸。嗚，玉篇、廣韻皆「不正」也，而音同麾，卽知其可讀如訛、如歪矣。

「一蹪之難，輟足不行。」

「揖提塡星，日月東行。」文曰：「揖提塡星，日月東行，而人望星辰日月西移者，以大氐爲本。」注：「氐猶更。言其餘星辰皆西行，故曰大氐爲本。」

「駤。」文曰：「胡人有知利者，而人謂之駤。」注：「戾惡理不通達，胡人性皆然。音至。」

「訬。」文曰：「越人有重遲者，而人謂之訬。」注：「訬，輕利急，亦以多者言。操，善趍者謂之訬。音抄。」

「伊長孺。」文曰：「堯眉八彩。」注：「堯母慶都，天帝之女，寄伊長孺家，年二十無夫。出觀於河，有赤龍負圖而至，曰赤龍受天下之圖，有人赤衣，光面八彩，鬢髯長赤。奄然陰雲，赤龍于慶都合而生堯。故眉有八彩之色。」

「馬喙。」文曰：「皋繇馬喙。」注：「若馬口。」又有作鳥喙者。

「捆篡組。」注：「捆，叩核。篡組，邪文，如今之短沒黑耳。」「短沒黑耳」不知何語何物。短沒黑耳。

「芃菁。」文曰：「野彘有芃菁。」音仇梢。

「容成造曆，胡曹爲衣。」注：「黄帝臣。」

「攫援摽拂，手若蔑蒙。」注：「攫援，掇也。摽拂，敷也。蔑蒙。言其疾也。攫音句。」

「攫掇之捷。」注：「攫掇，黄帝時捷疾者也。」

「唐碧堅忍之類。」注：「唐碧，石似玉，皆堅鑽之物。」

「精神滑淖纖微，倏忽變化，與物推移。雲蒸風行，在所設施。君子有能精搖摩監，砥礪其才，自試神明。」「精搖」四字不注。要略篇有「精搖靡覽」，注：「楚人謂精進爲精搖。」

「蘇援世事。」注：「蘇援，猶索也。」

「敕蹻趹，跋涉山川。」注：「敕猶箸也。蹻，履也。趹，趣也。不從蹊遂曰跋涉。敕音朔。趹音決。」

「葉語。」文曰：「稱譽葉語，至今不休。」注：「葉，世也。言南榮疇見稱譽，世傳相語。」

「莫囂大心。」〔注〕：「楚人。」

「蠟蒙籠。」注：「捲蠟蒙籠之山，一曰葛藟所蒙籠。」「蠟」應是「躐」字。而又「捲蠟」，不解其義。

「峙。」〔注〕：「音致。」今習讀如史音。

「救敲不給。」注：「言年少說事，老人敲其頭，自救不暇，何能明道也。」救敲字亦異。

「謝子。唐姑梁。」注：「謝，姓也。子，通稱。唐姑梁，秦大夫。言謝子辯士也，常發其巧說以取少主之權。少主，謝子之君，一曰謂惠王。惠王，秦孝公之子也。」

「劍或紇側羸文，鬹缺卷鉼。」注：「紇無側，羸無文，鬹缺卷鉼，鈍弊無刃，託之爲楚頃襄王所服劍，則貴人慕而帶之。」

「琴或撥刺枉橈，濶解漏越，而稱以楚莊之琴，側室爭鼓之。」注：「撥刺，不正也。枉橈，曲弱也。濶解，壞也。漏越，音聲散也。託之爲楚莊王之琴，則側室之寵人爭鼓之也。側室或作廟堂也。」側仍是則字，「室」上尚脫一字耳。

「苗山之鋌，羊頭之銷。」注：「苗山，楚山，利金所出。羊頭之銷，白羊子刀。」銷，似即削也。

「鳴廉隅脩營，唐牙莫之鼓也。」注：「言其鳴音聲有廉隅修營，音清涼，聲和調。唐猶堂。」「牙」字不注。後又曰「期于鳴廉修營」。

「墨陽。」注：「美劍名。」

「濫脅號鐘。」注：「濫音不和。號鐘，高聲，非耳所及也。」號鐘本琴名。

「譬若遺腹子之上隴，以禮哭泣之，而無所歸心。」注：「自不識父之顔，心不哀也。」

「曾撓。」文曰：「口曾撓，奇牙出。」注：「曾，則也。撓，弱也。口則弱撓，冒若將笑，〔二〕故

〔二〕「冒」，傅山全書初版本誤作「曰目」，據手稿改。

好齒出。」
「憚悇。」注：「音探豫。憚悇，貪欲也。」
「秋药被風。」妙語。形容舞者。
「木熙。」音戲。
「損心酸足。」文曰：「觀者莫不爲之損心酸足。」注：「見其微妙危險，爲之損動中心，酸酢其足。」亦妙語。

泰族訓第二十

注：「泰言古今之道，萬物之指，族於一理，明其所謂也，故曰泰族。」
「呿唫。」文曰：「高宗諒闇，三年不言。一言聲然動天下。是以天心呿唫者也。」注：「音佉吟。」即「聲然」兩字，亦惟古文有之，今但作「音聲」之「聲」，字樣呆，讀而不知聲之有形容也。
「象楮。」文曰：「宋人有以象爲其君爲楮葉者。」注：「象牙也。」又曰「玉爲之」。「象牙」但用一「象」字，此例亦多。
「契契。」文曰：「豈此契契哉！」不音。
「雩兑。」文曰：「雩兑而請雨。」注：「兑，說也。」
「訟繆。」文曰：「道者，藏精於内，棲神於心，靜漠恬淡，訟繆胸中。」注：「訟，容也。繆，靜也。」訟爲「爭訟」所專，而不知有容義。如頌之以額類也。繆靜之繆，即穆也。

「毛蒸理泄。」靈樞經營衛生會篇中有此四字。管子内業篇「得道之人，理丞而屯泄」，注：「謂腠理丞達，屯聚泄散。」丞即蒸。毛與屯易混，然毛字明而淺，屯字細雋矣。然丞無下「灬」，則但以承解，〔二〕則「凝丞」之「丞」，佐也，承也。定當是蒸字。不蒸不泄也。

「鄧上之德。」〔注〕：「鄧，國名。」於義遠。隥字，説文「仰也，从阜，登聲」，或用此字。而从邑、从阜，左右因俗文訛耳。

「參伍。」文曰：「何謂參伍？仰取象於天，俯取度於地，中取法於人」云云，「此之謂參。制君臣、父子、夫婦、長幼、朋友，此之謂五」。要略篇又曰「考之參伍」。

「昭華之玉。」文：「贈以昭華之玉，而傳天下焉。」

「犞。」文曰：「湯之初作囿也，以奉宗廟鮮犞之具。」注：「乾肉爲犞。」不音。

「卦敷。」文曰：「易之失也卦，書之失也敷。」

「持牢。」文曰：「勇者可令進鬭，而不可令持牢。」此晉書「將牢」之言。

「葚。」文：「甂甌有葚。」無音。前有此句，而作「堤」。見十四卷詮言。

「髊。」注：「音自，骨也。」

「壓。」文曰：「所以貴扁鵲者，貴其壓息脈血，知病之從生也。」〔三〕注：「音葉。」

「英俊豪傑。」文曰：「智過萬人者謂之英。」差次而千、百、十。

「樹米。」文曰：「文公樹米。」注：「晉文公樹米而欲生之也。」

〔二〕「承」，傅山全書初版本誤作「丞」，據手稿改。

〔三〕「之」，傅山全書初版本脱，據手稿補。

「架羊。」文曰：「曾子架羊。」注：「連架，所以備知也。」義晦。

「節用之本，在於不性。」「不」字似訛矣。〔二〕若扭而解之，在於不任性，以爲侈靡耶？

「九龍之鐘。」文曰：「破九龍之鐘。」注：「楚爲九龍之簴，以懸鐘也。」

「金目。」文曰：「人欲知遠近而不能，教之以金目則快射。」注：「金目，深目，所以望遠近射準也。」以「深目」解「金目」，不解。

「管準。」文曰：「人欲知高下而不能，教之用管準則說。」「管準」不注爲何物。

「啓塞。」文曰：「商鞅之啓塞。」注：「啓之以利，塞之以禁，商鞅之術也。」

「三符。」文曰：「申子之三符。」注：「申不害治韓，有三符驗之術。」

「房陵山水之嘔。」文曰：「趙王遷流於房陵，思故鄉，作爲山水之嘔。」注：「秦滅趙王，遷之漢中房陵。」

「琴不鳴。軸不動。使有聲，乃無聲者也。能致千里，乃不動者也。」

「史蘇。」注：「俠以銜骨齒爲禍。」獻公伐驪得女，史蘇占之此繇詞也。見國語。

「離。」文曰：「離先稻熟，而農夫耨之。」注：「稻米隨而生者爲離，與稻相似。」

「瀸。」文：「所樹不足以爲利，而所生足以爲瀸。」瀸，呼外切。說文「水多貌」。此則因樹來，義當與穢同矣。穢又作薉。

「食兩。」文曰：「行棊者，或食兩而路窮。」

「予踦。」〔文〕：「或予踦而取勝。」注：「予踦，子對家，寄一棊也。」

〔二〕「似」，傅山全書初版本誤作「定」，據手稿改。

「劬祿。」主術篇「足捷疾劬録」，亦無注。

要略第二十一

注：「凡鴻烈二十篇，略數其要，明其所指，序其微妙，論其大體，故曰要略。」

「盧牟六合。」文曰：「原道者，盧牟六合，混沌萬物。」注：「盧牟，猶規模也。」

「嬴垺。」文曰：「俶眞者，窮逐終始之化，嬴垺有無之情。」注：「嬴，繞匝也。垺，靡煩也。音平。」玉篇土部有「垺」字，「火鳥切，埒垺也」。[一]

「龍忌。」文：「時則操舍開塞，各有龍忌。」注：「中國以鬼神之日忌，北胡、南越皆謂之請龍。」「請龍」不知爲何語。

「浸想宵類。」文：「覽冥覽取撟掇，浸想宵類。」注：「浸，微視也。宵，物似也。類，衆也。」

「箴縷䌨繺之間，攕揳唲齵之郄。」以文義審之，當有二「於」字於「之」字之上。文「氾論者，所以」云云。注：「䌨，綃煞也。攕音先。揳音恰。唲音哇。齵音隅。攕，篩也。揳，塞也。唲齵，錯梧也。」「䌨」字，廣韻去声「縩」，音如蔡，解：「綷縩，紈素聲。」入聲「縩，七曷切，縠屬。出淮南子」。此不从蔡，从祭，其實一也。繺从煞，卽俗殺字。玉篇、廣韻「繺、綴」字俱不見。廣韻去声十六「怪」中有「䙾」字，所拜切，衣衸縫也，恐卽此字。玉篇：「唲，乙佳切，小兒語。」說文「諂聲也」。齵，廣韻「齒重生也」，玉篇「齒不齊也」。

[一]「埒垺」，宋本玉篇作「垺垺」。

「曬晲。」文：「氾論有符曬晲，兼稽時勢之變。」不音，不解。玉篇「曬，魚險切，日行也」，廣韻同。晲，玉篇「牛禮切，日昳也」。然則謂早晚之時也。

「說捍摶囷。」文：「說山、說林，假譬取象，異類殊形，以領理人之意。解墮結細，說捍摶囷，而以明事埒事者也。」注：「摶，圓也。囷，芼也。」四字合而讀之不解。大說不甚解。詩注：「芼，擇也。」捍格不入者說之，輪囷轇轕者摶之。

「鑽脈。」文：「人間鑽脈得失之跡。」不注其義。大概似推求經絡之義耳。鑽卽入其竅，脈卽尋其理。

「綰清平之靈。」文：「泰族乃原心術，理性情，以綰清平之靈。」

「庶後世使知舉措取捨之宜適。」不云「庶使後世知」，而云「庶後世使知」，古文之拙抝處，類如此。

「宴煬至和。」「宴煬」兩字亦好。

「伏羲爲之六十四變，周室增以六爻。」此句尚不能解。

「駕和。」文曰：「然而五絃之琴，不可鼓也。必有細大駕和，而後可以成曲。」「駕和」不注。

「壇卷連漫。」「壇卷」卽「蟺蜷」。連拳漫衍。

「江河之腐胔不可勝數，然祭者汲焉，大也。一盃酒，白蠅清其中，匹夫弗嘗，小也。」好語。

「烑。」文曰：「挾日月而不烑。」注：「挾，至也。烑音姚，光也。」「挾」解「至」亦迂。

「康梁。」文：「康梁沉湎。」注：「康梁，躭樂也。」

「虆垂。」文：「禹身執虆垂。」注：「虆音雷。」不言「垂」何物。

「撌。扢。」文曰：「墝不及撌。」〔注〕：「音喟，排去也。」〔文〕：「濡不及扢。」〔注〕：

「音亥，拭也。」

「子家噲。」文曰：「梁丘據、子家噲導於左右。」注：「二人皆齊景公臣。」

「墩。」文曰：「韓晉，[一]晉別國也，地墩民險。」音敲。

「儲與扈治。」文：「劉氏之書，合三王之風，以儲與扈治。」注：「儲與，猶捫業也。扈治，廣大也。」前叚眞篇中有此句。「捫業」不的爲何義，又近芍藥耶？

「精搖靡覽。」文曰：「玄眇之中，精搖靡覽。」注：「楚人謂精進爲精搖，靡小皆覽之。」

「畛挈。」文：「棄其畛挈，斟其淑靜。」注：「楚人謂澤濁爲畛挈。」「澤濁爲畛挈」不解。

七命「理有毀之，而爭寶之訟解」，注：「莊子曰，『庚市子肩之毀玉也』。淮南子、莊子後解曰：『庚市子，聖人無欲者也。人有爭財相鬭者，庚市子毀玉於其間，而鬭者止。』」莊子後解，不知此書今有否。看來此兩鬭者之賢，不減虞芮。庚市子不罔毀玉，較南泉乾斬一貓大勝。

主術篇曰：「有道之主，滅想去意，清虛以待，不伐之言，不奪之事。循名責實，使有司任而弗詔，責而弗教。以不知爲道，以奈何爲寶。如此則百官之事，各有所守也。」注：「道貴無形，無形不可奈何。」人間篇曰：「夫臨河而釣，日入而不能得一鯈魚者，非江河魚不食也，所以餌之者非其欲也。及至良工執竿，投而擐脣吻者，能以其所欲而釣者也。夫物無不可奈何，[二]有人無奈何。鉛之與丹，異類殊色，而可以爲丹者，得其數也。故繁稱文辭，無益於說，審其所由而已矣。」前之所謂「奈何爲寶」，上則云「以不知爲道」，義似莊生之不務知之所無奈何，而無「無」字耳。

〔一〕「晉」，傅山全書初版本脫，據手稿補。
〔二〕「無」字，手稿脫，據淮南子補。

注有曰「無形不可奈何」，蓋以本文之義，以任人而不自任，使臣無自窺見其主之意，近於爲術者矣。解失本文之義。後之所謂「有人無奈何」者，猶言物皆可奈何他，而有人不去奈何他耳。若人去奈何他則物無奈人何，定爲人所奈何而用之矣。注則曰，「事有人才所不及，無奈之何」，又於「有人」下添一「無能」之義，以應「良工必得魚」之説也。前後兩「奈何」義皆淺。前「以不知爲道」二句，是不瑣細與知之義，後「物不可奈何」，亦就眼前日用可治之物言之耳。天地事物之理，原有一不可奈何之處，聖人不知不能也。

凡字目是學賦者之物料，不用則不知其有用也。如此一册，用之賦中，儘可擬諸形容，而象其物宜也。記之。

淮南一書，往往以四字爲句讀，如「儲與扈治」之類，〔一〕此便開後世文章口氣矣。如三字、五字及一字，幾不成句。三古樸法。東漢以後全無矣。

〔一〕「儲」，傅山全書初版本誤作「諸」，據手稿改。

卷七十七　呂氏春秋批注〔二〕

讀呂氏春秋　方遜志

「書出於諸人之所傳聞，事多舛謬，如以桑穀共生爲成湯。」墨筆旁批：「六卷制樂篇。」「以魯莊與顔闔論馬。」墨筆旁批：「十九卷適威篇。」「與齊桓伐魯，魯請比關内侯，皆非其事。」墨筆旁批：「十九卷貴信篇。」又墨筆眉批：「魯請比關内事，見管子大匡篇。」

序　鄭元祐

「江南内附初。」硃筆眉批：「可惡！」

呂氏春秋序　高誘

「故復依先師舊訓，輒乃爲之解焉。」墨筆眉批：「先師不知指誰？」

〔二〕　此篇據批點手稿整理。手稿僅存目錄與前五卷，目錄藏太原市晉祠博物館，前五卷藏山西博物院。前五卷原由吳連城、吳崇謙先生釋文。因傅山全書初版本遺漏太多，故此次增補時由李鳳琴重新整理，差異部分不再出校注。批文有墨筆草書、墨筆小楷、硃筆小楷三種。尹協理案：墨筆草書與小楷均爲青主墨蹟無疑。而硃筆小楷批語則非青主手筆，疑爲傅眉或傅仁所爲。且眉或仁批在前，青主批在後。

呂氏春秋總目

「五曰去私。」墨筆旁批：「祁黄羊卽奚之字。」

「三曰尊師。」硃筆旁批：「極有可笑處。」又硃筆眉批：「呂不覽尊師一篇，竟可與王褒僮約通行。世之老教讀定當供養不韋牌位，日日磕頭，稱爲呂老祖師爺爺。」

「五曰明理。」墨筆旁批：「背僪暈珥之類。」

「三曰簡選。」墨筆旁批：「湯武禽紂、禽桀。」

「五曰精通。」墨筆眉批：「申喜。」

「五曰長見。」墨筆眉批：「莧譆。」

「四曰誠廉。」墨筆旁批：「四内。共頭。」又墨筆眉批：「四内盟膠鬲，共頭盟微子。誠廉篇。」

「五曰不侵。」墨筆眉批：「公孫弘。」

「六曰序意。」硃筆旁批：「短篇。」

「三曰去尤。」墨筆眉批：「商咄。」

「三曰首時，一作眉時。」硃筆眉批：「『眉時』文義不必通，自是『首』之訛矣。若升菴，則定爲『眉』矣。然必竟作『首時』者是。」

「八曰必己。」墨筆眉批：「張毅修襮，與莊子『高門縣薄』事不同。」

「三曰下賢。」墨筆眉批：「鄭子産倚其相于門。」

「六曰不廣。」墨筆眉批：「甯越。」

「一曰先識。」硃筆旁批：「鼎。」墨筆旁批：「周鼎著饕餮。近姑與息。先識篇。」墨筆眉批：「太史終古。屠黍。白圭。」

「七曰去宥。」墨筆眉批：「唐姑果。」

「六曰慎勢。」墨筆眉批：「鳩。」墨筆旁批：「水用舟，沙用鳩，見此篇。鳩字不解，淮南引之亦無注。」

「七曰不二。」硃筆旁批：「此篇最短。」

「一曰審應。」墨筆眉批：「公子沓。」

「三曰精諭。」墨筆眉批：「勝書勿言。」

「四曰離謂。」硃筆旁批：「鼎。」墨筆旁批：「周鼎著倕。萇弘。比干、萇弘以此死。」

「五曰淫辭。」墨筆旁批：「惠子。」墨筆眉批：「澄子。」

「六曰不屈。」硃筆旁批：「一篇全記惠施之禍。」

「七曰應言。」硃筆旁批：「鼎。」墨筆旁批：「惠子。」墨筆眉批：「令負牛書與秦，猶乃善牛也。應言。」

「一曰離俗。」硃筆旁批：「平阿餘子亡戟得矛。」墨筆眉批：「賓卑聚。」

「三曰上德。」墨筆旁批：「孟勝鉅子、徐弱、田襄子皆墨學。」墨筆眉批：「被瞻，鄭人。」

「五曰適威。」硃筆旁批：「鼎。」墨筆旁批：「周鼎有竊，曲狀甚長。」

「一曰恃君。」墨筆眉批：「豫讓。柱厲叔。」

「二曰長利。」墨筆眉批：「伯成子高。戎夷。辛寬。」

「三曰知分。」墨筆眉批：「夏后啓。四上。此夏后啓非禹子啓，而逕同之，何也？」
「五曰達鬱。」硃筆旁批：「鼎。」墨筆旁批：「周鼎著鼠，令馬履之。」
「七曰驕恣。」墨筆眉批：「春居。」
「八曰觀表。」墨筆旁批：「相馬，寒風等，凡十人。」墨筆眉批：「寒風。」
「一曰開春。」墨筆眉批：「段喬。」
「四曰壹行。」墨筆眉批：「賁，當言筮，此云卜。」
「二曰貞諫。」墨筆眉批：「葆申。」
「四曰當賞。」墨筆旁批：「晉文公返國。菌改。」墨筆眉批：「陶狐。菌改。」
「五曰博志。」墨筆眉批：「甯越。尹儒。」
「一曰似順。」墨筆眉批：「寧國。尹鐸。」
「二曰別類。」墨筆眉批：「公孫綽。高陽應。」
「四曰分職。」墨筆眉批：「處虛。」
「一曰士容。」墨筆眉批：「唐尚。」
「二曰務大。」墨筆眉批：「被瞻。」

孟春紀第一

孟春紀

「乃擇元辰，天子親載耒耜，措之參于保介之御間，率三公、九卿、諸侯、大夫，躬耕帝籍田。」硃筆眉批：「耕藉田。」

本生

「二曰，始生之者，天地；養成之者，人也。」硃筆眉批：「選。」

「今世之人，惑者多以性養物，則不知輕重也。」硃筆眉批：「名言。」又墨筆眉批：「以養生明養天下，吾固天之所生而弗可攖之也。」

「萬人操弓，共射其一招，招無不中。」注：「招，埻的也。」墨筆眉批：「埻，音準，猶隄也，亦之閏切。」又硃筆眉批：「妙喻。」

「貴富而不知道，適足以爲患，不如貧賤。」硃筆眉批：「透。」

「故古之人有不肯貴富者矣，由重生故也。」墨筆眉批：「重生故也，亦可了着三語更透。」

重己

「倕，至巧也。」墨筆眉批：「倕。倕，切音垂，又瑞。」又硃筆眉批：「譬妙！妙喻！選。」

「不達乎性命之情，慎之何益？是師者之愛子也，不免乎枕之以糠；是聾者之養嬰兒也，方雷而窺之于堂，有殊不知慎者。」硃筆眉批：「妙喻。」

「使烏獲疾引牛尾，尾絕力勯而牛不可行，逆也。」墨筆眉批：「烏獲。勯。」又硃筆眉批：「妙喻。」

「使五尺豎子引其棬。」墨筆眉批：「棬。」

「凡生之長也，順之也」，至「此陰陽不適之患也」。墨筆眉批：「此段文法妙。」

「衣不燀熱，燀熱則理寒，理寒則氣不達。」墨筆眉批：「燀熱則理寒，此句甚左。理。」

「味衆珍則胃充，胃充則中大鞔。」硃筆眉批：「鞔。」

「其爲飲食酏醴也，足以適味充虚而已矣。」墨筆眉批：「酏音夷。」

貴公

「陰陽之和，不長一類。甘露時雨，不私一物。」硃筆眉批：「名言。」

「周公曰：『利而勿利也。』」硃筆眉批：「周公語精約。」

「荆人有遺弓者」至「老聃聞之」云云。墨筆眉批：「荆人遺弓。老聃。」

「管仲有病，桓公往問之，曰：『仲父之病矣，漬甚，國人弗諱，寡人將誰屬國？』」墨筆眉批：「管仲請隰朋代己。」又墨筆眉批：「桓公問相于管仲。」

「公曰：『鮑叔牙可乎？』」硃筆眉批：「鮑叔牙。」

「則隰朋其可乎。」硃筆眉批：「隰朋。」

「其於國也，有不聞也；其於物也，有不知也；其於人也，有不見也。」墨筆眉批：「不聞、不知、不見。」

「處大官者，不欲小察，不欲小智。」硃筆眉批：「名言。」

「日醉而飾服，私利而立公，貪戾而求生，舜不能爲。」硃筆眉批：「小人用事往往自私，而責人以公，可笑。」

去私

「黄帝言曰：『聲禁重，色禁重，衣禁重，香禁重，味禁重，室禁重。』」墨筆眉批：「六禁重。」

「堯有子十人，不與其子而授舜。」墨筆眉批：「堯十子。」

「舜有子九人，不與其子而授禹。」墨筆眉批：「舜九子。」

「晉平公問於祁黄羊曰：『南陽無令，其誰可而爲之？』祁黄羊對曰：『解狐可。』」「平公又問祁黄羊曰：『國無尉，其誰可而爲之？』對曰：『午可。』」墨筆眉批：「晉平公。祁黄羊。祁奚之字。解狐。祁午。」

「墨者有鉅子腹䵍，居秦，其子殺人，秦惠王曰」云云。墨筆眉批：「鉅腹䵍。秦惠王。」又硃筆眉批：「腹䵍不私其子。䵍音吞。」

「庖人調和而弗敢食，故可以爲庖。若使庖人調和而食之，則不可以爲庖矣。」硃筆眉批：「此喻妙。今之庖人皆調和而食之。」

「若使王伯之君誅暴而私之，則亦不可以爲王伯矣。」硃筆眉批：「結妙！」

卷尾硃筆批：「以上删定訖。」〔一〕

〔一〕 硃批者删去了部分注釋文字，故有此語。以下同。

仲春紀第二

仲春紀

「是月也，祀不用犧牲，用圭璧，更皮幣。」硃筆眉批：「仲春祀不用犧牲。」

「煖氣早來，蟲螟爲害。」硃筆眉批：「煖本暖。」

貴生

「堯以天下讓於子州友父。」墨筆眉批：「子州友父。」又硃筆眉批：「子州友父未暇治天下。」

「我適有幽憂之病，方將治之，未暇在天下也。」硃筆眉批：「有病未暇治天下，非虚語。」

「王子搜患之，逃乎丹穴。」硃筆眉批：「王子搜逃王于丹穴。」

「王子搜援綏登車，仰天而呼。」墨筆眉批：「王子搜。」

「魯君聞顔闔得道之人也。」墨筆眉批：「顔闔。」又硃筆眉批：「顔闔鑿壞而遁。」

「顔闔守閭，鹿布之衣。」硃筆眉批：「鹿是麄俗字。」

「今世俗之君子，危身棄生以徇物。」硃筆眉批：「猶孟子云『今之君子』，可笑。」

「今有人於此，以隋侯之珠彈千仞之雀。」硃筆眉批：「妙喻。」

「故所謂尊生者，全生之謂。」墨筆眉批：「尊生。」

情欲

「身以困窮，雖後悔之。尚將奚及？」墨筆眉批：「韻語。」

「世人之事君者，皆以孫叔敖之遇荆莊王爲幸。」墨筆眉批：「荆莊王。孫叔敖。」

「荆莊王好周遊田獵，馳騁弋射，歡樂無遺，盡傳其境内之勞與諸侯之憂於孫叔敖。」墨筆眉批：「楚莊付憂勞于孫叔敖。」

「故使莊王功迹著乎竹帛，傳乎後世。」硃筆眉批：「結老。」

當染

「墨子見染素絲者而歎。」墨筆眉批：「墨子。」又墨筆眉批：「墨子見素絲而歎。」

「故染不可不慎也。非獨染絲紗也，國亦有染。舜染於許由、伯陽，禹染於臯陶、伯益，湯染於伊尹、仲虺，武王染於太公望，周公旦。此四王者所染當，故王天下。」墨筆眉批：「舜。許由。伯陽。禹。臯陶。伯益。湯。伊尹。仲虺。武王。太公。周公。」「舜染於許由、伯陽。」注：「伯陽，蓋老子也。」墨筆眉批：「非也。」

「夏桀染於羊辛、岐踵戎，殷紂染於崇侯、惡來，周厲王染於虢公長父、榮夷終，幽王染於虢公鼓、祭公敦。此四王者所染不當，故國殘身死，爲天下僇。」墨筆眉批：「桀。羊辛。岐踵戎。紂。崇侯。惡來。周厲王。虢公長父。榮夷終。幽王。虢公鼓。祭公敦。」

「齊桓公染於管仲、鮑叔，晉文公染於咎犯、郄偃，荆莊王染於孫叔敖、沈尹華，吳王闔廬染於伍員、父之儀，越王句踐染於范蠡、大夫種。此五君者所染當，故霸諸侯，功名傳於後世。」墨筆眉批：「齊桓公。管仲。鮑叔。晉文。咎犯。郄偃。荆莊。孫叔敖。沈尹華。伍員。父之儀。句踐。范蠡。大夫種。」

「范吉射染於張柳朔、王生，中行寅染於黄藉秦、高彊，吴王夫差染於王孫雄、太宰嚭，智伯瑶染於智國、張武，中尚染於魏義、椻長，宋康王染於唐鞅、田不禋。此六君者所染不當，故國皆殘亡，身或死辱，宗廟不血食。」墨筆於「中尚」二字中加「山」字。墨筆眉批：「范吉射。張柳朔。王生。中行寅。黄藉秦。高彊。夫差。王孫雄。太宰嚭。知瑶。知國。張武。中山尚。魏義。椻長。不音。宋康王。唐鞅。田不禋。」「宋康王染於唐鞅。」墨筆旁批：「十八卷淫辭，唐鞅爲宋王殺之。」

「孔子學於老聃、孟蘇、夔靖叔。魯惠公使宰讓請郊廟之禮於天子，桓王使史角往，惠公止之。其後在于魯，墨子學焉。」墨筆眉批：「老聃。孟蘇。夔靖叔。魯惠公。宰讓。桓王。史角。墨子。墨子學于史角。」「其後在於魯，墨子學焉。」墨筆旁批：「此句文法不快醒。」

「子貢、子夏、曾子學於孔子，田子方學於子貢，段干木學於子夏，吴起學於曾子，禽滑釐學於墨子，許犯學於禽滑釐，田繫學於許犯。」墨筆眉批：「子貢。子夏。曾子。田子方。段干木。吴起。禽滑釐。田繫。許犯。田子方師子貢，吴起師曾子。」「禽滑釐學於墨子。」墨筆根批：「釐字轉而爲釐，豈止魚魯豕亥！」

功名

「以貍致鼠，以冰致蠅，雖工，不能。」墨筆眉批：「貍。」

「是故民無常處，見利之聚，無之去。」墨筆眉批：「見利之聚，無之去。」

「名固不可以相分，必由其理。」墨筆眉批：「結冲夷。」

卷尾硃筆批：「以上删定訖。」

季春紀第三

季春

「田鼠化爲鴽。」硃筆眉批：「鴽，鶉也。」

「生者畢出，萌者盡達，不可以内。」硃筆眉批：「内字解異。」

「命有司發倉窌，賜貧窮，振乏絕。」硃筆眉批：「窌音泡，若地名則音溜。」

「田獵罼弋，罝罘羅網，餧獸之藥，無出國門。」硃筆改「國」爲「九」。

「具挾曲蒙筐。」注：「曲，薄也，青、徐謂之曲。底曰蒙。」硃筆眉批：「蒙字異。」在「底」前硃筆補「圓」字。

「金鐵、皮革筋、角齒、羽箭幹、脂膠丹漆，無青不良。」硃筆改「青」爲「或」。

盡數

「流水不腐，戶樞不螻，動也。」墨筆眉批：「流水不腐，戶樞不螻，動也。」

「處耳則爲挶、爲聾。」硃筆眉批：「挶音局。」注：「皆耳疾也。」墨筆眉批：「未見耳疾之解。」

「處目則爲䁾、爲盲。」墨筆眉批：「䁾音蔑，目盲。」

「處鼻則爲鼽、爲窒。」墨筆眉批：「鼽音仇，寒鼻塞堵，令人多嚏。」
「辛水所，多疽與痤人。」硃筆眉批：「痤音矬。」
「凡食之道，無饑無飽，是之謂五藏之葆。」墨筆眉批：「五藏之葆。」
「飲必小咽。」墨筆眉批：「小咽。」
「譬之若射者，射而不中，反修於招，何益於中？」硃筆眉批：「妙喻。」

先己

「湯問於伊尹曰」云云。墨筆眉批：「湯。伊尹。」
「凡事之本，必先治身，嗇其大寶。」墨筆眉批：「治身，嗇其大寶。」
「無爲之道曰勝天。」硃筆眉批：「『勝天』字可疑。」
「督聽則姦塞不皇。」硃筆眉批：「『不皇』字亦可疑。」墨筆眉批：「有何可疑？」
「是故百仞之松，本傷於下，而末槁於上。」墨筆眉批：「百仞之松。」
「夏后相與有扈戰於甘澤而不勝。」墨筆眉批：「有扈。夏后相。」又硃筆眉批：「有扈事與書異。」
「子貢曰：『何其躁也？』」墨筆眉批：「子貢。」
「聖人組脩其身，而成文於天下矣。」硃筆眉批：「名言。」
「子華子曰」云云，至「松柏成而塗之人已蔭矣」。墨筆眉批：「子華子。松柏蔭途人。」
「孔子見魯哀公」云云。墨筆眉批：「魯哀公。」

論人

「意氣宣通，無所束縛，不可收。」硃筆於「收」後補「也」字。

「言無遺者，集肌膚，不可革也。」墨筆眉批：「『集肌膚』字可疑。」

「凡論人，通則觀其所禮」至「賤則觀其所不爲」。墨筆眉批：「八觀。」

「喜之以驗其字」至「苦之以驗其志」。墨筆眉批：「六驗。」

「論人怒，又必以六戚四隱。」墨筆眉批：「六戚四隱。」又硃筆改「怒」爲「者」。

圜道

「主執圜，臣處方，方圜不易，其國乃昌。」墨筆眉批：「主執圜，臣處方。」

「黄帝曰：『帝無常處也，有處者乃無處也。』以言不刑蹇，圜道也。」注：「言無刑法，故蹇難也。」墨筆旁批：「不成話。」又墨筆眉批：「『不刑蹇』三字，謂無一定之法，使偃蹇難行者，所以爲圜道也。注言『無刑法，故蹇難也』義倍。」又硃筆眉批：「帝無常處。」

「瀸於民心，遂於四方。」墨筆眉批：「瀸。」

「猶若立官必使之方。」墨筆眉批：「官方。」

「宮、徵、商、羽、角，各處其處，音皆調均，不可以相違。」墨筆眉批：「五音各守其聲，集以成和。」又硃筆眉批：「妙喻。」

卷尾硃筆批：「以上删定訖。」

孟夏紀第四

四月紀

「孟夏之月，日在畢」至「其性禮」云云。墨筆眉批：「性禮。」

「命太尉贊傑儁，遂賢良，舉長大。」注：「有孝於父母，聰慧質直仁秀出於衆者。」墨筆眉批：「仁秀。」

「是月也，聚蓄百藥。靡草死。」注：「靡草，薺，亭歷之類。」墨筆眉批：「靡草。薺。亭歷。」

勸學

「先王之教，莫榮於孝，莫顯於忠。忠孝，人君人親之所甚欲也。」硃筆眉批：「起妙！名言。」又墨筆眉批：「勸學從忠孝說起，最是。」

「聖人生於疾學。不疾學而能爲魁士名人者，未之嘗有也。」墨筆眉批：「聖人疾學。魁士名人。」

「夫弗能兑而反說，是拯溺而硾之以石也。」墨筆眉批：「硾。賔歆。」

「曾點使曾參，過期而不至。」墨筆眉批：「曾點。曾子過期。曾皙不疑。」

「人皆見曾點曰：無乃畏耶？」注：「畏猶死也。」墨筆眉批：「畏猶死也。」

「故師盡智竭道以教。」硃筆眉批：「結健。」

「神農師悉諸，黄帝師大撓，帝顓頊師伯夷父，帝嚳師伯招，帝堯師子州父，帝舜師許由，禹師大成贄，湯師小臣，文王、武王師呂望、周公旦，齊桓公師管夷吾，晉文公師咎犯、隨會，秦穆公師百里奚、公孫枝，楚莊王師孫叔敖、沈申巫，吴王闔閭師伍子胥、文之儀，越王句踐師范蠡、大夫種。」墨筆眉批：「神農。悉諸。黄帝。大撓。顓頊。伯夷父。嚳。伯招。堯。子州父。舜。許由。禹。大成贄。湯。小臣。文。武。望。旦。齊桓。管仲。晉文。咎犯。隨會。秦穆。百里。公孫枝。楚莊。孫叔敖。沈申巫。闔閭。子胥。文之儀。句踐。范蠡。種。」

「故凡學，非能益也，達天性也。」墨筆眉批：「學達天性。」

「能全天之所生而敗之，是謂善學。」硃筆眉批：「講學者何以易此？」

「子張，魯之鄙家也；顔涿聚，梁父之大盗也；學於孔子。段干木，晉國之大駔也，學於子夏。高何、縣子石，齊國之暴者也，指於鄉曲，學於子墨子。索盧參，東方之鉅狡，學於禽滑黎。」墨筆眉批：「子張，魯之鄙家也。」又墨筆眉批：「子張。高何。縣子石。顔涿聚。段干木。墨子。子夏。高何。縣子石。墨子。索盧參。禽滑黎。」又硃筆眉批：「又變文法。」在「高何、縣子石」旁墨筆批：「不知是如何分姓名。」

「死則敬祭。」墨筆旁批：「師到不要死後敬祭，只生前束脩多些兒罷！」

「治唐圃，疾灌寖，務種樹。」墨筆眉批：「唐圃。」

「生則謹養」至「必嚴肅，此所以尊師也」。硃筆眉批：「教學先生刻出者三條，與東家看一看。學生與師傅家做了，覓漢各色匠役、裁縫、厨子才使得。」

「知之盛者莫大於成身，成身莫大於學。」硃筆眉批：「名言。」

「子貢問孔子」云云。墨筆眉批：「子貢。」

誣徒

「不能學者，從師苦而欲學之功也。」注：「苦讀如『監會』之『監』。苦，不精至也。」墨筆眉批：「苦讀如『監會』之『監』是何謂？不精至之苦，當如楛。」

「草木、雞狗、牛馬，不可譙詬遇之。」墨筆眉批：「譙。」

「好之則不深，就業則不疾。」硃筆眉批：「文可多疑。」又墨筆眉批：「無可疑。」

用衆

「善學者，若齊王之食雞也，必食其跖數千而後足。」墨筆眉批：「跖。」又硃筆眉批：「妙喻。」

「雖桀、紂，猶有可畏可取者。」注：「桀作瓦，紂作胡粉。」墨筆眉批：「桀作瓦，紂作胡粉。」

「天下無粹白之狐，而有粹白之裘，取之衆白也。」硃筆眉批：「妙喻。」

「凡君之所以立，出乎衆也。」硃筆眉批：「妙。」

「故以衆勇無畏乎孟賁矣，以衆力無畏乎烏獲矣，以衆視無畏乎離婁矣。」墨筆眉批：「孟賁。烏獲。離婁。」

「田駢謂齊王」云云。墨筆眉批：「田駢。」

卷末硃筆批：「以上删定訖。」

仲夏紀第五

「鶪始鳴，反舌無聲。」注：「伯勞夏至後應陰而殺蛇，磔之於棘而鳴於上。傳曰：伯趙氏，司至者也。」墨筆眉批：「伯趙，磔蛇。」

「天子以雛嘗黍。」注：「雛，春鷚也。」硃筆眉批：「鷚。」

「羞以含桃，先薦寢廟。」注：「含桃，鸎桃。鸎鳥所含食，故言含桃。」硃筆眉批：「鸎桃名隹。」

「百螣時起，其國乃饑。」墨筆眉批：「螣。」

大樂

「大樂，君臣、父子、長少之所懽欣而說也。懽欣生於平，平生於道。」墨筆眉批：「『人之生也，以其懽。』管子。懽欣生於平。」

侈樂

「知其所以知之謂知道，不知其所以知之謂棄寶。」硃筆眉批：「名言。」又墨筆眉批：「終身由之而不知其道者，衆也。」

「生也者，其身固靜，或而後知，或使之也。」硃筆眉批：「有脱誤。」又墨筆眉批：「或而後知，或使之也。亦不見脱誤。」

「太小則志嫌，以嫌聽小則耳不充，不充則不詹，不詹則窕。」硃筆眉批：「入微。」

適音

「四曰，耳之情欲聲。」硃筆眉批：「選。」

古樂

「昔古朱襄氏之治天下也。」硃筆眉批：「朱襄氏。」

「故士達作爲五弦瑟」。墨筆眉批：「士達。」又硃筆眉批：「士達作瑟。」

「昔葛天氏之樂。」墨筆眉批：「葛天氏。」

「昔陶唐氏之始。」注：「陶唐氏，堯之號。」墨筆眉批：「陶唐氏，本陰康氏。」

「昔黄帝令伶倫作爲律。」墨筆眉批：「黄帝。伶倫。」

「黄帝又命伶倫與榮將鑄十二鐘。」墨筆眉批：「黄帝。伶倫。榮將。」

「帝顓頊好其音，乃令飛龍作效八風之音，命之曰承雲，以祭上帝，乃令鱓先爲樂倡。」硃筆眉批：「令龍。令鱓。」又墨筆眉批：「顓頊。飛龍。鱓先。鱓卽鼉字，似謂以鼉皮爲鼓。」

卷七十八　說苑批注〔一〕

善說第十一

「孫卿曰：夫談說之術，齊莊以立之。」墨筆眉批：「孫卿。」

「鬼谷子曰：人之不善而能矯之者，難矣。」墨筆眉批：「鬼谷子。」

「子貢曰：出言陳辭，身之得失，國之安危也。」墨筆眉批：「子貢。」

「主父偃曰：人而無辭，安所用之！」墨筆眉批：「主父偃。」

「趙使人謂魏王曰：爲我殺范痤。」墨筆眉批：「范痤。」

「魏王曰：諾。使吏捕之，圍而未殺，痤自上屋騎危。」墨筆眉批：「着急上屋騎危。」

「吳人入荆，聚陳懷公。」墨筆眉批：「陳懷公。」

「逢滑當公而進曰」。墨筆眉批：「逢滑。」

「桓公立仲父。」墨筆眉批：「管仲。」

「管仲故築三歸之臺，以自傷於民。」硃筆眉批：「三歸。」

「齊宣王出獵於社山」條。「閭丘先生對曰」。墨筆眉批：「閭丘先生。」

「如此，臣少可以得富焉。」硃筆改「富」爲「壽」。

〔一〕此篇據北京師範大學圖書館藏批點手稿整理。批本只有後半部，由趙擎寰先生釋文，程仁桃重校。

「如是，臣少可得以富焉。」硃筆鈎「得以」爲「以得」。

「孝武皇帝時」條。「侍中虞丘壽王獨曰」。墨筆眉批：「虞丘壽王。」

「晉獻公之時，東郭民有祖朝者。」墨筆眉批：「祖朝。」

「大王獨不聞古之將曰桓司馬者。」墨筆眉批：「桓司馬。」「御呼車，驂亦呼車。」墨筆眉批：「御呼車，驂亦呼車。」

「下車免劍，涉血屨肝老，固吾事也。」硃筆改「老」爲「者」。

「客謂梁王曰：惠子之言事也善譬。」墨筆眉批：「惠子。」

「應曰：彈之狀如彈。」硃筆眉批：「彈狀如彈。」

「孟嘗君寄客於齊王。」墨筆眉批：「孟嘗君。」

「客曰：不然。臣聞周氏之譽，韓氏之盧，天下疾狗也。」墨筆眉批：「犬譽，當作鵲。犬盧。」其中「譽」、「盧」二字先硃書後加墨書。

「且夫狐者，人之所攻也；鼠者，人之所燻也。」墨筆眉批：「此客三擬之，曰狗，曰狐，曰鼠，亦可謂不善自喻矣。」

「陳子說梁王。」墨筆眉批：「陳子。」

「昔傳說衣褐帶劍而築於秕傅之城。」墨筆眉批：「秕傅之城。」其中「秕傅」二字先硃書後加墨書。

「孔子之睦不行。」墨筆旁批：「聖。」硃筆眉批：「睦。」

「林旣衣韋衣而朝齊景公。」墨筆眉批：「林旣。」

「齊短衣而遂偞之冠。」墨筆眉批：「遂偞之冠。」此四字先硃書後加墨書。

「魏文侯與大夫飲酒，使公乘不仁爲觴政。」墨筆眉批：「魏文侯。公乘不仁。」

「蘧伯玉使至楚，逢公子晳濮水之上。」墨筆眉批：「蘧伯玉。公子晳。」

「吾聞上士可以託色。」硃筆眉批：「可以託色卽可託以色。」〔一〕

「楚王曰：何國最多士？楚王大說。蘧伯玉曰：楚最多士而楚不能用。」「楚王大說」四字旁硃筆批：「四字衍。」

「王造然曰：是何言也？」硃筆眉批：「造然。」

「伍子胥生於楚，逃之吳。」墨筆眉批：「伍子胥。」

「釁蚠黄生於楚，走之晉。」墨筆眉批：「釁蚠黄。釁苗聲可轉諧。」

「楚王發使一駟，副使二乘，追公子晳濮水之上。子晳還重於楚，蘧伯玉之力也。」硃筆眉批：「庾子山詩『能言本姓蘧』，用此。」

「叔向之弟羊舌虎善樂達。樂達有罪於晉，晉誅羊舌虎，叔向爲之奴。旣而祁奚曰：吾聞小人得位，不爭不義；君子所憂，不救不祥。乃往見范桓子而說之。」墨筆眉批：「叔向。羊舌虎。祁奚。范桓子。」

「張祿掌門，見孟嘗君。」墨筆眉批：「張祿。孟嘗君。兩張祿都往秦，一則報魏齊，而此則爲田文。」

「後先生復見孟嘗君。」「先生」旁硃筆批：「張祿。」

「張祿曰：君將褔君之偶錢，發君之庾粟以補士。」硃筆眉批：「褔君之偶錢。」

〔一〕此條三「託」字，傅山全書初版本均誤作「托」，據手稿改。

「願君爲吾爲丈尺之書，寄我與秦王。」硃筆眉批：「丈尺之書。」
「自祿之來。」硃筆眉批：「又一張祿耶？」
「莊周貧者，往貸粟於魏文侯。」墨筆眉批：「莊周。」
「乃今者周之來，見道傍牛蹄中有鮒魚焉。」「蹄」與「中」之間硃筆旁批：「涔。」
「晉平公問叔向曰」。墨筆眉批：「晉平公。叔向。」
「欲有諫者，爲隱左右言及國吏罪。」「爲」字旁硃筆批：「爲字訛。」
「趙簡子攻陶」條。「承盆疽謂陶君曰」。墨筆眉批：「承盆疽。」
「子貢見太宰嚭」。墨筆眉批：「子貢。太宰嚭。」
「天下有大樽而子獨不酌焉。」硃筆眉批：「望嚭酌先耶？亦不必。」
「趙簡子問子貢曰」。墨筆眉批：「趙簡子。」
「齊景公謂子貢曰」。墨筆眉批：「齊景公。」
「趙襄子謂仲尼曰」。墨筆眉批：「趙襄子。」
「君問先生無乃猶以挺撞乎？」硃筆眉批：「挺。辛酉，業師朱應試『達天德者』題，結語有『以筳撞鐘』一句，太青先生大乂之曰：『以筳撞鍾者誰？』當時似當用此挺字也。」
「衛將軍文子問子貢曰：季文子三窮而三通，何也？」墨筆眉批：「衛將軍。季文子。」
「子路問於孔子曰：管仲何如人也？子曰：大人也。」墨筆眉批：「管仲。管仲，大人也。」
「晉平公問於師曠曰：咎犯與趙襄孰賢？」硃筆改「襄」爲「衰」。墨筆眉批：「晉平公。師曠。趙衰。」
「趙簡子問於成摶曰：吾聞夫羊殖者，賢大夫也。」墨筆眉批：「趙簡子。成摶。羊殖。」

奉使第十二

「春秋之辭」條。「公子子結擅生事，春秋不非，以爲救莊公危也。公子遂擅生事，春秋譏之，以爲僖公無危事也。」墨筆眉批：「公子結。公子遂。」

「趙王遣使者」條。「使者曰：王之鼓瑟未嘗悲若此也。王曰：宮商固方調矣。使者曰：調則何不書其柱耶？」硃筆眉批：「悲而曰『宮商方調』，何也？柱卽瑟上之鴈柱。書柱似以墨記其柱之所在，卽膠柱之意。」

「乃求壯士，得霍人解揚字子虎。」墨筆眉批：「解揚。」

「齊攻魯，子貢見哀公。」墨筆眉批：「子貢。」

「於是以楊幹麻筋之弓六往。」墨筆眉批：「楊幹麻筋之弓。」

「魏文侯封太子擊於中山，三年，使不往來。舍人趙倉唐進稱曰：爲人子三年不聞父問，不可謂孝；爲人父三年不問子，不可謂慈。君何不遣人使大國乎？」墨筆眉批：「太子擊。趙倉唐。」

「大國」旁硃筆批：「此云大國，何也？」

「賜之斥帶，則不更其造。」硃筆眉批：「斥帶。」

「欲召擊，無誰與謀，故勑子以雞鳴時至。」硃筆眉批：「『無誰與謀』四字也要想。」

「乃出少子摯封中山。」墨筆眉批：「少子摯。」

「故曰：欲知其子視其友，欲知其君視其所使。趙倉唐一使而文侯爲慈父，而擊爲孝子。」墨筆眉批：「如此節目亦不小，事亦可喜，而史記逕不載。若奴人，又要說太史公不曾見其事，不則又與程嬰、杵臼□事謂之原無。」

「楚莊王欲伐晉，使豚尹觀焉。」墨筆眉批：「豚尹。」

「賢臣在焉，曰沈駒。」墨筆眉批：「沈駒。」

「梁王贅其羣臣」條。「任座進諫曰。」墨筆眉批：「任座。」

「柳下惠少好學。」墨筆眉批：「柳下惠。」

「陸賈從高祖定天下。」墨筆眉批：「陸賈。」

「越使諸發執一枝梅遺梁王。梁王之臣曰韓子，顧謂左右曰：惡有以一枝梅以遺列國之君者乎？」墨筆眉批：「諸發。一枝梅。韓子。可恨無遺梅之語。」

「晏子使吳。」墨筆眉批：「晏子。」

「景公使晏子使於楚。楚王進橘置削。晏子不剖而幷食之。」墨筆眉批：「晏。橘。」硃筆眉批：「連皮喫橘子，如何行得？」

「晏子將使荆。」墨筆眉批：「晏子。」

「江南有橘，齊王使人取之而樹之於江北，生不爲橘乃爲枳。」墨筆眉批：「橘、枳。」

「晏子使楚。」墨筆眉批：「晏子。」

「楚人爲小門於大門之側」，「使自狗國者，從狗門入」。墨筆眉批：「小門。狗門。」

「秦楚轂兵，秦王使人使楚」條。墨筆眉批：「此似蹶由語改。」

「楚使使聘於齊。齊王饗之梧宮。使者曰：大哉梧乎！王曰：江海之魚吞舟，大國之樹必巨，使何怪焉。」硃筆旁批：「少不檢點，口略疎大了些，即招其尤。」又墨筆眉批：「梧宮之詬。」

「使者曰：昔燕攻齊，遵雒路，渡濟橋，焚雍門，擊齊左而虛其右。」硃筆旁批：「平空惹事，眞沒來油。」

「王歜絕頸而死於杜山，公孫差格死於龍門，飲馬乎淄澠，定獲乎琅邪。」墨筆眉批：「王歜。公孫差。」

「王與太后奔于莒，逃於城陽之山。」硃筆旁批：「是閔王事。」

「陳子曰：臣不如刁勃。」墨筆眉批：「陳子。刁勃。國策貂勃爲安平君者卽此人。」

「昔者荊平王爲無道，加諸申氏，殺子胥父與其兄。」硃筆旁批：「好對，更酷毒矣。當奈何？」

「子胥親射宮門，掘平王冢，笞其墳。」墨筆眉批：「『笞其墳』何說？」又「墳」字旁墨筆批：「尸。」

此條上又硃筆眉批：「若齊王能言，但曰：小國地不及三五百里，又濱海滥鹵，不能如楚郢大都有楩枏豫章之觀。偶有嶧陽之枝，愛而培之，聊以爲游觀，不謂遂成小林，薄引稷下諸生，來茈厕蔭，時時誨說。先王保此海岱一隅，如一枝之棲，自大國視之，何異乎灌薄，而乃見大于使者乎！」

「蔡使師強、王堅使於楚。」墨筆眉批：「師強。王堅。」

「趙簡子將襲衞，使史黯往視之。」墨筆眉批：「史黯。」

「易曰：渙其羣，元吉。渙者，賢也。」墨筆眉批：「渙者，賢也。」

「魏文侯使舍人毋擇獻鵠於齊侯。」墨筆眉批：「舍人毋擇。鵠。」

權謀第十三

「楊子曰：事之可以之貧、可以之富者，其傷行者也。」墨筆眉批：「楊子。」

「僕子曰：楊子智而不知命，故其知多疑。語曰：知命者不惑，晏嬰是也。」墨筆眉批：「僕子。晏嬰。」

「趙簡子曰：晉有澤鳴，犢犨，魯有孔丘。」墨筆眉批：「澤鳴。犢犨。」

「齊桓公與管仲謀伐莒」條。「少焉東郭垂至。」墨筆眉批：「東郭垂。」

「愀然清靜者，縗經之色。」硃筆改「經」爲「絰」。

「君吁而不吟，所言者莒也。」墨筆眉批：「吁而不吟。」

「晉太史屠餘見晉國之亂。」墨筆眉批：「屠餘，呂覽作屠黍。」

「周威公見而問焉。」墨筆眉批：「威公。周威公。」

「威公懼，求國之長者，得錡疇、田邑而禮之，又得史理、趙巽以爲諫臣。」墨筆眉批：「錡疇。田邑。史理。」又硃筆眉批：「管仲殺史理附。」又墨筆眉批：「趙巽。」

「齊侯問於晏子曰」。墨筆眉批：「晏子。」

「絺疵謂智伯曰」。墨筆眉批：「絺疵。」

「魯公索氏將祭而亡其牲。」墨筆眉批：「公索氏。」

「蔡侯、宋公、鄭伯朝於晉。蔡侯謂叔向曰」。墨筆眉批：「蔡侯。宋公。鄭伯。叔向。」

「白圭之中山。」墨筆眉批：「白圭。」

「所學者國有五盡，故莫之必忠，則言盡矣；莫之必譽，則名盡矣；莫之必愛，則親盡矣；行者無糧，居者無食，則財盡矣；不能用人，又不能自用，則功盡矣。國有此五者，毋幸必亡。」硃筆眉批：「五盡。」

「下蔡威公閉門而哭。」墨筆眉批：「下蔡威公。」

「石乞侍坐於屈建。」墨筆眉批：「石乞。屈建。」

「韓昭侯造作高門，屈宜咎曰」。墨筆眉批：「屈宜咎。」

「田子顏自大術至乎平陵城下，見人子問其父，見人父問其子。田子方曰：其以平陵反乎？」墨筆眉批：「田子顏。田子方。」

「晉人已勝智氏」條。「楚王恐，召梁公弘曰」。墨筆眉批：「梁公弘。」

「石益謂孫伯曰：吳將亡矣。」墨筆眉批：「石益。孫伯。」

「袁氏之婦絡而失其紀。」墨筆眉批：「袁氏之婦。」

「孝宣皇帝之時」條。「茂陵徐先生曰：霍氏必亡。」墨筆眉批：「徐先生。」

「今茂陵徐福數上書。」墨筆眉批：「徐福。」

「中行文子出亡。」墨筆眉批：「中行文子。」

「衞靈公襜被以與婦人游。子貢見公。」墨筆眉批：「衞靈公。子貢。」

「智伯請地」條。「任增曰：何爲不予？」墨筆眉批：「任增。」

「越破吳」條。「左史倚相曰：此恐吾攻己。」墨筆眉批：「左史倚相。」

「陽虎爲難於魯，走之齊，請師攻魯，齊侯許之。鮑文子曰：不可也。」墨筆眉批：「陽虎。鮑文子。」

「夫虎有寵於季氏而將殺季孫以不利魯國而容其求焉。」硃筆旁批：「全同左傳長句。」

「武王伐紂」條。「散宜生諫曰：此其妖歟？」墨筆眉批：「散宜生。」

「武王曰：非也，天落兵也。」硃筆眉批：「落兵。」

「武王曰：非也，天洒兵也。」硃筆眉批：「洒兵。」

「卜而龜熸。」硃筆眉批：「熸。」

「故武王順天地，犯三妖而禽紂於牧野。」墨筆眉批：「三妖。」

「晉文公與荆人戰」條。「君問於咎犯。」墨筆眉批：「咎犯。」

「君問於雍季。」墨筆眉批：「雍季。」

「城濮之戰，文公謂咎犯曰」。墨筆眉批：「咎犯。」

「越饑，勾踐懼。四水進諫曰」。墨筆眉批：「四水。」

「子胥諫曰：不可。」墨筆眉批：「子胥。」

「趙簡子使成何、涉他與衞靈公盟於鄟澤。」墨筆眉批：「成何。涉他。」

「王孫商曰：君欲反趙，不如與百姓同惡之。」墨筆眉批：「王孫商。」

「乃出西門閉東門。」硃筆旁批：「何義？」硃筆眉批：「出西門閉東門。」

「楚成王贊諸屬諸侯」條。「公儀休曰：不可不聽楚王。」墨筆眉批：「公儀休。」

「齊景公以其子妻闔廬，送諸郊，泣曰：余死不汝見矣。」硃筆旁批：「此卽涕出而女之事。」

「高夢子曰」。墨筆眉批：「高夢子。」

「齊欲妻鄭太子忽。」墨筆眉批：「太子忽。」

「孔子問漆雕馬人曰：子事臧文仲、武仲、孺子容，三大夫者孰爲賢？」墨筆眉批：「漆雕馬人。臧文仲。臧武仲。孺子容。」

「太子商臣怨令尹子上也。」墨筆眉批：「商臣。令尹子上。」

「陽處父知商臣之怨子上也。」墨筆眉批：「陽處父。」

「智伯欲襲衛。」墨筆眉批：「智伯。」

「南文子獨不喜。」墨筆眉批：「南文子。」

「智伯欲襲衛，乃佯亡其太子顏使奔衛。」墨筆眉批：「太子顏。」

「叔向之殺萇弘也。」墨筆眉批：「叔向。萇弘。」

「楚公子午使於秦，秦囚之，其弟獻三百金於叔向。」墨筆眉批：「公子午。叔向。」

「趙簡子使人以明白之乘六，先以一璧爲遺於衛。衛叔文子曰」。硃筆眉批：「明白之乘。」墨筆眉批：「趙簡子。衛叔文子。文二鬼下絆。」

「鄭桓公將欲襲鄶。」墨筆眉批：「鄭桓公。」

「鄭桓公東會封於鄭。」硃筆天頭注：「脫葉。」

至公第十四

「書曰：不偏不黨，王道蕩蕩。言至公也。」硃筆眉批：「公。」

「吳王壽夢有四子：長曰謁，次曰餘祭，次曰夷昧，次曰季札。」「謁以位讓季子。」「謁子光曰」。硃筆眉批：「讓。」墨筆眉批：「壽夢。謁之子光。餘祭。夷昧。季札。」

「僚曰：我亦兄也。」墨筆眉批：「僚。」〔一〕

「於是乃使專諸刺僚，殺之，以位讓季子。」墨筆眉批：「專諸。」

「諸侯之義死社稷，太王委國而去，何也？」墨筆眉批：「太王。」硃筆眉批：「此列至公，不似。」

「辛櫟見魯穆公曰：周公不如太公之賢也。」「賢」字旁硃筆批：「智。此『賢』字當作『智』字。不然，則當云營丘不如曲阜矣。」墨筆眉批：「辛櫟。」

「辛櫟趨而出，南宮邊子入。」墨筆眉批：「南官邊子。」

「季孫行父之戒其子也。」墨筆眉批：「季孫行父。」

「秦始皇帝既吞天下」條。「鮑白令之對曰：天下官，則讓賢是也；天下家，則世繼是也。」墨筆眉批：「鮑白令之。官。家。」硃筆眉批：「讓。」

「齊景公嘗賞賜及後宮。」墨筆眉批：「齊景公。」

「謂晏子曰：此何爲死？」墨筆眉批：「晏子。」

「楚共王出獵而遺其弓。」墨筆眉批：「楚共王。弓。」

「萬章問曰」。墨筆眉批：「萬章。」

「秦晉戰交敵」條。「臾駢曰：使者目動而言肆，懼我，將遁矣。」墨筆眉批：「臾駢。」

「子胥將之吳，辭其友申包胥曰」。墨筆眉批：「子胥。申包胥。」

「楚令尹虞丘子復於莊王曰：臣聞奉公行法」云云。墨筆眉批：「虞丘子。」硃筆眉批：

〔一〕此條，傅山全書初版本脫，據手稿補。

「公。」

「臣竊選國俊下里之士，曰孫叔敖，秀羸多能。」墨筆眉批：「孫叔敖秀羸。」

「少焉虞丘子家干法，孫叔敖執而戮之。」硃筆眉批：「孫叔敖戮虞丘子之干法者。」

「虞丘子憙入見於王曰：臣言孫叔敖果可使持國政，奉國法而不黨，施刑戮而不骫，可謂公平。」硃筆眉批：「孫叔敖不骫法于虞丘子之不骫法也。」

「趙宣子言韓獻子於晉侯曰：其爲人不黨，治衆不亂，臨死不恐。晉侯以爲中軍尉。河曲之役，趙宣子之車干行，韓獻子戮其僕。」墨筆眉批：「趙宣子。韓獻子。」硃筆眉批：「公。韓厥戮趙盾之僕。」

「晉文公問於咎犯曰：誰可使爲西河守者？咎犯對曰：虞子羔可也。公曰：非汝之讎也？對曰：君問可爲守者，非問臣之讎也。」墨筆眉批：晉文公。咎犯。虞子羔。」硃筆眉批：「公。虞子羔。舉仇。」

「楚文王伐鄧，使王子革、王子靈共捃菜。」墨筆眉批：「楚文王。王子革。王子靈。」

「楚令尹子文之族有干法者，廷理拘之。聞其令尹之族也而釋之。子文召廷理而責之。」墨筆眉批：「令尹子文。」硃筆眉批：「公。」

「楚莊王有茅門者法。」墨筆眉批：「茅門之法。」

「楚莊王之時」條。「太子車立於茅門之外，少師慶逐之。」墨筆眉批：「少師慶。」

「吳王闔廬爲伍子胥興師復讎於楚。」墨筆眉批：「闔廬。子胥。」

「子羔爲衛政，刖人之足。」墨筆眉批：「子羔。」

「刖者曰：斷足固我罪也，無可奈何君之治臣也。傾側法令，先後臣以法，欲臣之免於法也。」

墨筆眉批：「刖者其賢人。傾側法令。」硃筆眉批：「公。」

指武第十五

「秦昭王中朝而歎曰：夫楚劍利而倡優拙。」墨筆眉批：「劍利倡優拙。」

「王孫厲謂楚文王曰：徐偃王好行仁義之道。」墨筆眉批：「王孫厲。楚文王。徐偃王。」

「吴起爲苑守，行縣，適息，問屈宜臼曰」。墨筆眉批：「吴起。屈宜臼。」

「吾聞之曰：非禍人不能成禍。」墨筆眉批：「非禍人不能成禍。」

「吴起曰：起之爲人謀。」硃筆旁批：「有訛脱。」

「楚子玉，得臣敗於城濮」，「先軫不能戰不教之卒。造父、王良不能以弊車」，「羿、逢蒙不能以枉矢」。墨筆眉批：「子玉。得臣。先軫。造父。王良。羿。逢蒙。」

「内治未得」條。「及周惠王以遭亂世」。墨筆眉批：「周惠王。」

「幸逢齊桓公以得安尊。」墨筆眉批：「齊桓公。」

「田單爲齊上將軍，興師十萬，將以攻翟，往見魯仲連子。」墨筆眉批：「田單。魯仲連。」

「齊嬰兒謠之曰：大冠如箕，長劍柱頤，攻翟不能，下壘於梧丘。」墨筆眉批：「箕，頤、丘叶。」

「晉智伯伐鄭，齊田恆救之。」墨筆眉批：「知伯。田恆。」

「太公兵法曰」。墨筆眉批：「太公。」

「孝昭皇帝時」條。「胡建守北軍尉」。墨筆眉批：「胡建。」

「建跪指監御史曰取彼。」墨筆眉批：「跪指。」
「魯石公劍，迫則能應，感則能動。」墨筆眉批：「魯石公劍。」
「如麗之守戶，如輪之逐馬。」墨筆眉批：「麗之守戶。」
「孔子北遊，東上農山，子路、子貢、顏淵從焉。」墨筆眉批：「子路。子貢。顏淵。」
「孔子曰：勇哉，士乎！憤憤者乎！」墨筆眉批：「憤憤。」
「孔子曰：辯哉，士乎！僊僊者乎！」墨筆眉批：「僊僊。」
「鍛劍戟以爲農器，使天下千歲無戰鬬之患。」墨筆眉批：「千歲無戰鬬之患，豈有此理！」
「孔子曰：美哉，德乎！姚姚者乎！」墨筆眉批：「姚姚。」
「魯哀公問於仲尼曰」。墨筆眉批：「魯哀公。」
「文王曰：吾欲用兵，誰可伐？密須氏疑於我，可先往伐。管叔曰：不可。其君，天下之明君也，伐之不義。」墨筆眉批：「文王。管叔。」又「明君」旁硃筆批：「所謂明者，不知何指？」
「太公望曰：臣聞之，先王伐枉不伐順，伐嶮不伐易，伐過不伐不及。」墨筆眉批：「太公。」
又硃筆旁批：「何說？」
「武王將伐紂」條。「太公對曰：有道。不得衆人之心，以圖不道，則不戰而知勝矣。」前一「不」字用墨筆圈去。墨筆眉批：「太公。」
「乃召周公而問焉。」墨筆眉批：「周公。」
「文王欲伐崇」條。「余聞崇侯虎蔑侮父兄」。墨筆眉批：「崇侯虎。」
「楚莊王伐陳，吳救之，雨十日十夜，晴。左史倚相曰：吳必夜至，甲列壘壞，彼必薄我，何不行列，鼓出待之。吳師至楚，見陳而還。墨筆眉批：「楚莊王。左史倚相。讀書之人乃爾黠于兵事。」

「齊桓公之時」條。「管仲、隰朋以卒徒造於門。」墨筆眉批：「管仲。隰朋。」

「既至，大卒間外，士在内矣。」墨筆眉批：「大足間外，士在内。」

「宋圍曹，不拔。司馬子魚謂君曰：文王伐崇，崇軍其城，三旬不降。退而修教，復伐之，因壘而降。今君德無乃有所闕乎？」墨筆眉批：「司馬子魚。」又墨筆旁批：「又是儒者瞎話。」

「吴王闔廬與荆人戰於柏舉。」墨筆眉批：「闔廬。」

「闔廬之臣五人進諫曰」。墨筆眉批：「五人。」

「召伍子胥而問焉。」墨筆眉批：「子胥。」

「田成子常與宰我爭。」墨筆眉批：「田常。宰我。」

「鴟夷子皮聞之，告田成子。」墨筆眉批：「鴟夷子皮。」

段末墨筆批：「竟以闞止作宰我矣。」

「昔堯誅四凶」條。「子產殺鄧析以威侈，孔子斬少正卯以變衆。」墨筆眉批：「鄧析。少正卯。」

「孔子爲魯司寇，七日而誅少正卯於東觀之下。」墨筆眉批：「少正卯。」

「昔者湯誅蠋沐，太公誅潘阯，管仲誅史附里，子產誅鄧析」。墨筆眉批：「蠋沐。潘阯。史附里。鄧析。」

段末墨筆批：「蠋沐不知何如，潘阯卻是太公過當。」

「齊人王滿生見周公。」墨筆眉批：「王滿生。」

「社稷且危，傳之於膺。」墨筆眉批：「傳之於膺。」

說叢第十六

「時不至，不可强生」條。「才賢任輕則有名，不肖任大，身死名廢。」墨筆眉批：「才賢任輕則有名。輕字須解。」

「必貴以賤爲本」條。「制宅名予足以觀士，利不兼賞不倍。」墨筆改「予」爲「子」。墨筆眉批：「制宅名子足以觀士。」

「爲人上者」條「人知糞田，莫知糞心」。墨筆眉批：「糞心。」

「口者關也」條。「故蒯子羽曰：言猶射也。」墨筆眉批：「蒯子羽。」

雜言第十七

「賢人君子者」條。「是以太公年七十而不自達，孫叔敖三去相而不自悔。」墨筆眉批：「太公。孫叔敖。」

「大夫種存亡越而霸勾踐，賜死於前。李斯積功於秦而卒被五刑。」墨筆眉批：「大夫種。李斯。」

「故箕子棄國而佯狂，范蠡去越而易名，智過去君弟而更姓。」墨筆眉批：「箕子。范蠡。智過。」

「比干死紂而不能正其行，子胥死吳而不能存其國。」墨筆眉批：「比干。子胥。」

「子石登吳山」條。「昔者吳王夫差不聽伍子胥盡忠極諫，抉目而辜，太宰嚭、公孫雒偷合苟容。」墨筆眉批：「子石。〔一〕子胥。太宰嚭。公孫雒。」

「以順夫差之志而越吳。」硃筆旁批：「有脱。」

「昔者費仲、惡來革，長鼻決耳，崇侯虎順紂之心，欲以合於意。」墨筆眉批：「費仲。惡來革。長鼻決耳。崇侯虎。」

「祁射子見秦惠王，惠王説之。於是唐姑讒之。」墨筆眉批：「祁射子。唐姑。」

「彌子瑕愛於衞君。」墨筆眉批：「彌子瑕。」

「孔子曰：自季孫之賜我千鍾而友益親，自南宮頊叔之乘我車也而道加行。」墨筆眉批：「季孫。南宮頊叔。」〔二〕

「太公田不足以償種，漁不足以償網，治天下有餘。智文公種米，曾子駕羊，孫叔敖相楚三年，不知軛在衡後。務大者固忘小。智伯廚人亡炙簞而知之，韓魏反而不知，邯鄲子陽園人亡桃而知之，其亡也不知，務小者，亦忘大也。」「智文公」之「智」，墨筆改爲「晉」。墨筆眉批：「太公。文公種米，曾子駕羊。孫叔敖。智伯。邯鄲子陽園人。」墨筆根批：「簞。」

「淳于髡謂孟子曰」。墨筆眉批：「淳于髡。」

「梁相死，惠子欲之梁。」墨筆眉批：「梁相。惠子。」

「船人曰：子居船檝之間而困，無我則子死矣。」硃筆旁批：「是。是。」

段末墨筆批：「未離岑而造怨。」硃筆眉批：「李逵遇着張順時奈何？」

〔一〕「子石」二字，傅山全書初版本脱，據手稿補。

〔二〕此條兩處「南宮頊叔」，傅山全書初版本均誤作「南宮頃叔」，據手稿改。

「西閻過東渡河。」墨筆眉批：「西閻過。」

「子渡河中流而溺，不能自救。」硃筆眉批：「西閻必竟不能自渡。」〔一〕

「子獨不聞和氏之璧乎，價值千金，然以之間紡。」硃筆根批：「間字不似。」〔二〕

「揚刃、離金、斬羽、契鐵斧。」「契」字旁硃筆批：「鍥。」

「子之蒙蒙，無異夫未視之狗耳。」硃筆旁批：「也不必惡口。」

此段上硃筆眉批：「此是儒士占地步爭口語耳。但平心說去，濟江河必須船人，說侯王必須儒士，各用其長，不必相勝。公道說來，莫說大江大河，即小溪深六七尺以上，兩岸相望，徒有小艇艤之，站下千百儒士，只好看耳。若要占勝，西閻過亦須學得操舟、使帆、拏柁然後可。」

「甘戊使於齊。」墨筆眉批：「甘戊。」

「謹願敦厚。」硃筆旁批：「是。」

此段硃筆眉批：「此還平心。」

「楚昭王召孔子，將使執政而封以書社七百。」墨筆眉批：「楚昭。書社七百。」

「孔子遭難陳蔡之境」條。「庸知而不遇之於是興，明日免於厄。」硃筆改「興」爲「與」。

「吾聞人君不困不成王。」硃筆改「聞」爲「聞」。

「孔子之宋，匡簡子將殺陽虎。」墨筆眉批：「匡簡子。」

「子夏問仲尼曰：顏淵之爲人也何若？曰：回也信，賢於丘也。曰：子貢之爲人也何若？

〔一〕「西閻」，傅山全書初版本誤作「西閻過」，據手稿改。

〔二〕「字」，傅山全書初版本誤作「之」，據手稿改。

曰：賜也敏，賢於丘也。曰：子路之爲人也何若？曰：由也勇，賢於丘也。曰：子張之爲人何若？曰：師也莊，賢於丘也。」墨筆眉批：「子夏。顔淵。子貢。子路。子張。」

「東郭子惠問於子貢曰」。墨筆眉批：「東郭子惠。」

「昔者南瑕子過程太子，太子爲烹鯢魚。」墨筆眉批：「南瑕子。程太子。鯢魚。」

「孔子觀於呂梁，懸水四十仞，環流九十里，魚鱉不能過，黿鼉不敢居。有一丈夫方將涉之。」墨筆眉批：「呂梁丈夫。」

「子路盛服而見孔子。孔子曰：由，是襜襜者何也？昔者江水出於岷山，其始也大，足以濫觴。」墨筆眉批：「子路。濫觴。」

「子路問孔子曰：君子亦有憂乎？」墨筆眉批：「子路。」

「孔子見榮啓期。」墨筆眉批：「榮啓期。」

「曾子曰：吾聞夫子之三言。」墨筆眉批：「曾子。」

「仲尼曰：史鰌有君子之道三。」墨筆眉批：「史鰌。」

「孔子將行無蓋，弟子曰：子夏有蓋可以行。」墨筆眉批：「蓋。子夏。」

「子路行，辭於仲尼曰」。墨筆眉批：「子路。」

「子路將行，辭於仲尼曰」。墨筆眉批：「子路。」

「曾子從孔子於齊，齊景公以下卿禮聘曾子，曾子固辭。將行，晏子送之曰」。墨筆眉批：「曾子。晏子。」

「孔子曰：依賢固不固」條。「馬趼斬而復行者何？以輔足衆也。」硃筆眉批：「馬趼。」

「夫智者何以樂水也。」此段硃筆眉批：「繁露之文。」

「寶藏殖焉，奇夫息焉。」墨筆眉批：「奇夫息焉。『奇夫』字亦不常。」

「玉有六美，君子貴之。」墨筆眉批：「玉。」

「好其用心也。」硃筆鈎爲「好用其心也」。

「越石父曰」。墨筆眉批：「越石父。」

「孔子家兒不知罵，曾子家兒不知路。」墨筆眉批：「『路』字非。」

「譬猶水火不能然也，而鼎在其間，水火不亂。」墨筆眉批：「鼎。」

「齊景公問晏子曰」。墨筆眉批：「齊景公。晏子。」

「齊高廷問於孔子曰：廷不曠山，不直地，衣蓑，提執精氣，以問事君之道。」墨筆眉批：「高廷。」硃筆眉批：「衣蓑，提執精氣。」

「禮不合，對門不通矣。」墨筆眉批：「對門不通。」

此段末墨筆批：「不曠山，不直地，似謂來造之路，有山處不得空而越之，有迂迴處隨其曲而繇之，只是言其艱貞不憚遠勞之意邪？」

辨物第十八

「顏淵問於仲尼曰：成人之行何若？子曰：成人之行達乎情性之理，通乎物類之變。」墨筆眉批：「顏淵。理。」

「易曰：天垂象」條。「昔者高宗、成王感於雊雉暴風之變。」墨筆眉批：「高宗。成王。」

「周幽王二年，西周三川皆震。伯陽父曰：周將亡矣。」墨筆眉批：「周幽王。伯陽父。」

「山川何以視」條。「能生雲雨爲恩，多然品類以百數。」墨筆眉批：「多然品類。」
「齊景公爲露寢之臺，成而通焉。柏常騫曰」。墨筆眉批：「齊景公。柏常騫。」
「對曰：築新室爲置白茅焉。」墨筆眉批：「新室白茅。」
「公曰：子之道若此其明也，亦能益寡人壽乎？」硃筆旁批：「䖍想。」墨筆眉批：「益壽。」
「柏常騫出，遭晏子於塗。」墨筆眉批：「晏子。」
「晏子曰：騫，昔吾見維星絶，樞星散，地其動。汝以是乎？」墨筆眉批：「維星絶，樞星散，地將動。」又硃筆眉批：「小異呂覽。」
「齊大旱之時，景公召羣臣問曰」。墨筆眉批：「齊景公。」
「晏子進曰：不可祠，此無益也。」墨筆眉批：「晏子。」
「夫天地有德」條。「故三月達眼而後能見，七月生齒後而能食。」硃筆眉批：「三月能見，不然。」
「故詩云：乃如之人，懷婚姻也。」硃筆眉批：「韓詩。」
「後傷時之不可遇也。」「遇」字旁硃筆批：「過。」
「度、量、權、衡，以黍生之爲一分。」「之」字旁硃筆批：「脫。」
「六豆爲一銖。」硃筆旁批：「九十六黍。」
「凡六經，帝王之所著」條。「天老曰：夫鳳，鴻前麟後，蛇頸魚尾，鶴植鴛鴦思，麗化枯折所志。」於後六字旁硃筆批：「此六字不解。」又墨筆眉批：「麟。天老。鳳。」
「靈龜文五色。」墨筆眉批：「龜。」
「虵頭龍翅。」硃筆旁批：「龜有翅否？」

「神龍能爲高。」墨筆眉批：「龍。」
「君子辟神也。」硃筆旁批：「此處有脱缺錯簡。」墨筆眉批：「『辟神』何謂？」
「觀彼威儀，游燕幽間，有似鳳也。」硃筆眉批：「鳳。」
「成王時，有三苗貫桑而生，同爲一秀。」硃筆眉批：「三苗貫桑而生。」
「周惠王十五年，有神降於莘。王問於内史過曰」。墨筆眉批：「神降於莘。内史過。」
「昔夏之興也，祝融降於崇山。其亡也，回祿信於亭隧。商之興也，檮杌次於丕山。其亡也，夷羊在牧。周之興也，鸑鷟鳴於岐山。其衰也，杜伯射宣王於鎬。」墨筆眉批：「祝融。回祿。檮杌。夷羊。鸑鷟。杜伯。」〔一〕
「協于丹朱。」墨筆眉批：「丹朱。」
「是監燭周之子孫而禍福之。」墨筆眉批：「監燭。」
「王使太宰己父率傅氏及祝。」墨筆眉批：「太宰己父。」
「齊桓公北征孤竹。」墨筆眉批：「齊桓。」
「有人長尺，冠冕，大，人物具焉。」墨筆眉批：「長尺冠冕人物具。」
「管仲曰：事必濟。」墨筆眉批：「管仲。」
「吳伐越，隳會稽。」墨筆眉批：「國語有此。」
「防風氏後至。」墨筆眉批：「防風。」
「孔子曰：僬僥氏三尺。」墨筆眉批：「僬僥。」

〔一〕此條中的兩「杜伯」，傅山全書初版本均誤作「杜柏」，據手稿改。

「仲尼在陳」條。「此肅慎氏之矢也。」墨筆眉批：「肅慎矢。」

「季桓子穿井，得土缶，中有羊。」墨筆眉批：「季桓子。土羊。」

「楚昭王渡江」條。「孔子曰：此名萍實。」墨筆眉批：「萍實。」

「孔子曰：此名商羊。」墨筆眉批：「商羊。」

「鄭簡公使公孫成子來聘於晉。平公有疾，韓宣子贊授館客。」墨筆眉批：「公孫成子。韓宣子。」

「今夢黃熊入於寢門。」墨筆眉批：「黃熊。」

「子產曰：君子明。」墨筆眉批：「子產。」

「宣子以告，祀夏郊，董伯爲尸，五日瘳。」硃筆眉批：「祀夏郊而董伯爲之尸。」

「虢公夢在廟。」墨筆眉批：「虢公。」

「覺，召史嚚占之。嚚曰：如君之言，則蓐收也。」墨筆眉批：「史嚚。蓐收。」

「舟之僑告其諸侯曰」。墨筆眉批：「舟之僑。」

「三年虢乃亡。」硃筆眉批：「夢蓐收而三年亡。」

「晉平公築虒祁之室，石有言者。平公問於師曠曰」。墨筆眉批：「晉平公。師曠。石言。」

「晉平公出畋，見乳虎伏而不動，顧謂師曠曰」。墨筆眉批：「師曠。虎伏。」

「夫駮之狀，有似駮馬。」墨筆眉批：「駮馬。」

「師曠曰：臣聞之，一自誣者窮，再自誣者辱，三自誣者死。」墨筆眉批：「三誣。」

「令者出朝。」硃筆改「令」爲「今」。

「師曠曰：東方有鳥名諫珂。」墨筆眉批：「諫珂。」

「今者，吾君必衣狐裘以出朝乎？」硃筆旁批：「可見古時裘亦毛朝外乎。若毛在裏，〔二〕諫珂何以見之！」

「使郎中馬章布蒺藜於階上。」硃筆旁批：「傻樣。」墨筆眉批：「郎中馬章。」

「趙簡子問於翟封荼曰」。墨筆眉批：「趙簡子。翟封荼。」

「雨穀三日，蝱風之所飄也。」墨筆眉批：「蝱風。」

「哀公射而中稷。」墨筆眉批：「射而中稷。」

「巫官變曰」。墨筆眉批：「巫官。」

「獵谷之老人，張衽以受之。」墨筆眉批：「獵谷老人。」

「扁鵲過趙。趙王太子暴疾而死。鵲造宮門曰：『吾聞國中卒有壤土之事，得無有急乎！』中庶子之好方者，應之曰：然。」墨筆眉批：「扁鵲。」硃筆眉批：「壤土之事。」墨筆眉批：「中庶子。」硃筆眉批：「文與史記小異。」

「吾聞上古之爲醫者曰苗父。」墨筆眉批：「苗父。」

「吾聞中古之爲醫者曰俞柎。俞柎之爲醫也，搦腦髓，束肓莫，炊灼九竅而定經絡，死人復爲生人。」墨筆眉批：「俞柎。『束』字卽是『刺』字。」硃筆眉批：「故曰俞柎，柎是籍尸之版。俞柎之名，竟是從俞版上死人而得耶？他書無解。」

「物故有昧揥而中蛟頭，掩目而別白黑者。」墨筆眉批：「昧揥而中蛟頭。『揥』字卽『摘』字。」

〔二〕「在」，傅山全書初版本誤作「朝」，據手稿改。

「扁鵲遂爲診之，先造軒光之竈，八成之湯，砥針礪石，取三陽五輸。子容禱藥，子明吹耳，陽儀反神，子越扶形，子游矯摩，太子遂得復生。」墨筆眉批：「軒光之竈，八成之湯。子容禱藥，子明吹耳，陽儀反神，子越扶形，子游矯摩。」硃筆眉批：「此五人者，不知爲誰。」

「孔子晨立堂上」條。「回曰：完山之鳥。」墨筆眉批：「完山之鳥。」

「景公畋於梧丘。夜猶蚤，公姑坐睡。而夢，有五丈夫北面倖盧，稱無罪焉。公覺，召晏子而告其所夢。」墨筆眉批：「齊景公。晏子。」硃筆眉批：「倖盧。『盧』可以解『首』，『倖』字不知何義。」

「子貢問孔子」條。「賜欲知死人有知將無知也。死徐自知也，猶未晚也。」墨筆眉批：「『將』字當在『也』下『徐』上。」

「王子建出守於城父，與成公乾遇於疇中。」墨筆眉批：「王子建。成公乾。」

脩文第十九

「齊景公登射，晏子脩禮而待。」墨筆眉批：「晏子。」

「成王將冠。周公使祝雍祝。」墨筆眉批：「祝雍。」

「夏公如齊逆女」條。「諸侯以屨二兩加琮。」硃筆眉批：「琮屨。」

「夫人曰：有幽室數辱之產。」墨筆眉批：「幽室數辱之產。」

「春秋曰：壬申，公薨於高寢。」墨筆眉批：「高寢。」

「古者必有命民。」硃筆眉批：「命民。」

「天子曰巡狩，諸侯曰述職。」墨筆眉批：「巡狩。述職。」
「射者必心平體王。」硃筆改「王」爲「正」。
「弧之爲言豫也。豫者豫吾意也。」墨筆眉批：「弧之爲言豫也。」
「齊宣王謂田過曰：吾聞儒者喪親三年，喪君三年。君與父孰重？田過對曰：殆不如父重。」墨筆眉批：「田過。君不如父重，語義同根矩。」
「韓褐子濟於河，津人告曰：夫人過於此者，未有不快用者也。」墨筆眉批：「韓褐子。」硃筆眉批：「『快用』不解。」墨筆眉批：「似謂祭禱。」
「津人申楫，舟中水而運。」墨筆眉批：「中水而運猶當河中流而旋也。」
「公孟子高見顓孫子莫曰：敢問君子之禮何如？顓孫子莫曰：去爾外厲與爾內，色勝而心自取之。去三者而可矣。公孟不知，以告曾子。」「內」字下墨筆加「折」字。墨筆眉批：「公孟子高。顓孫子莫。曾子。」
「曾子有疾，孟儀往問之。」墨筆眉批：「孟儀。」
「孔子見子桑伯子。」墨筆眉批：「子桑伯子。」
「孔子至齊郭門之外，遇一嬰兒挈一壺，相與俱行，其視精，其心正，其行端。孔子謂御曰：趣驅之，趣驅之，韶樂方作。」墨筆眉批：「遇嬰兒而知韶樂方作。」
「黃帝詔泠倫。」墨筆眉批：「泠倫。」
「鍾聲鏗。」硃筆眉批：「鍾。」
「樂之可密者」條。「人之善惡非性也，感於物而後動。」墨筆眉批：「『人之善惡非性也』句有病。」

「凡音，生人心者也。情動於中而形於聲。聲成文，謂之音。」墨筆眉批：「聲成文謂之音。」

「子路鼓瑟，有北鄙之聲。孔子聞之曰：信矣，由之不才也。冉有侍孔子曰」。墨筆眉批：「子路。冉有。」

反質第二十

「孔子卦得賁。」墨筆眉批：「賁。」

「歷山之田者」條。「五者不離，合而爲一，謂之天心。」墨筆眉批：「五者指何？」

「衞有五丈夫俱負缶而入井，灌韭終日一區。鄧析過，下車爲教之曰：爲機，重其後，輕其前，命曰橋。」墨筆眉批：「五丈夫負缶入井。韭。鄧析。橋。」硃筆眉批：「桔槔一名橋。」

「禽滑釐問於墨子曰」。墨筆眉批：「禽滑釐。墨子。」

「幸有晏子以儉鐫之。」墨筆眉批：「鐫之。」

「秦始皇既兼天下。」墨筆眉批：「秦始皇。」

「作前殿阿房東西五百步。」墨筆眉批：「阿房。」

「於是方士韓客侯生、齊客盧生相與謀曰」。墨筆眉批：「侯生。盧生。」

「諸生傳相告犯法者四百六十餘人，皆坑之。」墨筆眉批：「四百六十餘人。」

「侯生至，仰臺而言曰」。墨筆眉批：「侯生。」

「魏文侯問李克曰」。墨筆眉批：「李克。」

「秦穆公問於由余曰」。墨筆眉批：「由余。」

「穆公召内史廖而告之曰」。墨筆眉批：「内史廖。」

「經侯往適魏太子。」墨筆眉批：「經侯。」

「太子曰：有徒師沼治魏而市無預賈，郄辛治陽而道不拾遺，芒卯在朝而四隣賢士無不相因而見。」墨筆眉批：「徒師沼。郄辛。芒卯。」

「吾無德所寶，不能爲珠玉所守。」硃筆眉批：「此所字逕有和尚道士之所意，然而別。」

「晉平公爲馳逐之車」條。「田差三過而不一顧。」硃筆旁批：「掃興。」墨筆眉批：「田差。」

「魏文侯御廪災」條。「公子成父趨而入賀曰：甚大善矣。」墨筆眉批：「公子成父。」硃筆眉批：「柳子厚賀失火文義祖此。」

「齊桓公謂管仲曰」。墨筆眉批：「管仲。」

「季文子相魯。」墨筆眉批：「季文子。」

「趙簡子乘弊車瘦馬。」墨筆眉批：「趙簡子。」

「魯築郎囿，季平子欲速成。」墨筆眉批：「季平子。」

「衛叔孫文子問於王孫夏曰」。墨筆眉批：「叔孫文子。王孫夏。」

「夫衛國雖貧，豈無文履一奇以易十稯之繡哉！」墨筆眉批：「十稯之繡。」

「晉文公合諸侯而盟曰」。墨筆眉批：「晉文公。」

「自今以來，無以美妾疑妻。」硃筆旁批：〔二〕「頗難。」

「晏子飲景公酒。」墨筆眉批：「晏子。」

〔二〕「旁批」，傅山全書初版本誤作「眉批」，據手稿改。

「楊王孫病且死。」墨筆眉批：「楊王孫。」

「魯有儉者，瓦鬲煑食。」墨筆眉批：「魯儉者。」

「晏子病將死，斷楹内書焉。」墨筆眉批：「晏子。楹内之書。」

「仲尼問老聃曰」。墨筆眉批：「老子。」

「子貢問子石。」墨筆眉批：「子石。」

「公明宣學於曾子。」墨筆眉批：「公明宣。」

卷七十九　金剛經注〔一〕（上）

金剛堅完能破萬物。般若智慧。波羅蜜到彼岸。經學佛徑路。

法會因由分第一

說法聚會，由此起因。分者，分也。梁昭明太子以經文浩繁，分爲三十二分。此佛說法儀式。

如是我聞：

如是，指法。我，是阿難自稱。

一時佛在舍衛國祇樹給孤獨園，

一時，指當日。佛者，覺也。舍衛，天竺國名。祇樹，祇陀太子所施之樹。須達長老曾於此園給濟孤獨之人，故名給孤獨園。

與大比丘衆千二百五十人俱。

比丘，僧也。大者，言成材達德、眞空妙悟之大比丘。千二百五十人，言多也。

爾時，世尊食時，着衣持鉢，

爾時，言此時。世尊，指佛。諸佛日中食，著柔和忍辱之衣，持四天王所獻之鉢。

〔一〕此篇據晉祠博物館藏手稿整理，底本爲明諸名家書、汪道昆跋、吳會勒石之拓本。

入舍衛大城，乞食於其城中。
乞，求也。乞食于人，如來欲使後世比丘不植資產，並不生驕慢意也。
次第乞已，還至本處。
次第乞者，巡門而乞，無有擇選。本處，言長老之園。
飯食訖，收衣鉢，洗足已，敷座而坐。
收衣鉢，無繫戀也。洗足，欲清淨也。敷座，陳設講座也。
食已敷坐，佛不自飽。爲衆啼饑，一個長老。傅山讚。

善現起請分第二

善現，須菩提之別名。於大衆中起身請問於佛。此嘆佛希有處，正是親見如來一片苦心也。
時長老須菩提，在大衆中，卽從座起，偏袒右肩，右膝著地，合掌恭敬，
年高德卲，是名長老。偏露右肩不衣，乃西土興敬之禮。合掌總是整理威儀。
而白佛言：「希有世尊，如來
佛爲世所希有，世所共尊，故曰希有世尊。如來，佛號。如來者，無所從來，來亦無所去，以自性眞如慧光洞照，無所蔽礙也。如卽眞性之本體，來卽眞性之應用。
善護念諸菩薩，
指現在，願佛以得度彼岸之法喻之。
善付囑諸菩薩。

指未來，願佛以得度彼岸付囑之。

世尊，善男子、善女人，

即諸菩薩。菩薩，修行人通稱。

發阿耨多羅無上至高。三藐正等。三菩提正覺。心，云何應住？云何降伏其心？」

云何者，何如也。心當何所安住，何所謂伏，乃成佛果？此二句，起通經問意。心應住，則自然降伏。

二句相承，故下文只說住心，而降伏自見。應者，當也。住者，常住不滅也。降伏者，化其安心也。

發阿耨多羅三藐三菩提，言最上正等正覺也。

佛言：「善哉！善哉！須菩提，如汝所說，如來善護念諸菩薩，善付囑諸菩薩。汝今諦聽，當爲汝說。善男子、善女人，發阿耨多羅三藐三菩提心，應如是住，如是降伏其心。」

諦，詳審也。「如」字最妙，只言這裡便是，不必他求也。

「唯然。世尊，願樂欲聞。」

唯者，應諾世尊之言。歡喜聽受佛說。

金剛了義，開口便備。住與降伏，兩個如是。傅山讚。

大乘正宗分第三

乘是載也。載度一切衆生，乃正大之宗派。此佛指示安心之方法。

佛告須菩提：「諸菩薩摩訶薩，

摩訶，大也。菩薩雖未成佛，先高一頭地，乃大道心也。

應如是降伏其心。所有一切衆生之類，

身内諸煩惱，身外諸品物。

若卵生，魚鳥等。若胎生，人畜等。若溼生，蠢蠕等。若化生，蟲蝶等。若有色，執妄見，及螢蚌等。若無色，執空妄見，及消沉等。若有想，如因像成思，及鬼神等。若無想，如頑不思，及木石等。若非有想，如有無雖遺，未了中道，及細腰蜂等。若非無想，若有無未遺，及梟獍等。我皆令入無餘涅槃而滅度之。

涅槃者，楞伽經云，乃清淨、不死、不生、起脱之謂。世人謂之死者，非也。遺漏圓寂，不起滅地。除患苦，化起滅。

如是滅度無量無數無邊衆生，

身内煩惱，身外品物。

實無衆生得滅度者。

衆生自性，本來是佛。衆生自性自度，佛言：「我何功哉？」故曰實無衆生得滅度者。

何以故？

一眞融湛，煩惱自成智慧；太和洋溢，品物自遂生成，無相故耳。無相，則于一切法皆無住心，如虛空自然降伏。

心住于無相，則降伏。故盡十生而滅度之，實無十生得滅度者，正以無相故也。

須菩提，若菩薩有我相、人相、衆生相、壽者相，即非菩薩。」

四相者，貪、嗔、癡、愛也。貪者自恃一己之私，是我相也。嗔者分别優劣，有彼有此，是人相也。癡者不悟自性，昧乎己靈，是衆生相也。愛者惡死好生，希求長年，是壽者相也。着此四相，便非菩薩。著相卽非如來性體。

纖惡未除，卽身內之衆生滅度未盡。一物失所，卽身外衆生滅度未盡。蓋悟則如來，迷則衆生。能了念念心體俱空，卽是度衆生。一切含靈，皆謂衆生，皆有佛性，非獨人耳。

如是於人，實願空心。衆生是佛，梁不加津。傅山讚。

妙行無住分第四

奥妙之行，無可住着。此破着相之疑也。

「復次，須菩提，菩薩於法，應無所住，

云何不住於相，不着於相。

行於布施。

菩薩萬行，不離六度，故布施爲六度之首。布施者，散諸煩惱之義，非施捨于人也。

所謂不住色布施，不住聲、香、味、觸、法布施。

入六塵界，不住六塵相。普散六塵煩惱。

須菩提，菩薩應如是布施，不住於相。

並普施有無、內外、取捨、愛憎等。

何以故？若菩薩不住相布施，其福德不可思量。

情塵相着之謂觸，貪着有所之謂法。無所住者，心不執着也。

以財布施者，不過希求福報，此住相布施也。若能一心清淨，則佛性自現，起生死苦海，無量無邊之福報，故曰不可思量。此不住相布施也。佛憫衆生深染六塵，不可遽化，故以福德誘之，使其頓悟也。降伏處，即是福德。

須菩提，於意云何？東方虛空，可思量不？」「不也，須菩提言。世尊。」

「須菩提，佛告。南西北方，四維上下虛空，可思量不？」「不也，世尊。」

十方虛空甚大，不可思量。菩薩無住相布施，所得福德，亦如十方其廣大，不可得而思量也。

「須菩提，菩薩無住相布施，心已如虛空。福德亦復如是不可思量。是，虛空。須菩提，菩薩但應如所教住。」

當依佛教，不住于相。不住相雖是降伏其心，其實能降伏，心便止而不遷，故曰應住。

經中言語雖多，總是說眞空無相妙理，以化度衆生，到涅槃地位。說布施者，不過使脩行易于入門耳，不甚重。

不住布施，豈爲福德？思量虛空，東西南北。傅山讚。

如理實見分第五

以眞之理觀如來，乃眞實見解。此直指無相妙行也。

「須菩提，於意云何？既不住相。可以身相色身。見如來法身。不？」「不也，世尊。不可以身相色身。得見如來。法身。何以故？如來所說身相，即非身相。」

原是本四大假合，故不可以身相見。

佛告須菩提：「凡所有相，皆是虛妄；若見諸相非相，卽見如來。」

故當不住於相。如來說法，現此身相，原是幻形，非眞實相，豈得以此見如來？須菩提亦謂如來卽在吾心，離心別無如來。故佛又言不特如來無身相可得，凡一切涉于相者，皆是虛妄而不眞實。人能識破此相非眞實相，是能具智慧性，卽見如來矣。

分明有身，不是如來。如來捨身，又安在哉？傅山。

正信希有分第六

生眞正信向心，此人最爲希有。此直示佛之知見也。

此無法相能靜悟者，福德無量。

須菩提白佛言：「世尊，頗有衆生，得聞如是言說章句，生實信深信而實行也。不？」

須菩提恐衆生不親見佛，徒聞章句所說，未必能眞實信向，故有此問。

佛告須菩提：「莫作是說。

深信之人，未必全無。

如來滅後，後五百歲，有持戒脩福者，

不著諸相，空寂無妄。

於此章句，能生信心，深信。以此爲實。實行則福德無量。當知是人，不於一佛二佛三四五佛而種善根，已於無量千萬佛所種諸善根，

一念眞，卽是佛。滋培善念，千萬念眞，卽是千萬佛。佛恐汨衆生修行之心，故說雖如來沒後，

至五百歲最遠之時，必有持守佛戒的人，于此經中，聞得一章一句，卽信心油然而生。一佛二佛千萬佛，雖説有爲權教，亦寓無爲至理。聞是章句，乃至一念生淨信者。人法兩空，無諸妄念。心是衆善之根，人能種得善根，故纔聞經，從一念清淨不染中，眞實聽信。故五百世後，尚有是人，何況近代乎！

須菩提，如來悉知悉見。離滅度。悉皆也。人能生清淨心，便與如來相合。必無相人，方能信此無相法。是諸衆生，淨信。得如是無量福德。何以故？是諸衆生，淨信。無復我相、人相、衆生相、壽者相。無法相，亦無非法相。又得法空。人法兩空，故能生信得福。何以故？是諸衆生，若心取相，人相未空。卽爲著我、人、衆生，壽者。若取法相，法相未空。卽著我、人、衆生、壽者。何以故？若取非法相，空相未空。卽著我、人、衆生、壽者。著相卽不能淨信。是故不應取法，忘善。不應取非法。忘聖，忘惡，忘凡。以是義故，如來常説汝等比丘，知我説法如筏喻者。法尚應捨，何況非法！」

以筏濟川，旣濟，捨筏而去。以法伏心，旣伏，捨法而去。法本無法，則非法亦當捨也。佛謂我所説之法，譬如渡水之船然，未濟須用以渡之，一登彼岸，卽棄而不用矣，豈可常守之也！

佛法尚當不用而捨之，況不是佛法者，此皆所以不當取也。佛教弟子捨法，然捨法卽捨情，情忘則智圓矣，故曰：「法尚應捨，何況非法！」

法尚應捨，何況非法。一段實信，那裏安札？傅山。

無得無説分第七

法體空寂，本無所得，亦無所説。此雙遣佛法知見也。

眞如法體，離有無相，離言説相，豈可以身聞言得耶？當知樹下得道，諸會説法，但應心耳。

「須菩提，於意云何？如來得阿耨多羅三藐三菩提耶？如來有所説法耶？」

法有定者，可得而説。雖還覺，不以覺爲證，不得作覺想。

須菩提言：「如我解佛所説義，無有定法，名阿耨多羅三藐三菩提；亦無有定法如來可説。

法中雖具恒河沙智，而不落言詮，故説無定。

何以故？如來所説法，皆不可取，不可説。非法，非非法。所以者何？一切賢二乘。聖，大乘。皆以無爲法，而有差别。」

依無相則聖，昧無相則賢，故不可取説。

無爲法者，不取有爲，亦不取無爲，非有非無，卽無住心，卽眞解脱，卽不二法門，故名無爲法，卽無相也。

差别者，言人見性，得悟淺深，故有聖賢之分。夫人之未了人空、法空前，名執着，何能見性哉！

得耶説耶，病在一定。無爲而差，一切賢聖。傅山。

依法出生分第八

諸佛所依之法，皆從此經生出。此以無相之福，以顯無相之法爲最勝也。

「須菩提，於意云何？若人滿三千大千世界，七寶以用布施，是人所得福德，寧爲多不？」

此以無相法，福德不可量。喻大概色身中所着七情，一切施捨。

一千個千爲大千，三千大千者，言三千個大千也，總形世界之多。七寶者，金、銀、琉璃、珊瑚、瑪瑙、眞珠、玻璃也。七寶滿三千大千，布施如是之多，此人所得福德多乎？人本來原無一物，何嘗有此福德？今以施寶之故，而遂得此，是故如來說甚多。

前言法不可取，恐人遂吐棄經義，不知受持，故先以布施獲福較之。

須菩提言：「甚多，世尊。何以故？是福德卽非福德性，是故如來說福德多。」

雖捨愛、欲、情、貪，未見法施之性，此住相布施也。有相，故見其多。

「若復有人，於此經中受持，因言悟性。乃至四句偈等，

四句偈，不必指那四句。上有「乃至」二字，下有「等」字，特錯舉以括全部金剛經耳。

爲他人說，其福勝彼。

發明法施之性。此住不住相布施，勝遺情福德。

何以故？須菩提，一切諸佛，及諸佛阿耨多羅三藐三菩提法，皆從此經出。

能說此經，福德尤勝。

佛引人受持此經，悟明眞理，乃至四句偈等，拳拳持守而不失。又能爲他人講說經偈之義。所

獲之福德，較七寶布施之福尤勝。

須菩提，所謂佛法者，卽非佛法。」

諸佛菩薩法，總無一相。

堆山積海，極打俗眼。一個些些，山卑海淺。　山。

一相無相分第九

說得果若有相，實無此得果之相。此特示無住眞宗也。

「須菩提，於意云何？須陀洹能作是念，我自謂，得須陀洹果不？」

此云「入流」，乃聲聞所證初果。

須菩提言：「不也，世尊。何以故？須陀洹，名爲入俗。流，而無所入不染於俗。不入色、聲、香、味、觸、法，是名須陀洹。」

因其遇色、聲、香、味、觸、法等，了不相入，故虛名爲須陀洹，知欲境當避，初生之果，此以無相證。須陀洹以無相證。須陀洹者，譯曰逆生死海、漸入聖道之人也。初入聖道，名曰入流。實無所入，若能斷除六根，乃爲入流之初果，故名須陀洹。

「須菩提，佛告。於意云何？斯陁含能作是念，我得斯陁含果不？」

此云「一來」，聲聞所證二果。

須菩提言：「不也，世尊。何以故？斯陀含，名一往來，而實無往來，是名斯陁含。」

念一着欲境，便覺，不再入。覺欲境不入，方碩之果，亦以相無證。

斯陁含以無相證。斯陁含者，譯曰一往來也。能舍三界結縛，竟出生死也。實無往來者，言眞信遍周法界，豈有往來之説哉！蓋色身雖有來去，法身湛然不動，而實無往來也，故曰斯陀含。

「須菩提，佛告。於意云何？阿那含能作是念，我自謂。得阿那含果不？」

此云「不來」，乃聲聞所證三果。

「須菩提言：「不也，世尊。何以故？阿那含，名爲不來，而實無不來，是故名阿那含。」

念不着欲境，實無所着。棄欲境，如遺以熟之果，亦以無相證。

阿那含以無相證。阿那含者，譯曰不來，亦曰不還，亦曰出欲。人言死于欲界，生于無色界，于彼漏盡，不復求生，斷欲界故也。實無不來者，言無有生滅之相也，故曰阿那含。

「須菩提，佛告。於意云何？阿羅漢此云「無學」。能作是念，我自謂。得阿羅漢道不？」須菩提言：「不也，世尊。何以故？實無有法，名阿羅漢。

斷欲全眞，無法可學，既取之果。

世尊，若阿羅漢作是念，我自謂。得阿羅漢道，卽爲著我、人、衆生、壽者。

阿羅漢以無相證。阿羅漢者，譯曰諸漏以盡，無復煩惱也。名阿羅漢者，但假名耳。不着于有法，可以得果也。

世尊，佛説我得無諍三昧，人中最爲第一，是第一離欲阿羅漢。

無諍，就是脱離人欲了。無諍者，已離二障，不着有無二相，不落眞俗二諦，故爲第一。塵念欲行，我念欲遺，各不相下，謂之爭。

世尊，我不作是念，我是離欲阿羅漢。

心無生滅，無自謂羅漢念。

世尊，我若作是念，我得阿羅漢道。」世尊卽不說須菩提是樂阿蘭那此云「無諍」。行者。

阿蘭那亦以無相證，不特四果。

此一段言無諍者，梵語阿蘭那也。

能離一切業障，諸欲頓空，是清淨行也。三昧者，亦云正受，亦曰正見，言能永斷一切邪見也。

以須菩提實無所行，而名須菩提，是樂阿蘭那行。

實無所諍，是名無諍。萌之于心曰念，見于脩爲曰行。有所念則有是行。〔二〕阿蘭那行者，無人我行也。是樂阿蘭那行者，本其眞性空寂，實無所行也。佛亦以無相證。

四果俱要說他無心，以無爲法，全不住相矣。四果只是了一生，不度衆生，佛門謂之小乘。

四果非果，咬嚼便櫨。喝得長老，沒了自家。傅山。

莊嚴淨土分第十

齊莊嚴飭，是清淨心。此究竟無得之旨也。此一段釋記授之疑。

佛告須菩提：「於意云何？如來昔在然燈佛所，於法有所得不？」

然燈，佛名也。言身有光如燈，授記成佛。佛言：「我于然燈授記時，于法有所得否？」

「不也，須菩提言。世尊。如來在然燈佛所，於法實無所得。」

須菩提曰：實無所得。但因師開示，悟明自性法身，本無塵勞，自然清淨，無得無失。法既無

〔二〕「念」，手稿作「行」，據文義改。

相，卽無所得。自性本來清淨，亦無相證。

「須菩提，於意云何？菩薩莊嚴佛土不？」

修六度萬行，及建造施捨。

「不也，須菩提言。世尊。何以故？莊嚴佛土者，卽非莊嚴，是名莊嚴。」

菩薩亦以無相證。自性本來清淨，亦以無相證。

「是故須菩提，諸菩薩摩訶薩，應如是生清淨心：不應住色生心，不應住聲、香、味、觸、法生心，應無所住而生其心。

欲修無相法，心常空寂，不生不滅。六塵一過不留。六塵一入卽覺。心不染而常覺。心不住相，則自然降伏。法身等應空界。

無住者，謂一切善惡，空不空，定不定，及兩邊三世，都不是念，是名解脫心，亦名菩提心，所謂無生法忍是也。

須菩提，譬如有人，身如須彌山王，於意云何？是身爲大不？」

須彌山者，高廣三百六十萬里，爲天下諸山之大，故曰王。佛言我之法身，充滿法界，須彌山不足以相比其大。

須菩提言：「甚大，世尊。何以故？佛說非身，是名大身。」

色身有形，大不可量。佛說大身，乃是法身。法身虛空，大不可量。只無住心，燃燈不炧，也不莊嚴，也不邋遢。傅山。

舞爲福勝分第十一

持經度人，無假作爲，其福最勝。此以喻顯法殊勝也。

「須菩提，佛告。如恒河中所有沙數，法身既大，則福德多。如是沙等恒河，沙數多，等之恒河。於意云何？是諸恒河沙，數沙，恒河中沙。寧爲多不？」須菩提言：「甚多，世尊。但諸恒河，尚多無數，何況其沙！」

恒河，西天之河名，周迴四十里，與佛說法處相近。恒河中沙極多，把一粒沙比一河筭來，則恒河之多，不止一個恒河。再說到諸恒河中所有之沙，其多又不止一恒河中之沙。故須菩提曰：諸恒河尚且極多，無可筭數，况其中之沙乎！

「須菩提，佛告。我今實言告汝：若有善男子、善女人，以七寶滿爾所恒河沙數三千大千世界，以用布施，一切捨卻。得福多不？」

喻繁瑣七情，寶七情不能滿河沙，則無益之色身，何可不捨卻以成大身？以七寶滿此如沙之河，以用布施，福德多矣。布施卽捨卻。七寶謂七情也。七情無所不至，故多如河沙。若實七寶，必無滿河沙之理。

須菩提言：「甚多，世尊。」佛告須菩提：「若善男子、善女人，於此經中，乃至受持四句偈等，爲他人說，化導衆生。而此福德，不住相布施，見性。勝前福德。遺情。」

此遺情布施，猶住于相。乃受持福德，猶勝于彼，其多可知。蓋佛雖滅度，能受持此經，則如佛在，故福德無量。

尊重正教分第十二

佛教正大，受持者天人皆敬重，以此喻顯法殊勝也。

「復次，須菩提，隨説是經，乃至四句偈等，當知此處，

豈不受持，但能隨説是經。不着色相，得心清淨。此，隨説處。

一切世間有爲心。天逸樂心。人是非心。阿修羅，嗔恨心。

天，謂人也。人，卽世間人也。天人，全天行之人。阿修羅者，無天行之人，譯曰醜男陋女也。

皆應供養，如佛塔廟，

供養此隨説之人，如供佛塔，以除諸妄心。

何況有人，盡能受持讀誦。

不但一二受持，不但隨説。

須菩提，當知是人，成就最上第一希有之法。

最上，謂無上。第一，謂無對。希有，謂少有。

能見自性，住無所住心，得無所得法。

若是經典所在之處，卽爲有佛，若尊重弟子。」

不徒得經言，以得言言者，卽此心以是佛，故應隨處供養，故當時奉佛弟子，所以福德多。

此經在處，卽爲有佛，故以尊重言之。弟子者，謂以父兄之道事師，故稱弟子。

昔隋時有荀生，曾書此經。凡遇霖雨，此地不溼，人每避雨其中。有西僧識爲書經之處，命村人設欄圍繞瞻禮，往往聞天樂。

才名經名，名不許拈。云何云何，長老洞然？傅山。

如法受持分第十三

依佛所說之法，承受而持之。此指歸般若實際也。

爾時須菩提白佛言：「世尊，當何名此經？我等云何奉持？」佛告須菩提：「是經名爲金剛堅固。般若知慧。波羅蜜。甘美能消一切苦。

考西夷志，波羅蜜者，西土樹名，其果甘美，食之能消一切苦，故佛取爲喻。

以是名字，汝當奉持。

安養智慧，不起妄想。

所以者何？須菩提，佛說般若波羅蜜，即非般若波羅蜜，是名般若波羅蜜。即以空寂爲法。

法本無相。眞體空寂，無法可名。佛性本空，故經雖有文字，奉持所當。然名無所名，說無所說，則奉持亦無所奉持，以眞空無相故也。

須菩提，於意云何？既無名相。如來有所說法不？」

諸法原空，更有何法可說？蓋强名爲金剛經，未嘗指經中曰此是何等法也，安得有波羅之蜜法哉！

須菩提白佛言：「世尊，如來無所說。」

眞體空寂，無法可說，亦無說相。

「須菩提，佛告。於意云何？

名說既無相，則奉持亦無相。

三千大千世界，所有微塵，妄想。是爲多不？」須菩提言：「甚多，世尊。」「須菩提，佛告。諸微塵，如來說非微塵，是名微塵。如來說世界，非世界，是名世界。」

眞體原無塵妄，能生塵妄。眞體原無界，能生界。眞空無相，故無有色身世界，亦無有妄想微塵。

「須菩提，於意云何？可以三十二相色身。見如來不？」此如來，謂體眞性也。「不也，世尊，不可以三十二相得見如來。

塵相既非眞體，則身相亦非眞體。三十二相，謂眼、耳、鼻、舌、身五根中，具修六波羅蜜；于意根中，修無住，無爲，是爲三十二淨行。

何以故？如來說三十二相，卽是非相，眞體無相。是名三十二相。」能生諸相。「須菩提，佛告。若有善男子、善女人，以恆河沙等身命布施；

貪命情愛一切捨卻，其福多矣，然皆住相布施。

若復有人，於此經中，乃至受持四句偈等，了達眞性。爲他人說，此不住相布施。其福甚多。」

能奉持無相法，則福德多。

一個無相，打破衆生。衆生打破，出暗入明。傅山。

三十二相：如來足下有平滿相。足下千輻輪文，無不圓滿。手足並皆柔軟，如兜羅綿。兩足一指間，猶如雁王，紋同綺畫。手足諸指，圓滿纖長可愛。足根廣長圓滿，與趺相稱。足趺脩高光滿，與跟相稱。雙腨漸次纖圓，如鹿王腨。雙臂平立摩膝，如象王鼻。陰相藏密毛孔，各一毛生，紺青宛轉。身皮細薄潤滑，垢水不住。身皮金色晃耀，諸寶莊嚴。兩足、兩掌、中頸、雙肩，七處充滿。肩項圓滿，殊妙膊腋，悉皆充滿。儀容洪滿端正，身相脩廣莊嚴，體相量等圓滿，頷臆并身上半威容廣大，如獅子王，常光面各一尋。齒相四下齊平，淨密根深，白玉珂雪，四牙宣白鋒利，常得味中上味。舌相薄淨廣長能覆面輪至耳髮際。梵音詞韻和雅，隨長多少，無不等聞。眼睫猶若牛王。紺青齊整。眼睛紺青鮮白紅環，面輪具猶滿月。眉相跤淨，如天帝弓。眉有白毫相，柔軟如綿，白逾珂雪。頂上烏瑟膩沙高顯周圓，猶如天蓋，髮毛右旋宛轉。

離相寂滅分第十四〔一〕

脫離一切形相，則眞心寂靜，妄念消滅。此顯空勝益也。*

爾時須菩提聞說是經，

問意謂此甚深經典，能生淨信者，卽爲希有功德。*

深解義趣，人法兩空。*涕淚悲泣而白佛言：「希有世尊，佛說如是甚深經典，我從昔來所得慧眼，未曾得聞如是之經。

於有見空，於空亦遣。*

世尊，若復有人，得聞是經，信心信本來心。*清淨，無法可得。*卽生實相，了悟如來實相。*當知是人，

〔一〕此篇注釋，凡有「*」者，此段手稿均無，據一九三六年山西書局排印本補。

成就第一希有功德。世尊，是實相者，即是非相，即本來眞寂空體。*是故如來說名實相。

實相者，其實無相，但就無相中能生炤心，比之頑空者不同，是故如來之虛名爲實相耳。

世尊，我今得聞如是經典，信解受持了悟人法兩空，心體湛寂。*不足爲難；若當來世後五百歲，佛滅度後。*其有衆生，得聞是經，信解受持，即住無所住心，法無所得法之說。*是人即爲第一希有。

蓋我今值佛世，淨信不難；若後世有能生淨信者，必無相之人，所以希少。信解者，謂信其義而曉解也。受持者，謂受其義而持守之也。

何以故？此人無我相，無人相，無衆生相，無壽者相。

答意謂淨信是經，即爲希有，以無相之人方能淨信故也。

無相故能淨信。*

所以者何？我相即是非相，本我無我。人相、衆生相、壽者相，即是非相。

本來無我、人、衆生、壽者。*

何以故？離一切諸相，即名諸佛。」

一切無住，是爲實相，所以希有。*

佛告須菩提：「如是，如是。即可之詞。*

若復有人，得聞是經，不驚、不怖、不畏，是經本難信解。當知是人，甚爲希有。能信解受持。*何以故？須菩提，如來說第一波羅蜜，即非第一波羅蜜。

謂布施煩惱，悟人法兩空，無煩惱可布施，是名眞布施。*

第一波羅蜜者，即是華嚴中善才問寶髻波羅蜜也。言一百一十八大總持門，不出此波羅蜜。第十波羅蜜中，第一布施波羅蜜也。

須菩提，忍辱波羅蜜，卽非忍辱波羅蜜，是名忍辱波羅蜜。

不但布施了悟人法兩空，無辱可忍，是名眞忍辱。何爲無辱可忍名眞忍？喻慧、喻刀、喻心，言以慧、刀、心割斷無明煩惱之體。*

亂眞性者莫如辱，能忍耐者，則亦可登彼岸。

何以故？如我昔爲歌利王割截身體，歌利，慧刀也。*我於爾時，無我相，無人相，無衆生相，無壽者相。何以故？我於往昔節節支解時，斷無明煩惱時。*若有我相、人相、衆生相、壽者相，未了法空。*應生瞋恨。須菩提，又念過去於五百世，我行忍辱，非只一世。*作忍辱仙人。

修忍辱行，見一切人平等恭敬，雖罵撻，如不見聞，故能作忍辱仙。*

於爾所世，無我相，無人相，無衆生相，無壽者相，是故須菩提，菩薩應離一切相，空寂不見起滅。*發阿耨多羅三藐三菩提心。

離相發心，故不著六塵而起愛憎。*

離相發心者，心不住境，而住于無所住也。

不應住色生心，不應住聲、香、味、觸、法生心，

當隨處解脫，内外塵根，一切銷鎔。*

應生無所住心。若心有所住，心著塵根。*卽爲非住。卽非心所應住。*是故佛說菩薩心，不應住色布施。晐聲、香、味、觸、法。*須菩提，菩薩爲利益一切衆生故，應如是布施。

色爲六塵之首，施爲六度之首，各舉一以該其餘。

入一切境，不住一切相，布施一切煩惱。*

佛要一切衆生俱受利益，應當如此不住色布施也，故華嚴經云：不爲自身求歡樂，但爲救護諸

衆生耳。

如來說一切諸相，即是非相，又說一切衆生，即非衆生。

空則諸相盡滅，悟即衆生是佛。無相，無衆生，又將何住？*

須菩提，如來是眞語者，此無住法，不妄。*實語者，不虛。*如語者，依本來。*不誑語者，不異語者。

聞語皆得解脫。如來一言一語，皆從清淨中流出，故有此五者妙處。*

須菩提，如來所得法，此法無實無虛。

語雖無虛，而如來所得之法，無虛無實，眞空無無相，德用不竭。*

須菩提，若菩薩心住於法而行布施，如人入闇，即無所見。

法無住，不可有住。人心有住則昏。*

若菩薩心不住法而行布施，如人有目，日光明照，見種種色。

人心無住則明，故知相不可住，不住則慧勝。*

須菩提，當來之世，若善男子、善女人能於此經，受持讀誦，即爲如來。

得無住法，即見本來眞性。佛離滅度。*

以佛智慧，悉知是人，悉見是人，皆得成就無量無邊功德。

歌利王，極惡君也。佛昔脩道山中，有諸宮女從王出獵，因王倦寢，諸宮女見之，以爲仙也，遂集佛所禮拜。王覺大怒，將刀割截佛之身體。天怒雨石，乃免。何以見無心忍辱也？佛言：「我遭此忍辱之時，有一毫人、我相等，則嗔恨之心必不能遏，何能忍辱如此？」佛性清淨無爲，決不與人較量是非。何必修忍辱之行？特爲世人一遇辱己事，非明相報復，即暗肆中傷，無有底止，故借此以引誘之耳。

卷八十　金剛經注（下）

持經功德分第十五

受持此經，不可量功德。此示心佛平等也。

「須菩提，若有善男子、善女人，初日分，從旦至辰，爲初日分。以恒河沙等身布施；有身情愛，一切捨捐。中日分，從辰至未。復以恒河沙等身布施；後日分，從未至戌。亦以恒河沙等身布施。如是無量百千萬億劫時分。以身布施。

此福德多矣，然皆住相布施。見有身可捨，即是不了蘊空。罽賓國王伏劍詣獅子尊者所，問：「師得蘊空否？」曰：「已得之矣。」王曰：「可施我頭。」王遂斷之，白乳高丈餘，王臂自落，是知人法俱空，不應住色布施。故不見佛性，雖捨身命無益。

若復有人，聞此經典，信心不逆，其福勝彼，

無住，故受持功德無邊，較以身布施者尤勝。

何況書寫受持讀誦，爲人解說！

此不住相布施，其福尤勝。

須菩提，以要言之，是經有不可思議、不可稱量無邊功德。

非樂小法者所可得聞。

如來爲法大乘菩薩乘。者説，爲發最上乘者説，若有人能受持讀誦，見己自心是佛。廣爲人説，令人各見自心是佛。如來悉知是人，持誦、廣説人。悉見是人，皆得成就不可量、不可稱、無有邊、不可思議功德。

受持讀誦，如來悉知悉見，皆得成就，此佛度衆生乎，抑衆生自度也？若佛能度衆生，過去諸佛，若恆河沙數衆生，總應度盡，何故諸沙門尚多流浪生死，不得成佛？故經云：無求佛者，不口佛求，顧自力何如耳。中庸曰：天之生物，必因其材而篤焉，故栽者培之，傾者覆之。佛道卽天道也。

如是人等，卽爲荷擔如來阿耨多羅三藐三菩提。本來眞性。

荷擔者，能了其經義而自負佩也。

何以故？

不生相故。

須菩提，若樂小法者，著我見、人見、衆生見、壽者見、著此四相。卽於此經，此無經相。不能聽受讀誦，爲人解説。

若小乘着相，卽不能受持。

四相未除之人，又何能持受此經，與人講説誦讀？故知此經之重，所當敬禮。

所以然者，惟大乘無相之人，方能受持，故功德無邊。脩菩薩乘者，卽是大乘。已證菩薩乘，更不起觀。至無脩處，湛然常寂，不增不減，名最上乘，卽是佛乘。阿羅漢能小乘，其言能獨了生死，而不能度衆生故也。如車之小者，惟能獨乘之，不能載衆也。菩薩爲大乘者，如車乘之大，能載一切衆生也。最大乘者，言佛爲至大至極之乘。

須菩提，在在處處若有此經，

人人見自本性，則爲在處有經。

一切世間有爲心。天逸樂心。人善惡心。阿脩羅，嗔恨心。所應供養。

當奉經以除諸心。在在處處有經，及天人阿脩羅塔廟花香，皆有爲權教，寓無爲至理。

當知此處，解脫處。卽爲是塔，皆應恭敬，奉持此經脫性。作禮圍繞，以諸華香而散其處。」

以般若散花香，薰植萬行，使法性隨處遍滿。

大擔無物，沒人擔動。小法多般，儘着搬弄。

山。

能淨業障分第十六

心能清淨，凡諸罪業皆消，不足爲障。此讚般若有離障出纏之益也。

此段言素行無道，猶且持經受益若此，何況未嘗作惡者，使能持經，豈不更得福慶？

持經之人眞足砥柱中流，衍佛教于不斷。

「復次，須菩提，若善男子、善女人，受持讀誦此經，若爲人輕賤，是人先世罪業，應墮惡道。

言經之貴重如此，然亦有持經不獲功德，反爲人輕賤者，由先時未明經義致然。一明經義，惡業盡消，則受持功德大矣。

先誦經時，不過善知識，眞心爲無明所覆，造種種罪業，應爲輕賤。

以今今，誦經時也。世人輕賤故，先世罪業卽爲消滅，當得阿耨多羅三藐三菩提。

發心求道，滅盡無明，則持功德，豈淺淺耶！

須菩提，我念過去無量阿僧祇劫，此云無數時分。於然燈佛前，喻心光常明。得值八百四千萬億那由他諸佛，此云萬億。

念中所起無數諸佛。

悉皆供養承事，惺惺持守。無空過者。若復有人，於此末世，喻將法行，保持有終。能受持讀誦念念見自心佛。此經，所得功德，於我所供養諸佛功德，百分不及一，千萬億分，乃至筭數譬喻所不能及，

百分不及有終功德之一。非但不及一，由百千萬億，乃至筭數俱不可思議也。

須菩提，若善男子、善女人，於後末世，于前法行，保持育終。有受持讀誦此經，所得功德，不可具說。我若具說者，具，盡也。或有人聞，心卽狂亂狐疑不信。

佛言詳說功德之大，愚人聞之，非狂亂，卽狐疑，必不肯信，反阻其向道之心。我是以但使人知功德之大，而不詳言也。

持經功德最多，如靈驗傳十餘卷皆然。然亦在持誦之人有靈驗耳。如生人持孝，自有感應，非是白骨能有感應。經是文字、紙墨，何處有感應？靈應者，在持經人用心，所以神通佛感。試將一卷經安奉座上，無人受持，能應否？終有功德，不可具說。此經義無邊，果報亦無邊也。

須菩提，當知是經義義旨。不可思議，果報亦不可思議。」

罪業見消，伊教匪怒。積米堆薪，便飯香美。輕賤我者，是我父母。現成不吃，骨都佛嘴。

究竟無我分第十七

推究佛法精微，只是無我。此下徹破細微，我法二執也。

爾時須菩提白佛言：「世尊，善男子、善女人，發阿耨多羅三藐三菩提心，云何應住？云何降伏其心？」

前已問，而今又問及也。

佛告須菩提：「善男子、善女人，發阿耨多羅三藐三菩提心者。心得所住則降伏，總在無相故。當生如是心：我應滅度一切衆生。滅度一切衆生已，而無有一衆生實滅度者。

菩提之心，人人皆有，但物欲蔽之耳。人欲還其本有生這個菩提心，我卽度脱衆生。成佛已盡，實無有一衆生是我滅度者也。

何以故？無相故耳。須菩提，若菩薩有我相、人相、衆生相、壽者相，卽非菩薩。

四相未除，卽非空寂。人有四相，菩薩無四相。所以無四相者，何也？萬法皆從心起，究其實，眞性中不染一塵，何曾有法以發這菩提心？是故人能自然發生其心者，原當化度，非菩薩之實能度也。

所以者何？須菩提，實無有法，眞空無相，不容有法。般若。發能生。阿耨多羅三藐三菩提心者。須菩提，於意云何？如來於然燈佛所，有法得阿耨多羅三藐三菩提不？」「不也，世尊。如我解佛所説義，佛於然燈佛所，無有法得阿耨多羅三藐三菩提。」佛言：「如是，如是。

佛言不但衆生實無法名菩薩心，汝試云，我于師處，有法得之，名爲無上正等正覺否？須菩提深解無相之理，故言不也。其言契合于佛心，故佛稱如是如是。

須菩提，實無有法，眞空無相。般若。如來得阿耨多羅三藐三菩提。須菩提，若有法，如來得阿耨多羅三藐三菩提者，然燈佛卽不與我授記：卽非眞空。汝於來世，猶言後日。當得作佛，號釋迦牟尼。

佛言若于法有所得，則有心在，便同凡夫，然燈安得與我授記？惟其無得，故然燈方記來世得成佛號也。

其故請何以如來之所以得名者，即能了請法堂相得如如之義耳。

釋迦牟尼者，譯曰能仁也，謂能含容一切也。受記者，謂能了悟眞性，必得成佛也。

以實無有法得阿耨多羅三藐三菩提，是故然燈佛與我授記，作是言：汝於來世，當得作佛，號釋迦牟尼。何以故？如來者，即諸法如義。

眞如之義，非空非有，無迹無方，於諸如如不動，故無法可着，然眞空無相，亦不容有得。凡經中稱如來者不一。蓋詳言之，則爲正覺心。略言之，則爲如來。又略言之，則爲佛。此言如來者，眞性之名也。無不可者謂之如，隨感而見者謂之來。所謂眞性者，以眞實之性謂眞如，故謂之如來。

若有人言，如來得阿耨多羅三藐三菩提，須菩提實無有法，佛得阿耨多羅三藐三菩提。須菩提，如來所得阿耨多羅三藐三菩提，於是中無實無虚，

清淨心，即非有非無，諸法如義。

佛言我所得正覺心者，菩薩無上道耳，故實而無迹，虚而無妄，中有妙理存焉。夫正覺之法，本非性中所有，故曰非實。然欲明正覺，不賴此法，何以明？故曰非虚。

是故如來說一切法，作用。皆是佛法。皆是法性無虚。

如來說世間一切諸法，使人能從此脱離，皆可稱爲佛法。然性體本空，所謂一切法者，其實非有一切法也。但人不得不假此以修行，故虚名爲一切法耳。

須菩提，所言一切法者，即非一切法，是故名一切法。

法性湛寂，一無所有，無實。無實無虚，則無相也，故法身遍一切處。

須菩提，譬如人身長大。」須菩提言：「世尊，如來說人身長大，色身。卽爲非大身，卽爲無相法身。是名大身。」

無智無得，法身自然長大，通一切處。

「須菩提，菩薩亦如是。若作是言，無相。我當滅度無量衆生，卽不名菩薩。何以故？以着四相故。須菩提，實無有法名爲菩薩，眞空無相，名爲菩薩。是故佛說一切法，無我、無人、無衆生、無壽者。四相。

有相便不名菩薩，無相始名菩薩。

佛于無可中說一切法，實是眞空無相，絕無有我、人、衆生、壽者四相，安得以滅度爲己功乎！

須菩提，若菩薩作是言，我當莊嚴佛土，修六度萬行，及建造施捨。是不名菩薩。何以故？心有能所故。如來說莊嚴佛土者，卽非莊嚴，清淨無爲。是名莊嚴。

佛土者自心淨土也，無相可以莊嚴。若有相莊嚴，便非菩薩。

須菩提，若菩薩通達無我法者，如來說名眞是菩薩。」

住無所住，爲無所爲，了達無相法。然無相必自無心始，衆生本自無心，惟如來具眼照見。只許有心，不許有法。究竟無我，省下圪塔！傅山讚。

一體同觀分第十八

合衆生爲一體，故觀其心皆同。此示佛心、衆生心無差別也。

本來真性，人人皆有，非我可得而獨有也，法者人人脩行之法，亦非我可得而獨有也。今也真性既悟，廓然無我，更有何法？所謂人法兩忘也。欲修無相法，必自無心始。衆生本自無心，但以妄執自迷，故如來具五眼，悉知衆生諸相，以衆生真體本無故也。

「須菩提，於意云何？如來有肉眼見色清淨。不？」「如是，須菩提言。世尊。如來有肉眼。」「須菩提，佛告。於意云何？如來有天眼見體清淨。不？」「如是，須菩提言。世尊。如來有天眼。」「須菩提，佛告。於意云何？如來有慧眼見離所見。不？」「如是，須菩提言。世尊。如來有慧眼。」「須菩提，於意云何？如來有法眼見無所見。不？」「如是，須菩提言。世尊。如來有法眼。」「須菩提，於意云何？如來有佛眼無見，無無見。不？」「如是，須菩提言。世尊。如來有佛眼。」

開化衆生爲肉眼，普照大千爲天眼。智燭常明爲慧眼，了諸法空爲法眼，自性常覺爲佛眼，如日光普炤法界，無處不含容也。

凡夫與如來，同具此五眼，但凡夫爲物欲所蔽，不能常明，如來真空無我，自無纖毫之翳耳。古德偈云：天眼通非礙，肉眼礙非通，法眼惟觀俗，慧眼了智空，佛眼如千日，照異體還同。此之五眼，通該十界，而優劣有殊。

「須菩提，佛告。於意云何？如恒河中所有沙，佛說是沙不？」「如是，須菩提言。世尊。如來說是沙。」

諸經多說恒河沙，蓋以此沙，天神貴人過之不驚，乞丐驢馬踐之不怒，旃檀施之不欣，糞穢加之不惡，體質潔淨不污，隨水推移不變，故借以喻法。

「須菩提，佛告。於意云何？如一恒河中所有沙，有如是沙等恒河，恒河之多，如此沙數。是諸恒河所有沙數。佛世界如是，世界之多，如沙等恒河之多。寧爲多不？」「甚多，須菩提言。世尊。」

有一世界，必有一佛設化，故曰佛世界。佛舉沙之多，以喻許多世界，又有許多衆生，又不知有許多樣心。

如來惟具五眼，是覺性常具足矣，故能無不悉知其心。

佛如來有此五眼。告須菩提：「爾所國土中，六根起念處。所有衆生，雜起。若干數總名。種心，如來悉知。心數雖多，皆妄念故。何以故？如來說諸心，若干種心。皆爲非心，皆本來清淨心。是名爲心。

諸心卽若干種心。吾心本一，何得有若干種心？如來所以能悉知者何也？以諸心總是妄心，但因其從心而起，不得不名之爲心，初非眞實之心也。

所以者何？須菩提，過去心不可得，現在心不可得，未來心不可得。」

無心則無相，故得福多。

五眼一眼，諸心非心。如來矇瞳，衆生聰明。傅山讚。

法界通化分第十九

佛法滿世界中，無不通，無不化。此示無相之福也。

「須菩提，於意云何？若有人滿三千大千世界，七寶以用布施，

遍色身中所着七情，一切舍捐。

滿世界七寶施捨，此有爲權教，亦寓無爲至理。

是人以是因緣，得福多不？」

無心則無相，其慧勝矣，故得福多。

「如是，須菩提言。世尊。此人以是因緣，得福甚多。」「須菩提，佛告。若福德有實，遣情住相布施。如來不說得福德多。以福德無故，見性，不住相布施。如來說得福德多。」

佛言若心中果實有此福德，則福德非外來，何以言得？

惟是本無一物，本無此福德藏在心中，故如來不徒言得，而更言多。

虛擡高架，也費奔波。多得不實，實得不多。太原傅山。

離色離相分第二十

色身皆妄，離之見性。此破法報身色相之見，以顯報冥一也。

「須菩提，於意云何？佛可以具足色身見不？」如來有八十種好。

佛言色身者，三十二相也。具足者，備三十二行，無一不具足也。見者，以三十二相見自性如來也。

「不也，世尊。如來眞體。不應以具足色身見。眞空無色。何以故？

如來說具足色身，即非具足色身，眞空無色。是名具足色身。」

如來無色，無無色，故不可以色見也。

無無也，故不可以色見佛。

「須菩提，於意云何？如來可以具足諸相見不？」「不也，須菩提言。世尊。如來眞體。不應以具足諸相見。何以故？

如來無相，無無相，故不可以相見。

如來說諸相具足，卽非具足，眞空無相，無無相。是名諸相具足。」故不可以相見。

色身者，衆生之身也。人徒知色身非如來身，蓋覺性猶虛空，不當以具足色身見，而不知自性卽如來，何有諸相？故以卽非之說掃絕之。

色相不應，說法又懲。相是說是，衆生衆生。傅山。

非說所說分第二十一

法無可說，所說者非法之眞。此破報身如來，有所法法之疑也。

「須菩提，佛告。汝勿謂如來作是念，我當有所說法。如來無說，無無說，故不可以聲音求。莫作是念。眞體清靜，語默皆知，故無所說。何以故？若人言如來有所說法，旣落言詮。卽爲謗佛，便失眞體。不能解我所說故。不曉佛所說義。須菩提，說法者，無法可說，是名說法。」

眞體空寂，有何可說？然空寂體中，具恆河沙妙用，卽可說之法，不可以聲音求。

言「說法」者，佛意謂眞性中本無法可說，特爲衆生除去外妄，不得已而說。卽所云「四十九年未嘗道一字」是也。

爾時慧命須菩提白佛言：

慧命者，具足慧性也。法華經云：慧以德言，命以壽言，卽長老之異名。以須菩提具慧性，年且高，故阿難有是稱也。

「世尊，頗有衆生，於未來世，聞說是法，生信心不？」

此無色相聲音法，難信難解。

佛言：「須菩提，彼非衆生，非不衆生。

悟則衆生是佛，迷則佛是衆生。

此無色聲之法，勿疑衆生難信，蓋衆生實無衆生。

何以故？須菩提，衆生衆生者，如來説非衆生，是名衆生。」

衆生卽佛，佛卽衆生，故知衆生能信。

無法可得分第二十二

眞性全空，故無法可得。此破佛法見也。

須菩提白佛言：「世尊，佛得阿耨多羅三藐三菩提，爲無所得耶？」

言佛得正覺心，無可得否。

佛言：「如是，如是。

佛以「如是」言，深許其言之是。夫有法可得，卽爲法縛；無法可得，方爲解脱。既無法可傳，豈有法可得？

須菩提，我於阿耨多羅三藐三菩提，乃至無有少法可得，

無有法，加一「少」字，言絲毫亦不有也。

是名阿耨多羅三藐三菩提。」

眞體空寂，無可得者。

勿疑如來獨得，蓋如來得無所得，以正覺平等，無佛與衆生分別故也。

淨心行善分第二十三

以清淨心，行諸善法。

「復次，須菩提，是法平等，無有高下，是名阿耨多羅三藐三菩提。衆生能信如來無得。

佛言佛與蠢動含靈，皆具此性，無增無減，其性旣同，故云平等，烏有高下。蓋色身則有高下，眞性則無高下，是名正等正覺心也。

以無我、無人、無衆生、無壽者，脩一切善法，

故得此法，必得無此四相。無四相者，兼脩六度萬行。

則得阿耨多羅三藐三菩提。

性，我之本體。凡言得者，皆自外而得。此言得者，强名之耳。

須菩提，所言善法者，

凡人本來清淨無一物，安得又有善法？故曰非有善法，假此以開悟人耳。

借法令悟眞性，不着諸法相。

如來說卽非善法，是名善法。」

得無得法，故福德多。

無所得法，卽無上法，故福德多。

無少可得，脩得甚麽？平等而已，善法一阿。傅山。

福智無比分第二十四

持經者，福智最多，無可比並。此讚般若離相之功最勝也。此一段已見前說，今又重宣者，爲後來聽法者說也。

「須菩提，若三千大千世界中，所有諸須彌山王，如是等七寶聚，七情所結。有人持用布施。須彌山王及七寶聚，亦有爲權教，寓無爲至理。喻世間高妄心，七情所結。一切捐捨，福德多矣。然皆有相布施。若人以此般若波羅蜜經，及至四句偈等，受持讀誦，能自見性。爲他人說，令人見性。於前福德，此無相布施。」百分不及一。百分不及見性福德之一。百千萬億分，乃至筭數譬喻所不能及。」

非但百不及一，由此無一能及。

五祖曰：自性若迷，佛何可救？六祖曰：乘船求寶，不知自身是寶。言世人修身不修性。徒施寶以求福也。

得智到岸，憑虛御風。須彌七寶，撇在海東。傅山。

化無所化分第二十五

雖化度衆生，心無化度。此破佛有人我之疑，以顯法身眞我也。

「須菩提，於意云何？汝等勿謂如來作是念，我當度衆生。須菩提，莫作是念。何以故？實無有衆生如來度者。

既無佛法可得，則無衆生可度。如來以衆生本覺，還令自覺，故不見有衆生如來度者。

衆生自心有如來，自心自度，非我所度，故曰其作是念。

若有衆生如來度者，如來卽有我、人、衆生、壽者。須菩提，如來說有我者，該四相。卽非有我。眞性本空離塵妄。而凡夫之人，以爲有我。該四相。須菩提，凡夫者，如來說卽非凡夫，是名凡夫。」

迷則佛是凡夫，悟則凡夫是佛。無凡無聖，則眞體不可以相見。佛說無我相，云何又自稱我者，何也？佛隨化衆生，隨世所稱也。雖云有我，卽非有我，而凡夫之人，以爲有我也。凡夫未見性之□也，所以我相未忘。又恐人分別異界，故曰卽非凡夫，以凡夫本同一體也，一性也。船度人了，依舊空船。佛我非我，夫凡非凡。傅山。

法身非相分第二十六

清淨法身，非屬相貌。此示應化非眞，以顯法身離相也。

「須菩提，於意云何？可以三十二相色身。觀如來不？」須菩提言：「如是，如是。可以三十二相觀如來。」

觀如來者，但當契本來清淨心。若以三十二相觀如來，則轉輪聖王，亦以三十二相拘泥形相，彼將亦是如來矣。

須菩提到這裏，尚未除彼迷妄，佛故以轉輪聖王之說喻之。臞仙曰：臨池喚影終無益，觀鏡攀花未足奇。若以此爲眞實相，相亡心滅卻依誰？

佛言須菩提「若以三十二相觀如來者，轉輪聖王，卽是如來。」

轉輪聖王，相亦莊嚴，應卽是如來，蓋不可以相觀也。轉輪，卽生滅義也。王者，心也。謂以三十二相見如來，則心有生滅。是生滅心，卽非如來眞體矣。〔二〕如來非生滅心，故不可以相見。

須菩提白佛言：「世尊，如我解佛所説義，不應以三十二相觀如來。」如來之體，不離色身，亦不着色聲，故不可以色聲求。

爾時世尊而説偈言：「若以色見我，形相求如來。以音聲求我，誦讀求如來。是人行邪道，捨眞逐妄。不能見如來。」不能見衆生本來具足眞覺。如來者，諸法如是，乃衆生具足眞性也。包含萬法，而眞體如如不動者。見乃衆生自見，非見西方佛也。

凡以色相聲音求見性成佛者，皆是邪道。何也？言其不能長存，終有敗壞也。

無斷無滅分第二十七

性體具足，不生斷滅見。此破斷滅見也。

「須菩提，汝若作是念，如來可以具足相故，得阿耨多羅三藐三菩提。須菩提，莫作是念，如來不以具足相故，得阿耨多羅三藐三菩提。

此性如來與衆生皆有，本無少欠，故名具足相。佛既不可以色見聲求，但恐人溺于無相，便淪于空寂，故呼須菩提曰：如來非一味空寂，惟以此具足之性有正覺，故得證菩提果。若作是

〔二〕「非」字手稿無，據一九三六年山西書局本補。

念，如來不以具足性得菩提果，未免入于稿情滅念，何以爲如來？須菩提，汝若作是念，相有斷滅。發阿耨多羅三藐三菩提心者，謂以具足相得菩提。說諸法斷滅，莫作是念。何以故？發阿耨多羅三藐三菩提心者，常住眞覺，無斷滅理。於法不說斷滅相。無相故得福多。」

無相之慧，得福多于施財。

色相聲音，不是妙好。方說斷滅，也是外道。傅山。

不受不貪分第二十八

不受福德，無所貪着。此破斷滅見也。

「須菩提，若菩薩以滿恒河沙等世界七寶持用布施，

滿恒河沙世界七寶，喻無數色身中所着七情也。

無數色身中所着七情一切捨卻，功德大矣，然皆住相布施。

若復有人，知一切法無我，四相。得成於忍，得成無生法忍。

佛言人能了一切法，無所能心，是爲忍也。以此功德，勝前功德。

此菩薩此見性不住相布施。勝前菩薩遺情。所得功德。何以故？須菩提，以諸菩薩見性。不受福德故。」心同太虛，不貪果報。須菩提白佛言：「世尊，云何菩薩不受福德？」「須菩提，佛告。菩薩所作福德，取見自性。不應貪著，斷去情戀。是故說不受福德。」不貪果報。

佛言菩薩不受福德者，不享人世之福耳，積福于虛空而已。至若度衆生，濟生死、苦惱，愈久而不已，直至成佛。故其福德，猶虛空之量也。

虚空不受福德，以心無貪着也。

受到那裏？貪得是甚？菩提薩埵，無生法忍。傅山。

威儀寂靜分第二十九

威儀寂然，不動於相。此會歸法身眞際。

「須菩提，若有人言如來若來若去、若坐若卧，是人不解我所説義。何以故？如來者，無所從來，煩惱不生。亦無所去，知覺不滅。故名如來。」非若應身有去來也。

無去來者，所謂色卽空、空卽色，其意一也。言人不可以行住坐卧威儀形容如來。

如來全不着相，如水清月見，水濁月隱，但因水有清濁，非謂月有去來也。然則心淨卽見佛，非是佛來；心垢卽不見佛，亦非佛去。心外別無有佛，安得着相以求之！

無來無去，佛在何處？想煞波崙，啼哭如雨。傅山。

一合相理分第三十

理本無形，一合之，便落相。此破一異見也。

「須菩提，若善男子、善女人，以三千大千世界，謂色身也，照上應身。碎爲微塵，謂妄念也，照上法身。於意云何？是微塵衆，寧爲多不？」

觀碎世界爲微塵，塵實無塵。

須菩提言：「甚多，世尊。何以故？若是微塵衆實有者，佛卽不説是微塵衆。

如來無來無去，總是無相，何處見得？今以三千大千如許世界，分碎爲微細塵埃，雖曰甚是衆多，若是實有微塵，則涉有形，佛卽不說是微塵衆多。畢竟微塵星星屑屑，皆是從空裏飛揚，實無微塵之定形也。

所以者何？佛說微塵衆，妄念由迷而起。則卽。非微塵衆，一念覺悟卽無妄。是名微塵衆。則法身固無。世尊，如來所說三千大千世界，色身由妄而生。卽非世界，人法兩空，卽無諸色。是名世界。何以故？則色身亦無。若世界實有者，卽是一合相。塵界合一。如來說一合相，卽非一合相，於相離合。是名一合相。」「須菩提，一合相者，卽塵卽界，卽應卽法。卽是不可說。但凡夫之人，貪著其事。」故見有相。

合微塵爲世界，界實無界。則知應卽法，法卽應，亦合一不可說矣。惟凡人貪着，故有相。一合相者，卽塵卽界，卽界卽塵，塵界合一，以喻卽應卽法，卽法卽應，應法合一也。凡夫未悟，或妄生貪着。若具智慧性者，必能超出凡夫，不生貪着。

碎的整的，總是一妄。切莫認眞，者一合相。傅山。

知見不生分第三十一

眞知的見，不生有相。有相便不解佛說。此破執有離相之見也。

「須菩提，若人言佛說我見、人見、衆生見、壽者見，須菩提，於意云何？是人解我所說義不？」「不也，須菩提言。世尊。是人不解如來所說義。何以故？世尊說我見、人見、衆生見、壽者見，卽非我見、人見、衆生見、壽者見，

眞體空寂平等，無諸相分別。今謂佛有四見，是不解佛說義。

是名我見、人見、衆生見、壽者見。」

佛具慧性，我、人等自能灼見，然非果有我、人等相也。衆生聞佛所說，錯認爲有相，而特不可着耳，故疑人解我所說義否？須菩提曰：是人若果錯認爲有相，是誠不解其義者也。其故謂何？世人所謂四相者，原無有四相在，特欲化人發清淨智慧心，不得已而分此名耳。

「須菩提，佛告。發阿耨多羅三藐三菩提心者，於一切法，應如是知，知如無所知。如是見，見無所見。如是信解，信解無所信解。不生法相。無智無得。須菩提，所言法相者，如來說卽非法相，是名法相。」

眞空不空，空無所空，無法又何見何貪，故福德勝。此經總以無相爲主，故此分重復以不可有四相，不可生法相，收拾全經意思。其云應如是發菩提心，又結初問云何應住也；不生法相，又結初問云何降伏也；至後分又標出個眞性無相，特是欲顯出如來說經之根源。人只認透「無相」兩個字，全經大旨，便自了了。

無相乃同佛知見，起云應如是住，如是降伏，結云應如是知，如是見，如是信解，首尾呼應。州官放火，百姓點燈，有許不許，熟吃休生。傅山。

應化非眞第三十二

應現設化，非着於眞實相。此是化身佛說如如法也。

「須菩提，若有人以滿無量阿僧祇世界無數。七寶，持用布施，

色身中所着七情，一切普散，功德大矣，然皆住相布施。

若有善男子、善女人，發菩提心者，持於此經，乃至四句偈等，受持讀誦，見自己相。爲人演說，欲

人盡性。其福勝彼。此不住相布施。云何爲人演說，示人以說經之法。不取於相，如如不動，何以故？

不可尋文執相，但借法以默還眞體。惟見如如自得，而毫無所淆動也。所以能無相者，惟于有爲之法，一切以虚幻視之，自然不取於相。無相則無衆生可度，無涅盤可入，降伏安住，即護念囑付者，皆有于是。此于末路示人以用功德之要也。一切有爲法，凡着相者皆是。

一切有爲法，凡可演說之法。如夢幻泡影，總屬虚妄。如露亦如電，亦屬虚幻。應作如是觀。」

以虚幻觀諸法，自然不取于相，降伏安住俱無。泡者，水上浮泡，易生易滅也。影者，如身之影，無所提攝也。露者，不久停者也。電者，乃頃刻之光也。六者相類，變滅不常。以比一切有爲法，亦是變滅不常，非關于我眞性分毫，故應當作此六者觀看，所以决是執相，不得一切諸法，特聽他在外之紛紜，而我初無纖毫染着，此便是具有智慧性者矣，何難登諸佛之彼岸哉！

佛說是經已，畢也。長老須菩提及諸比丘、男僧也。比丘尼、女僧也。優婆塞、善男子。優婆夷、善女人。一切世間天人阿修羅，聞佛所說，皆大歡喜，信受奉行。

世間一切天人羅刹鬼神等，聽聞是經，皆能言下覺悟，故生大觀喜心。然喜而不信，信而不行，雖聞猶不聞也。信受奉行，其能仰體如來說法聚會之意也。

金剛般若到此如如，六千許言，一字也無。傅山讚。

卷八十一　楞嚴經批注〔一〕（上）

卷第一

封面墨筆批：「首楞嚴，譯一切事究竟堅固，此堅固與色□堅固第一妄想不同。三摩提，一卷九。無生法忍，一卷，凡親證實受無生之理，唯自知之，向人極力形容不出，故曰忍。波斯匿王見河水，〔二〕二卷四。以緣心聽法，此法亦緣，非得法性，二卷九。第二月，二卷十。」

「菩薩戒弟子前正議大夫同中書門下平章事房融筆受。」硃筆眉批：「房融。」

「阿難見佛，頂禮悲泣，恨無始來，一向多聞，未全道力，殷勤啟請十方如來，得成菩提、妙奢摩他、三摩、禪那。」墨筆眉批：「妙奢摩他、三摩地、禪那。」

「佛告阿難：如汝所言，身在講堂，戶牖開豁，遠矚林園，亦有衆生在此堂中，不見如來，見堂外者。」乘時講錄：「此牒其前言，以破執心在内也。」硃筆眉批：「一、心在身内。不是。」

「佛告阿難：若汝覺了知見之心，實在身外。」乘時講錄：「此破心不在外也。」硃筆眉批：「二、心在身外。不是。」「我今示汝兜羅綿手，汝眼見時，心分別不？」硃筆旁批：「此是以眼與

〔一〕此篇據山西博物院藏批點手稿整理，批點底本爲明天啓壬戌版，署「唐天竺沙門般剌密諦譯，烏萇國沙門彌迦釋迦譯語，菩薩戒弟子前正議大夫同中書門下平章事房融筆受，明柴紫釋乘時講錄。」缺第五、第六兩卷。由高維德先生釋文。曹玉琪重校。

〔二〕「波」，手稿作「阿」，據楞嚴講錄卷二改。

心較内外之相知與否。」

「佛告阿難：如汝所言，潛根内者，猶如瑠璃。」乘時講録：「此破心不潛根也。」硃筆眉批：「三、心潛根内。不是。」

「阿難白佛言」云云，「今我對佛，開眼見明，名爲見外；閉眼見暗，名爲見内，是義云何？」乘時講録：「此雙計内外也。」硃筆眉批：「四、雙計内外。不是。」

「佛告阿難：汝當閉眼見暗之時，此暗境界，爲與眼對，爲不對眼。若與眼對，暗在眼前，云何成内？若成内者，居暗室中，無日月燈，此室暗中，皆與焦腑。若不對者，云何成見？若離外見，内對所成。合眼見暗，名爲身中。開眼見明，何不見面？若不見面，内對不成。見面若成，此了知心。及與眼根，乃在虚空，何成在内？若在虚空，自非汝體。」硃筆眉批：「頓得節節分明。」

「阿難言：我常聞佛，開示四衆：由心生故，種種法生。由法生故，種種心生。我今思惟，即思惟體。實我心性，隨所合處，心則隨有，亦非内外中間三處。」硃筆眉批：「五、非内外中三處而隨所合有。不是。」

「佛言：汝心若在根塵之中，此之心體，爲復兼二，爲不兼二，若兼二者，物體雜亂，物非體知，成敵兩立，云何爲中？兼二不成，非知不知，即無體性，中何爲相？是故應知，當在中間，無有是處。」乘時講録：「若汝心體不兼根，則非屬有知；若不兼塵，又非屬不知。」又云：「物體雜亂句，且除卻根説。」硃筆眉批：「六、心在中間。不是。」又「物非體知」旁硃筆批：「物色非知，心體有知。」〔一〕硃筆眉批：「若汝心體兼塵不兼根，則非屬有知；若兼根不兼塵，又非屬不

〔一〕「心」，傅山全書初版本誤作「知」，據批點手稿改。

知。」又於「且除卻根說」旁硃筆批：「卽不除根亦得。」

「佛告阿難：汝言覺知分別心性，俱無在者，世間虛空水陸飛行，諸所物象，名爲一切，汝不著者。爲在爲無，無則同於龜毛兔角，云何不著？有不著者，不可名無，無相則無，非無則相，相有則在，云何無著？是故應知一切無著，名覺知心，無有是處。」乘時講錄：「此破無著名爲心也。」硃筆眉批：「七、無著爲心。不是。」「爲在爲無」旁硃筆批：「爲有个心在，爲無个心在。」

「二者無始菩提涅槃元清淨體，則汝今者識精元明，能生諸緣。」硃筆眉批：「精。」又硃筆旁批：「如此，比亦不是好底。」

「爾時世尊開示阿難及諸大衆，欲令心入無生法忍。」墨筆眉批：「無生法忍。」

「自我從佛發心出家，恃佛威神，常自思惟，無勞我修，將謂如來惠我三昧，不知身心本不相代，夫我本心，雖身出家，心不入道，譬如窮子，捨父逃逝，今日乃知雖有多聞，若不修行，與不聞等。」墨筆眉批：「身心不相代。多聞。」

「卽時如來從胸卍字，湧出寶光。」墨筆眉批：「卍。」

「汝試於途詢問盲人：汝何所見？彼諸盲人，必來答汝：我今眼前，唯見黑暗，果無他矚。以是義觀，前塵自暗，見何虧損？」後八字旁硃筆批：「若不悟人，卽此八字，又當生出多少藤葛。」

卷第二

乘時講錄：「生滅境中，原有不生滅者。然水之遷流，不含晝夜，而六十所見之水，亦豈卽三歲所見之水耶？所謂不異者，水之性也，遷流者，水之相也，卽相以達性，故曰江河競注而不流。」硃筆尾批：「傅山曰：莊夫子風日過河之喻，可參觀。」

「汝面雖皺，而此見精性未曾皺。皺者爲變，不皺非變；變者受滅，彼不變者元無生滅。」墨筆眉批：「與物化者，一不化者也。」

「若此見聞，必不生滅。」墨筆眉批：「見聞。」

「諸世間人，一倍瞻視，則知汝身」云云，「倍」字旁硃筆批：「輩。」

「色、心、諸緣，及心所使，諸所緣法，唯心所現。汝身汝心，皆是妙明眞精心中所現物。」硃筆眉批：「精。」「色」字旁硃筆批：「身。」「心」字旁硃筆批：「意。」「諸緣」旁硃筆批：「前五根。」「所使」旁硃筆批：「前五識。」「諸所緣法」旁硃筆批：「廣指六塵。」

「見精明元，此見雖非妙精明心，如第二月，非是月影。」硃筆眉批：「精。精。」墨筆眉批：「第二月。」

「是故還日，暗還黑月，通還戶牖，壅還牆宇，緣還分別，頑虛還空，鬱埻還塵，清明還霽，則諸世間一切所有，不出斯類。」墨筆眉批：「八還。」

「阿難，且吾與汝觀四天王所住宮殿」云云。硃筆旁批：「物不是見。」

「同汝見精，清淨所矚，則諸物類，自有差別。見性無殊，此精妙明，誠如見性。」硃筆眉批：「精。精。」

「若見是物，則汝亦可見吾之見。若同見者名爲見吾，吾不見時，何不見吾不見之處？」「若見是物」旁硃筆批：「見不是物。」「若同見者名爲見吾」，硃筆改爲：「若同見者名爲見吾之見。」

「若定方者，別安圓器，空應不圓；若不定者，在方器中，應無方空。」墨筆眉批：「方圓、方空。」

「阿難白佛言：世尊，若此見精，必我妙性。今此妙性，現在我前，見必我眞，我今身心復是何物？而今身心分別有實，彼見無別分辨我身，若實我心，令我今見，見性實我，而身非我。」硃筆眉批：「精。」「身心」二字間硃筆旁批：「內之。」「我身」下硃筆旁批：「者。」「令我今見」旁硃筆批：「令我之見，爲彼所見。」

「佛復告阿難：〔一〕如汝所言，無有見精離一切物。」硃筆眉批：「精。」

「如第二月，誰爲是月？又誰非月？」硃筆眉批：「第二月。」

「由是精眞妙覺明性，故能令汝出指非指。」硃筆眉批：「精。」

「我今觀此覺性自然」云云，乘時講錄：「本末無因，自然而然，不假因修，不從果得。」硃筆眉批：「自然。」

「當知如是精覺妙明，非因非緣，亦非自然，非不自然，無非不非，無是非是，離一切相，卽一切法。」「非不自然」下，硃筆加：「非不因緣。」

「阿難白佛言：世尊，必妙覺性，非因非緣。世尊云何常與比丘宣說見性具四種因緣？」硃筆旁批：「要如此問。」

「見見之時，見非是見，見猶離見，見不能及。」硃筆旁批：「此見精耳，亦非眞見。」「見猶」之「見」旁硃筆批：「眞。」

「色實在燈，見病爲影，影見俱眚，見眚非病，終不應言是燈是見，於是中有非燈非見，如第二

〔一〕「復」，傅山全書初版本脫，據批點手稿補。

月，非體非影。」墨筆眉批：「第二月。」「見眚非病」旁硃筆批：「儘有聽其眚而不顧者矣。」

「見與見緣，似現前境。元我覺明，見所緣眚。覺見卽眚，本覺明心。覺緣非眚，覺所覺眚。覺非眚中，以實見見。云何復名覺聞知見？是故汝今見我及汝，幷諸世間十類衆生，皆卽見眚，非見眚者。彼見眞精，性非眚者，故不名見。」硃筆眉批：「精。」「見所緣眚」旁硃筆批：「賴見字。」「覺見卽眚」旁硃筆批：「覺能緣賴見卽是眚。」「覺緣非眚」旁硃筆批：「凡所覺之緣非眚。」「覺所覺眚」旁硃筆批：「覺所緣覺是眚。」「覺非眚中」之「非」字旁硃筆批：「不。」「此實見見」中之第一「見」字旁硃筆批：「者是好見字。」「皆卽見眚」之「見眚」中間硃筆批：「之。」「非見眚者」旁硃筆批：「語意似前所謂彼眚人見圓影者。『覺見卽眚』三句，亦可云若覺得个見字卽眚，害卻本覺明心，則病在見上，不在所緣上，猶云見影之病在眚上，畢竟不在燈上也。」

「阿難，汝雖先悟本覺妙明性，非因緣，非自然性，而猶未明如是覺元非和合生及不和合。」墨筆眉批：「非和合及不和合。」「雜失明性」，「明」字旁硃筆批：「相。」「性」字旁硃筆批：「見。」「汝今者妙淨見精。」硃筆眉批：「精。」

「此妙見精非和合者。」硃筆眉批：「精。」

「又妙見精非和合者。」硃筆眉批：「精。」

「殊不能知生滅去來，本如來藏，常住妙明，不動周圓，妙眞如性。」「不動」旁硃筆批：「體。」「周圓」旁硃筆批：「用。」

「又見華時，目應無翳，云何晴空，號清明眼？是故當知色陰虛妄，本非因緣，非自然性。」墨筆眉批：「色陰。」

「阿難，譬如有人，手足宴安，百骸調適，忽如忘生，性無違順，其人無故以二手掌於空相摩，於二手中，妄生澀滑冷熱諸相，受陰當知亦復如是。」墨筆眉批：「受陰。」

「阿難，譬如有人，談說酢梅，口中水出；思蹋懸崖，足心酸澀，想陰當知亦復如是。」墨筆眉批：「梅。崖。想陰。」

「若獨耳聞，此水何不耳中而出？」硃筆旁批：「六妄在成。」

「阿難，譬如暴流，波浪相續，前際後際不相踰越，行陰當知亦復如是。阿難，如是流性，不因空生，不因水有，亦非水性」云云，「則此暴流，性應非水，有所有相，今應現在。若卽水性，則澄清時，應非水體」。墨筆眉批：「暴流，行陰。」「如是流性」之「性」旁硃筆批：「一。」「亦非水性」之「性」旁硃筆批：「二。」「性應非水」之「性」旁硃筆批：「三。」「若卽水性」之「性」旁硃筆批：「四。」

「阿難，譬如有人，取頻伽缾，塞其兩孔，滿中擎空，千里遠行，用餉他國，識陰當知亦復如是。」墨筆眉批：「識陰。」

「若彼方來，則本缾中，既貯空去，於本缾地，應少虛空，若此方入，開孔倒缾，應見空出。是故當知識陰虛妄，本非因緣，非自然性。」墨筆眉批：「非因緣，非自然。」硃筆旁批：「猶言要者裏何得去，一定那裏沒了个虛空。」

注：「已上總名五陰。」硃筆改「名」爲「明」。

卷第三

封面墨筆批：「楞嚴三之四。清淨本然，如何忽生山河大地？四卷。」又硃筆批：「四卷，妙。」又墨筆批：「細想因緣處居多；六入，非因緣非自然性；三卷。破非因緣非自然只是『隨業發現』四字；披風，三卷二十九。七言讚，舜若多性可消亡，爍迦羅不動轉，三卷末。如何轉得山河國土歸自己去問答，見四卷注，五葉。演若達多愛鏡中頭，四卷十八。如寤時人，說夢中事，心縱精明，欲何因緣，取夢中物，四卷。五濁，四卷二十六。見道當在一切處見，修道當從自己身心中下手，古德云，心如牆壁，乃可入道，四卷注。」

「同是菩提瞖發勞相，因於明暗二種妄塵，發見居中，吸此塵相，名爲見性。」墨筆眉批：「菩提。」

「若從明來，暗卽隨滅，應非見明。」「非」字旁硃筆批：「不。」

「是故當知，眼入虛妄，本非因緣，非自然性。」墨筆眉批：「眼入。」

「是故當知，耳入虛妄，本非因緣，非自然性。」墨筆眉批：「耳入。」

「是故當知，鼻入虛妄，本非因緣，非自然性。」墨筆眉批：「鼻入。」

「當知如是嘗苦淡知。」墨筆改「嘗」爲「甜」。

「是故當知，舌入虛妄，本非因緣，非自然性。」墨筆眉批：「舌入。」

「是故當知，身入虛妄，本非因緣，非自然性。」墨筆眉批：「身入。」

「是故當知，意入虛妄，本非因緣，非自然性。」墨筆眉批：「意入。」

「見與色空，俱無處所，卽色與見，二處虛妄，本非因緣，非自然性。」墨筆眉批：「色、見。」

「聽與音聲，俱無處所，卽聽與聲，二處虛妄，本非因緣，非自然性。」墨筆眉批：「聽、聲。」

「香鼻與聞，俱無處所，卽嗅與香，二處虛妄，本非因緣，非自然性。」墨筆眉批：「嗅、香。」

「味舌與嘗，俱無處所，卽嘗與味，二俱虛妄，本非因緣，非自然性。」墨筆眉批：「嘗、味。」

「覺觸與身，俱無處所，卽身與觸，二俱虛妄，本非因緣，非自然性。」墨筆眉批：「身、觸。」
「法則與心，俱無處所，則意與法，二俱虛妄，本非因緣，非自然性。」乘時講錄：「阿難曰：
汝尋常於意根中所緣之塵，不是善定是惡，若不記別善惡，定是無記性。夫善惡淨染，法也；無記
昏住，法也；乃生成之軌則，除此三性，無法塵可得矣。」墨筆眉批：「空法。」又硃筆眉批：
「生成之軌則，五字呆得可笑。」
「故世尊將明七大。」硃筆旁批：「七大。」
「汝觀地性，麤爲大地」云云，「性色眞空，性空眞色，清淨本然，周徧法界，隨衆生心，應所
知量，循業發現。世間無知，惑爲因緣及自然性，皆是識心，分別計度，但有言說，都無實義」。墨
筆眉批：「地，以下無實義。無實一。」
「阿難，火性無我，寄於諸緣」云云，「當知世人，一處執鏡，一處火生，徧法界執，滿世間
起，起徧世間，寧有方所，循業發現。世間無知，惑爲因緣，及自然性，皆是識心，分別計度，但
有言說，都無實義」。墨筆眉批：「火。無實二。」
「阿難，水性不定，流息無恆。如室羅城，迦毘羅仙、斫迦羅仙及鉢頭摩、訶薩多等」云云，
「性水眞空，性空眞水，清淨本然，周徧法界，隨衆生心，應所知量。一處執珠，一處水出，徧法界
執，滿法界生，生滿世間，寧有方所，循業發現。世間無知，惑爲因緣，及自然性，皆是識心，分
別計度，但有言說，都無實義。」墨筆眉批：「水。無實三。」「迦毘羅仙」旁硃筆批：「青色。」
「斫迦羅仙」旁硃筆批：「鴛鴦。」「鉢頭摩」旁硃筆批：「赤蓮花。」
「阿難，風性無體，動靜不常」云云，「此風若復出袈裟角，汝乃披風，其衣飛搖，應離汝體」。
又云，如汝一人，微動服衣，有微風出，徧法界拂，滿國土生，周徧世間，寧有方所，循業發現。

世間無知，惑爲因緣，及自然性，皆是識心，分别計度，但有言說，都無實義」。墨筆眉批：「風。無實四。」「汝乃披風」旁硃筆批：「奇語。」

「阿難，空性無形，因色顯發。如室羅城，去河遙處，諸刹利種，及婆羅門、毘舍、首陀，兼頗羅墮、旃陀羅等，新立安居，鑿井求水，出土一尺，於中則有一尺虛空」云云，「如一井空，空生一井，十方虛空，亦復如是，圓滿十方，寧有方所，循業發現。世間無知，惑爲因緣，及自然性，皆是識心，分别計度，但有言說，都無實義」。墨筆眉批：「空。無實五。」「刹利」旁硃筆批：「王族。」「婆羅門」旁硃筆批：「淨行。」「毘舍」旁硃筆批：「商。」「首陀」旁硃筆批：「農。」「頗羅墮」旁硃筆批：「利根。」「旃陀羅」旁硃筆批：「魁膾。」

「阿難，見覺無知，因色空有」云云，「聽、嗅、嘗觸、覺觸、覺知，妙德瑩然，周徧法界，圓滿十虛，寧有方所，循業發現。世間無知，惑爲因緣，及自然性，皆是識心，分别計度，但有言說，都無實義」。墨筆眉批：「見。無實六。」「聽」字旁硃筆批：「耳。」「齅」字旁硃筆批：「鼻。」「嘗觸」旁硃筆批：「舌。」〔一〕「覺觸」旁硃筆批：「身。」「覺知」旁硃筆批：「意。」

「阿難，識性無源，因於六種根塵妄出」云云，「如來藏中，性識明知，覺明眞識，妙覺湛然，周徧法界，含吐十虛，寧有方所，循業發現，世間無知，惑爲因緣，及自然性，皆是識心，分别計度，但有言說，都無實義」。墨筆眉批：「識。無實七。」

注：「既謂明知，會未離乎眞覺本明之體。」硃筆改「會」爲「曾」。

注：「一切衆生，向眞如梩作諸妄業。」硃筆改「梩」爲「裡」。

〔一〕「舌」，傅山全書初版本誤作「身」，據批點手稿改。

「妙湛總持不動尊，首楞嚴王世希有，銷我億劫顚倒想。」乘時講錄：「此阿難讚佛讚法偈也。」墨筆眉批：「七字偈讚。」

卷第四

「無同異中，熾然成異，異彼所異，因異立同，同異發明，因此復立，無同無異。如是擾亂，相待生勞，勞久發塵，自相渾濁。由是引起，塵勞煩惱，起爲世界，靜成虛空，虛空爲同，世界爲異，彼無同異，眞有爲法。」乘時講錄，「蓋爲一念妄動，因明立所，便將無同無異之清淨不然，翻成世界虛空之眞有爲法矣」。硃筆旁批：「此句解未穩。」又硃筆旁批：「愚謂『彼無』二句，是承上文『因此復立無同無異』而泠汰之。」

「火騰水降，交發立堅。」硃筆旁批：「八字說破道家坎離交泰而長生之無是處。」

「有因緣生羯羅藍、遏蒱曇等。」「羯羅藍」旁硃筆批：「凝滑。」「遏蒱曇」旁硃筆批：「皰。」

「汝豈不聞室羅城中，演若達多，忽於晨朝，以鏡照面。」墨筆眉批：「演若達多。」

「佛告阿難：卽如城中演若達多，狂性因緣，若得滅除，則不狂性自然而出，因緣自然理窮於是。」墨筆眉批：「演若達多。」

「爾時世尊哀愍會中緣覺聲聞，於菩提心未自在者，及爲當來佛度後末法衆生，發菩提心，開無上乘，妙修行路。」墨筆眉批：「于菩提心未自在者。」

「空見不分，有空無體，有見無覺，相織妄成，是第一重，名爲刧濁，汝身現摶，四大爲體，見聞覺知，壅令留礙，水火風土，旋令覺知，相織妄成，是第二重，名爲見濁。又汝心中，憶識誦習，性發知見，容現六塵，離塵無相，離覺無性，相織妄成，是第三重，名煩惱濁。又汝朝夕生滅不停，知見每欲留於世間，業運每常遷於國土，相織妄成，是第四重，名衆生濁。汝等見聞，元無異性，衆塵隔越，無狀異生，性中相知，用中相背，同異失準，相織妄成，是第五重，名爲命濁。」注：「故見道當在一切處見，修道當從自己身心中下手。古德云：心如牆壁，乃可入道。」墨筆眉批：「刦濁，見濁，煩惱濁，衆生濁，命濁。心如墻壁。」乘時講録「煩惱濁」云云。硃筆眉批：「此解與本文尚左。」

「第二義者，汝等必欲發菩提心」云云。墨筆眉批：「菩提心。」

卷第七

封面墨筆批：「四種律儀，皎如冰雪，自不能生一切枝葉。心三口四，生必無因，七卷首。四食五辛，八卷。等覺妙覺，八卷。乾慧，八卷四。琉璃大王，八卷。善星比丘，八卷。麩魚、多舌魚，八卷注，十五葉。十種仙，八卷。天人無骨肉，亦無大小便利，八卷注。六欲界，見八卷。横陳嚼蠟，六欲天。」硃筆批：「十二類生，見七卷。」

「阿難，汝問攝心，我今先説入三摩地，修學妙門，求菩薩道，要先持此四種律儀。」墨筆眉批：「四種律儀。」

「應於當陽張盧舍那、釋迦、彌勒、阿閦、彌陀、諸大變化觀音形像兼金剛藏，安其左右。帝釋、梵王、烏芻瑟摩幷藍地迦、諸軍荼利與毘俱胝、四天王等，頻那、夜迦，張於門側，左右安置。」乘時講録：「頻那、夜迦，卽猪頭、象鼻二使者。」硃筆眉批：「金剛藏。猪頭、象鼻。」

「此諸金剛菩薩藏王精心陰速發彼神識，是人應時心能記憶八萬四千恆河沙劫，周徧了知，得無疑惑。」硃筆眉批：「金剛菩薩。」

「阿難，當知是呪，常有八萬四千那由他恆河沙，俱胝金剛藏王菩薩方如來，所有功德，悉與此人。」硃筆眉批：「金剛藏王菩薩。」

「不久皆得悟無生忍。」墨筆眉批：「無生忍。」〔二〕

「說是語已，會中無量百千金剛，一時佛前合掌頂禮而白佛言」云云。硃筆眉批：「金剛。」

「爾時八萬四千那由他恆河沙，俱胝金剛藏王菩薩。」硃筆眉批：「金剛菩薩。」

「世尊，如是修證佛三摩提，未到涅槃，云何名爲乾慧之地？四十四心，至何漸次，得修行目？」注：「四十四心者，謂十信、十住、十行、十迴向及煖、頂、忍、世四加行。」硃筆眉批：「四十四心。」

「是故世間聲香味觸，窮十二變爲一旋復。」硃筆旁批：「色法。」

「阿難，由因世界虛妄輪迴、動顛倒故，和合氣成八萬四千飛沉亂想，如是故有卵羯邏藍流轉國土，魚鳥龜蛇，其類充塞。」乘時講錄：「此明卵生因果之相也。」墨筆眉批：「動。氣。卵羯邏藍。」硃筆眉批：「卵。動。」

「由因世界雜染輪迴，欲顛倒故，和合滋成八萬四千橫豎亂想，如是故有胎遏蒲曇流轉國土，人畜龍僊，其類充塞。」乘時講錄：「此明胎生因果之狀也。」墨筆眉批：「欲。滋。胎遏蒲曇。」硃筆眉批：「胎。欲。」

〔二〕此條，傅山全書初版本脫，據批點手稿補。

「由因世界執着輪迴，趣顛倒故，和合煖成八萬四千翻覆亂想，如是故有濕相蔽尸流轉國土，含蠢蠕動，其類充塞。」乘時講錄：「此明濕生因果之相也。」墨筆眉批：「趣。煖。濕相蔽尸。」硃筆眉批：「濕。趣。」

「由因世界變易輪迴，假顛倒故，和合觸成八萬四千新故亂想，如是故有化相羯南流轉國土，轉蜕飛行，其類充塞。」乘時講錄：「此明化生因果之相也。」墨筆眉批：「假。觸。化相羯南。」硃筆眉批：「化。假。」

「由因世界留礙輪迴，障顛倒故，和合著成八萬四千精耀亂想，如是故有色相羯南流轉國土，休咎精明，其類充塞。」乘時講錄：「此明有色因果之相也。」墨筆眉批：「障。著。」硃筆眉批：「有色。障。」講錄上硃筆眉批：「此段説不來。」〔一〕

「由因世界銷散輪迴，惑顛倒故，和合暗成八萬四千陰隱亂想，如是故有無色羯南流轉國土，空散銷沉，其類充塞。」乘時講錄：「此明無色因果之相也。」墨筆眉批：「惑。暗。」硃筆眉批：「無色。惑。」

「由因世界罔象輪迴，影顛倒故，和合憶成八萬四千潛結亂想，如是故有想相羯南流轉國土，神鬼精靈，其類充塞。」乘時講錄：「此明有想因果之相也。」墨筆眉批：「影。憶。」硃筆眉批：「有想。影。」

「由因世界愚鈍輪迴，癡顛倒故，和合頑成八萬四千枯槁亂想，如是故有無想羯南流轉國土，精神化爲土木金石，其類充塞。」乘時講錄：「此明無想因果之相也。」墨筆眉批：「癡。頑。」硃筆

〔一〕「來」，傅山全書初版本誤作「上」，據批點手稿改。

眉批：「無想。癡。」

「由因世界相待輪回，僞顛倒故，和合染成八萬四千因依亂想，如是故有非有色相成色羯南流轉國土，諸水母等以蝦爲目，其類充塞。」乘時講錄：「此明非有色因果之相也。」墨筆眉批：「僞。染。」硃筆眉批：「非有色。僞。」「水母」旁硃筆批：「此生專爲水母，蝦是別一生，講者須別。」

「由因世界相引輪迴，性顛倒故，和合呪成八萬四千呼召亂想，由是故有非無色相無色羯南流轉國土，呪詛厭生，其類充塞。」乘時講錄：「此明非無色因果之相也。」墨筆眉批：「性。呪。」硃筆眉批：「非無色。性。」

「由因世界合妄輪迴，罔顛倒故，和合異成八萬四千迴互亂想，如是故有非有想相成想羯南流轉國土。彼蒲盧等，異質相成，其類充塞。」乘時講錄：「此明非有想因果之相也。」墨筆眉批：「罔。異。蒲盧。」〔二〕硃筆眉批：「非有想。罔。」

「由因世界怨害輪迴，殺顛倒故，和合怪成八萬四千食父母想，如是故有非無想相無想羯南流轉國土，如土梟等附塊爲兒，及破鏡鳥以毒樹果抱爲其子，子成父母皆遭其食，其類充塞，是名衆生十二種類。」乘時講錄：「此明非無想因果之相也。」墨筆眉批：「殺。怪。土梟。破鏡。」硃筆眉批：「非無想。殺。」硃筆尾批：「本文以毒樹果抱爲其子。又似非譯者之誤，是明明有此類鳥也。」

〔二〕「蒲盧」，傅山全書初版本脫，據批點手稿補。

卷第八

「如是世界十二類生，不能自全，依四食住，所謂段食、觸食、思食、識食。」墨筆眉批：「四食。」

「先持聲聞四棄八棄，執身不動，後行菩薩清淨律儀。」乘時講錄：「比丘四棄卽海外投資淫、殺、盗、妄。尼加四棄卽觸、入、覆、隨，亦多防淫也。」硃筆眉批：「四棄、八棄。」

「一切如來密圓淨妙，皆現其中，是人卽獲無生法忍。」墨筆眉批：「無生法忍。」

「阿難，是善男子欲愛乾枯，根境不偶，現前殘質，不復續生，執心虚明，純是智慧，慧性明圓，鎣十方界，乾有其慧，名乾慧地。」硃筆眉批：「乾慧。」

「一切妄想滅盡無餘，中道純眞，名信心住。眞信明了，一切圓通，陰處界三，不能爲礙，如是乃至過去未來，無數劫中，捨身受身，一切習氣，皆現在前，是善男子，皆能憶念，得無遺忘，名念心住。妙圓純眞，眞精發化，無始習氣，通一精明，唯以精明進趣眞淨，名精進心。心精現前，純以智慧，名慧心住。執持智明，周徧寂湛，寂妙常凝，名定心住。定光發明，明性深入，唯進無退，名不退心。心進安然，保持不失，十方如來氣分交接，名護法心。覺明保持，能以妙力迴佛慈光，向佛安住，猶如雙鏡，光明相對，其中妙影，重重相入，名迴向心。心光密迴，獲法常凝無上妙淨，安住無爲，得無遺失，名戒心住。住戒自在，能游十方，所去隨願，名願心住。」硃筆旁批：「十信心。壹。貳。叄。肆。伍。陸。柒。捌。玖。拾。」墨筆眉批：「十信心。」〔二〕又硃筆眉批：「信心、念心、精進心、慧心、定心、不退心、護法心、迴向心、戒心、願心。」

〔二〕「墨筆眉批：十信心」，傅山全書初版本脫，據批點手稿補。

「心精發暉，十用涉入，圓成一心，名發心住。心中發明，如淨琉璃，内現精金，以前妙心，復以成地，名治地住。心地涉知，俱得明了，游履十方，得無留礙，名修行住，行與佛同，受佛氣分，如中陰身，自求父母，陰信冥通，入如來種，名生貴住。既游道胎，親奉覺胤，如胎已成，人相不缺，名方便具足住。容貌如佛，心相亦同，名正心住。身心合成，日益增長，名不退住。十身靈相，一時具足，名童眞住。形成出胎，親爲佛子，名法王子住。表以成人，如國大王，以諸國事，分委太子，彼刹利王，世子長成，陳列灌頂，名灌頂住。」硃筆旁批：「十住。」墨筆眉批：「十住。」硃筆眉批：「發心住、治地住、修行住、生貴住、方便具足住、正心住、不退住、童眞住、法王子住、灌頂住。」乘時講録：「十身者，菩提、願、化、力、莊嚴、威勢、意生、福、法、智是也。」硃筆眉批：「十身。」

「具足無量如來妙德，十方隨順，名歡喜行。善能利益一切衆生，名饒益行。自覺覺他，得無違拒，名無瞋恨行。種類出生，窮未來際，三世平等，十方通達，名無盡行。一切合同，種種法門，得無差誤，名離癡亂行。則於同中顯現羣異，一一異相，各各見同，名善現行。如是乃至十方虚空，滿足微塵，一一塵中，現十方界，現塵現界，不相留礙，名無著行。種種現前，咸是第一波羅密多，名尊重行。如是圓融，能成十方諸佛軌則，名善法行。一一皆是清淨無漏，一眞無爲，性本然故，名眞實行。」硃筆旁批：「十行。」墨筆眉批：「十行。」硃筆眉批：「歡喜行、饒益行、無瞋恨行、無盡行、離癡亂行、善現行、無著行、尊重行、善法行、眞實行。」

「純潔精眞，遠諸留患，當度衆生，滅諸度相，迴無爲心，向涅槃路，名救護一切衆生離衆生相迴向。壞其可壞，遠離諸離，名不壞迴向。本覺湛然，覺齊佛覺，名等一切佛迴向。精眞發明，地如佛地，名至一切處迴向。世界如來，互相涉入，得無罣礙，名無盡功德藏迴向。於同佛地，地中各各生清淨因，依因發揮，取涅槃道，名隨順平等善根迴向。眞根旣成，十方衆生皆我本性，性圓成就，不失衆生，名隨順等觀一切衆生迴向。卽一切法，離一切相，唯卽與離，二無所著，名眞如相迴向。眞得所知，十方無礙，名無縛解脫迴向。性德圓成，法界量滅，名法界無量迴向。硃筆旁批：「十迴向。」墨筆眉批：「十迴向。」硃筆眉批：「離衆生相迴向一、不壞迴向二、等一切佛迴向三、至一切處迴向四、無盡功德藏迴向五、隨順平等善根迴向六、一切衆生迴向七、眞如相迴向八、無縛迴向九、法界迴向十。」

「阿難，是善男子盡是清淨四十一心，次成四種妙圓加行，卽以佛覺用爲己心，若出未出。」硃筆旁批：「四加行。」墨筆眉批：「四加行。」

「阿難，是善男子於大菩提善得通達，覺通如來盡佛境界，名歡喜地。異性入同，同性亦滅，名離垢地。淨極明生，名發光地。明極覺滿，名燄慧地。一切同異所不能至，名難勝地。無爲眞如性淨明露，名現前地。盡眞如際，名遠行地。一眞如心，名不動地。發眞如用，名善慧地。」「慈陰妙雲，覆涅槃海，名法雲地。如來逆流，如是菩薩順行而至，覺際入交，名爲等覺。」硃筆旁批：「十地。」墨筆眉批：「十地。等覺。」

「阿難，從乾慧心，至等覺已，是覺始獲金剛心中初乾慧地，如是重重單復十二，方盡妙覺，成無上道。是種種地，皆以金剛觀察，如幻十種深喻，奢摩他中，用諸如來毘婆舍那，清淨修證，漸次深入。」「奢摩他」旁硃筆批：「定。」「毘婆舍那」旁硃筆批：「觀。」乘時講錄：「初乾慧地，指信前一位也。一名一位曰單，一名十位曰複。乾慧、四加行、等、妙七者爲單，信、住、行、向、地五者爲複，共成十二。」墨筆眉批：「等覺，妙覺。」硃筆眉批：「乾慧、煗、頂、忍、世第一、信、住、行、向、地、等、妙，共有十二名。」

「世尊，如寶蓮香比丘尼，持菩薩戒，私行淫欲」云云。墨筆眉批：「寶蓮香比丘尼。」

「琉璃爲誅瞿曇族姓，善星妄說一切法空，生身陷阿鼻地獄。」注：「波斯匿王新紹王位，使臣求親迦毘羅國釋種家，時摩訶男婢出一女，顏貌端正，送與匿王，後生一子，名曰琉璃。及年八歲，與梵志子好苦諳摩訶男家」云云。墨筆眉批：「瑠璃。好苦。」又注：「池中有二種魚，一名麩，二名多舌，各懷報怨。」墨筆眉批：「麩魚。多舌魚。」

「一切衆生，實本眞淨，因彼妄見，有妄習生，因此分開内分外分。」硃筆欄外批：「内分外分。」

「情想均等，不飛不墜，生於人間，想明斯聰，情幽斯鈍。」硃筆欄外批：「情想。」

「七情三想，沉下水輪，生於火際，受氣猛火，身爲餓鬼，常彼焚燒，水能害己，無食無飲，經百千劫。九情一想，下洞火輪，身入風火二交過地。」「經百千劫」下硃筆旁批：「此下少八情二想一段。」

「云何十因？阿難，一者婬習交接」，「二者貪習交計」，「三者慢習交陵」。「四者瞋習交衝」，「五者詐習交誘」，「六者誑習交欺」，「七者怨習交嫌」，「八者見習交明」，「九者枉習交加」，「十者訟習交諠」。硃筆旁批：「十習。」又硃筆眉批：「十習。」

「云何六報？阿難，一切衆生，六識造業，所招惡報，從六根出。」硃筆旁批：「六報。」

「一者見報，招引惡果。」硃筆眉批：「見報。」「燒聽能爲鑊湯洋銅，燒息能爲黑烟紫焰，燒味能爲焦丸鐵糜，燒觸能爲熱灰爐炭，燒心能生星火迸灑，煽鼓空界。」硃筆分别於「聽」、「息」、「味」、「觸」、「心」字旁批：「耳火」、「鼻土」、「舌金」、「身」、「意火」。

「二者聞報，招引惡果。」硃筆眉批：「聞報。」

「三者齅報，招引惡果。」硃筆眉批：「齅報。」

「四者味報，招引惡果。」硃筆眉批：「味報。」

「五者觸報，招引惡果。」硃筆眉批：「觸報。」

「六者思報，招引惡果。」硃筆眉批：「思報。」

「依人之鬼，人亡報盡，生於世間，多爲循類。」硃筆眉批：「循。」「若悟菩提，則此妄緣本無所有，如汝所言寶蓮香等，及瑠璃王，善星比丘。」墨筆眉批：「寶蓮香、瑠璃王、善星比丘。」

注：「諸天人無骨肉，亦無大小便利，身有光明，無分晝夜，報得五通，形無障礙，是故天趣爲界内極尊也。」墨筆眉批：「無骨肉大小便利，身有光明。」

「阿難，諸世間人，不求常住，未能捨諸妻妾恩愛，於邪淫中，心不流逸，澄瑩生明。命終之後，鄰於日月。如是一類名四天王天。於己妻房，淫愛微薄，於淨居時，不得全味。命終之後，超日月明，居人間頂。如是一類名忉利天。逢欲暫交，去無思憶，於人間世，動少靜多。命終之後，於虛空中，朗然安居，日月光明，上照不及，是諸人等，自有光明。如是一類名須燄摩天。一切時靜，有應觸來，未能違戾。命終之後，上升精微，不接下界諸人天境，乃至劫壞三災不及。如是一類名兜率陀天。我無欲心，應汝行事，於橫陳時，味如嚼蠟。命終之後，生越化地。如是一類名樂變化天。無世間心，同世行事，於行事交，了然超越。命終之後，徧能出超化無化境。如是一類名他化自在天。」墨筆尾批：「四王忉利兩地居，手抱形交無流液。燄摩空居有身光，把手而已無遺跡。兜率一笑精微中，下界人天那能覰。樂變化化諸樂具，橫陳嚼蠟之所得。了然超越越嚼蠟，他化自在六欲極。茲二天者眼相視，連他一笑也泯訖。」「茲二天者眼相視」旁硃筆批：「樂變化，他化自在。」乘時講錄：「以蓮華開合爲晝夜，以烏來去爲春秋。」硃筆旁批：「此處不知是何烏來往。」

卷八十二　楞嚴經批注（下）

卷第九

封面墨筆批：「色界。無色界。四種阿脩羅。五陰。中隳，九卷。遮文茶，九卷三十九。摩醯首羅，十卷。迦葉波，十卷。因所因執，娑毗迦羅。能非能執，摩醯首羅。常非常執，自在天。知無知執，婆吒霰尼。生無生執，迦葉波，妄計所生聖果而實不能生也。歸無歸執，舜若多。貪非貪執，阿斯陀求長命者。眞無眞執，吒枳迦羅。一部楞嚴，只究竟在『歸無所得』四字。」

「阿難，世間一切所修心人，不假禪那，無有智慧，但能執身不行淫欲，若行若坐，想念俱無，愛染不生，無留欲界，是人應念身爲梵侶，如是一類名梵衆天。欲習既除，離欲心現，於諸律儀，愛樂隨順，是人應時能行梵德，如是一類名梵輔天。身心妙圓，威儀不缺，清淨禁戒，加以明悟，是人應時能統梵衆，爲大梵王，如是一類名大梵天。阿難，此三勝流，一切苦惱所不能逼，雖非正修眞三摩地，清淨心中，諸漏不動，名爲初禪。」乘時講錄：「勝流等，謂已離五欲，已斷十惡，能勝欲界諸趣，故欲界八苦，所不能逼。」墨筆眉批：「初禪三天：梵衆天、梵輔天、大梵天。」硃筆眉批：「欲界苦。」

「阿難，其次梵天，統攝梵人，圓滿梵行，澄心不動，寂湛生光，如是一類，名少光天。光光相然，照耀無盡，映十方界，徧成瑠璃，如是一類，名無量光天。吸持圓光，成就教體，發化清淨，應用無盡，如是一類，名光音天。阿難，此三勝流，一切憂懸所不能逼，雖非正修眞三摩地，清淨心中，粗漏已伏，名爲二禪。」墨筆眉批：「二禪：少光天、無量光天、光音天。」

「阿難，如是天人，圓光成音，披音露妙，發成精行，通寂滅樂，如是一類名少淨天。淨空現前，引發無際，身心輕安，成寂滅樂，如是一類名無量淨天。世界身心，一切圓淨，淨德成就，勝託現前，歸寂滅樂，如是一類，名徧淨天。阿難，此三勝流，具大隨順，身心安穩，得無量樂，雖非正得眞三摩地，安穩心中，歡喜畢具，名爲三禪。」墨筆眉批：「三禪：少淨天、無量淨天、徧淨天。」

「阿難，復次天人不逼身心，苦因已盡，樂非常住，久必壞生，苦樂二心，俱時頓捨，粗重相滅，淨福性生，如是一類，名福生天。捨心圓融，勝解清淨，福無遮中，得妙隨順，窮未來際，如是一類，名福愛天。阿難，從是天中有二歧路，若於先心，無量淨光，福德圓明，修證而住，如是一類，名廣果天。若於先心，雙厭苦樂，精研捨心，相續不斷，圓窮捨道，身心俱滅，心慮灰凝，經五百劫，是人既以生滅爲因，不能發明不生滅性，初半劫滅，後半劫生，如是一類，名無想天。阿難，此四勝流，一切世間諸苦樂境，所不能動，雖非無爲眞不動地，有所得心功用純熟，名爲四禪。」墨筆眉批：「四禪：福生天、福愛天、廣果天、無想天。」

「阿難，此中復有五不還天，於下界中九品習氣，俱時滅盡，苦樂雙亡，下無卜居，故於捨心衆同分中，安立居處。阿難，苦樂兩滅，鬬心不交，如是一類名無煩天。機括獨行，研交無地，如是一類名無熱天。十方世界，妙見圓澄，更無塵象一切沉垢，如是一類名善見天。精見現前，陶鑄無礙，如是一類名善現天。究竟羣幾，窮色性性，入無邊際，如是一類，名色究竟天。」硃筆眉批：「五不還。」墨筆眉批：「無煩天、無熱天、善見天、善現天、色究竟天。」

「阿難，此不還天，彼諸四禪」云云。硃筆於「此」字旁批：「五。」[一]

「復次阿難，是三界中，復有四種阿修羅類。」墨筆眉批：「阿修羅。」

「無聞比丘，妄言證聖，天報已畢，衰相現前，謗阿羅漢，身遭後有，墮阿鼻獄。」墨筆眉批：「無聞比丘。」

「佛告阿難及諸大衆，汝等當知，有漏世界，十二類生，本覺妙明，覺圓心體，與十方佛，無二無別。」硃筆旁批：「蒼天，蒼天。」墨筆眉批：「十二類生。」

「如明目人處大幽暗，精性妙淨，心未發光，此則名爲，色陰區宇。若目明朗，十方洞開，無復幽暗，名色陰盡。是人則能，超越劫濁，觀其所由，堅固妄想，以爲其本。」乘時講錄：「此明色陰之本末也。」墨筆眉批：「色陰本末。劫濁。」硃筆眉批：「精。超越劫濁。」

「阿難，當在此中精研妙明，四大不織，少選之間，身能出礙。此名精明流溢前境，斯但功用，暫得如是。」墨筆眉批：「色陰一。」硃筆眉批：「精。」

「阿難，復以此心精研妙明，其身内徹，是人忽然於是身内拾出蟯蛔，身相宛然，亦無傷毁。此名精明，流溢形體，斯但精行，暫得如是。」墨筆眉批：「色陰二。」硃筆眉批：「精。」

「又以此心内外精研，其時魂魄意志精神，除執受身餘皆涉入，互爲賓主，忽於空中聞說法聲，或聞十方同敷密義。此名精魄，遞相離合，成就善種，暫得如是。」墨筆眉批：「色陰三。」硃筆眉批：「精。」

「又以此心澄露皎徹，内光發明，十方徧作閻浮檀色，一切種類化爲如來，于是忽見毘盧遮那，

[一] 此條，傅山全書初版本脱，據批點手稿補。

照諸世界，踞天光臺，千佛圍繞，百億國土及與蓮華俱時出現。此名心魂，靈悟所染，心光研明，暫得如是。」墨筆眉批：「色陰四。」

「又以此心精研妙明，觀察不停，抑按降伏，制止超越，於時忽然十方虛空成七寶色，或百寶色，同時偏滿，不相留礙，青黄赤白，各各純現。此名抑按，功力逾分，暫得如是。」墨筆眉批：「色陰五。」

「又以此心研究澄徹，精光不亂，忽於夜合，在暗室内見種種物不殊白晝，而暗室物亦不除滅。此名心細，密澄其見，所視洞幽，暫得如是。」墨筆眉批：「色陰六。」硃筆眉批：「精。」

「又以此心圓入虛融，四體忽然同於草木，火燒刀斫，曾無所覺。又則火光不能燒爇，縱割其肉，猶如削木。此名塵併，排四六性，一向入純，暫得如是。」墨筆眉批：「色陰七。」

「又以此心成就清淨，淨心功極，忽見大地十方山河，皆成佛國，具足七寶，光明偏滿。又見恒沙諸佛如來，偏滿空界，樓殿華麗，下見地獄，上觀天宫，得無障礙。此名欣厭，凝想日深，想久化成。」墨筆眉批：「色陰八。」

「又以此心研究深遠，忽於中夜，遥見遠方市井街巷、親族眷屬，或聞其語。此名迫心，逼極飛出，故多隔見。」墨筆眉批：「色陰九。」

「又以此心研究精極，見善知識，形體變移，少選無端，種種遷改。此名邪心，含受魑魅，或遭天魔，入其心腹，無端說法，通達妙義。」墨筆眉批：「色陰十。」

「阿難，如是十種禪那現境，皆是色陰用心交互，故現斯事。」硃筆旁批：「病處正在用心交互，似喫緊語。」墨筆眉批：「色陰結，用心交互。」

「阿難，彼善男子，修三摩提、奢摩他中，色陰盡者，見諸佛心，如明鏡中，顯現其像，若有所得，而未能用。」「是人則能超越見濁。」乘時講錄：「此明受陰之本末也。」墨筆眉批：「受陰本末。」硃筆尾批：「超濁。」

「阿難，彼善男子，當在此中，得大光耀，其心發明，內抑過分，忽於其處發無窮悲，如是乃至觀見蚊蝱，猶如赤子，心生憐愍，不覺流淚，此名功用抑摧過越，悟則無咎，非爲聖證，覺了不迷，久自銷歇。若作聖解，則有悲魔入其心腑，見人則悲，啼泣無限，失於正受，當從淪墜。」墨筆旁批：「功用抑摧。」墨筆眉批：「受陰一。悲魔。」硃筆眉批：「正受。」

「阿難，又彼定中諸善男子，見色陰銷，受陰明白，勝相現前，感激過分，忽於其中生無限勇，其心猛利，志齊諸佛，謂三僧祇，一念能越，此名功用陵率過越，悟則無咎，非爲聖證，覺了不迷，久自銷歇。若作聖解，則有狂魔入其心腑，見人則誇，我慢無比，其心乃至上不見佛，下不見人，失於正受，當從淪墜。」墨筆旁批：「功用陵率過越。」墨筆眉批：「受陰二。狂魔。」硃筆眉批：「正受。」講錄尾批：「法數七定名下，三摩提底華言等，至謂修此定正受，現前大現光明，慶勝殊快處，染不染永不退轉也。」

「又彼定中諸善男子，見色陰銷，受陰明白，前無新證，歸失故居，智力衰微，入中隳地，迥無所見，心中忽然生大枯渴，於一切時沉憶不散，將此以爲勤精進相，此名修心無慧自失，悟則無咎，非爲聖證。若作聖解，則有憶魔入其心腑，旦夕撮心，懸在一處，失於正受，當從淪墜。」「入中隳地」旁硃筆批：「即世事期望而無的見者，亦每有如此境界。」「此名修心無慧自失」旁墨筆批：「修心無慧。」墨筆眉批：「受陰三，憶魔。」「硃筆眉批：「精，正受。」

「又彼定中諸善男子，見色陰銷，受陰明白，慧力過定，失於猛利，以諸勝性，懷於心中，自心已疑是盧舍那，得少爲足，此名用心妄失恆審，溺於知見，悟則無咎，非爲聖證。若作聖解，則有下劣易知足魔入其心腑，見人自言我得無上第一義諦，失於正受，當從淪墜。」墨筆眉批：「受陰四，盧舍那，易知足魔。」硃筆眉批：「正受。」

「又彼定中諸善男子，見色陰銷，受陰明白，新證未獲，故心已亡，歷覽二際，自生艱險，於心忽然生無盡憂，如坐鐵牀，如飲毒藥，心不欲活，常求於人，令害其命，早取解脱，此名修行失於方便，悟則無咎，非爲聖證。若作聖解，則有一分常憂愁魔入其心腑，手執刀劍，自割其肉，欣其捨壽，或常憂愁，走入山林，不耐見人，失於正受，當從淪墜。」墨筆眉批：「受陰五，憂愁魔。」硃筆眉批：「正受。」

「又彼定中諸善男子，見色陰銷，受陰明白，處清淨中，心安隱後，忽然自有無限喜生，心中歡悦，不能自止，此名輕安無慧自禁，悟則無咎，非爲聖證。若作聖解，則有一分好喜樂魔入其心腑，見人則笑，於衢路傍，自歌自舞，自謂已得無礙解脱，失於正受，當從淪墜。」乘時講録：「此由定深而得輕安，若以智慧照察，方息塵勞，何嘗妙樂，喜心自禁，復歸無咎。」墨筆眉批：「受陰六，好喜樂魔。」硃筆眉批：「正受。」硃筆尾批：〔一〕「『無慧自禁』四字，都是病字。猶言無自禁之慧。如解云『喜心自禁』，殊失本文句讀，當云『自禁其喜心』。」「此名輕安」旁墨筆批：「輕安。」「無慧自禁」下墨筆加「其喜」二字。墨筆將講録「喜心自禁」改爲「將此喜心，自禁止之」。

「又彼定中諸善男子，見色陰銷，受陰明白，自謂已足，忽有無端太我慢起，如是乃至慢與過慢，及慢過慢，或增上慢，或卑劣慢，一時俱發，心中尚輕十方如來，何況下位聲聞緣覺，此名見

〔一〕「硃筆尾批」四字，傅山全書初版本脱，據手稿補。

勝無慧自救，悟則無咎，非爲聖證，若作聖解，則有一分大我慢魔入其心腑」云云，「失於正受，當從淪墜」。墨筆眉批：「受陰七，大我慢魔。」硃筆眉批：「正受。」「此名見勝無慧自救」旁墨筆批：「見勝。」

「又彼定中諸善男子，見色陰銷，受陰明白，於精明中，圓悟精理，得大隨順，其心忽生無量輕安，已言成聖，得大自在，此名因慧獲諸輕清，悟則無咎，非爲聖證。若作聖解，則有一分好輕清魔入其心腑，自謂滿足，更不求進，此等多作無聞比丘，疑誤衆生，墮阿鼻獄，失於正受，當從淪墜。」墨筆眉批：「受陰八，好輕清魔。」硃筆眉批：「正受。」「此名因慧獲諸輕清」旁墨筆批：「因慧。」

「又彼定中諸善男子，見色陰銷，受陰明白，於明悟中，得虛明性，其中忽然歸向永滅，撥無因果，一向入空，空心現前，乃至心生長斷滅解，悟則無咎，非爲聖證。若作聖解，則有空魔入其心腑」云云。「鬼心久入，或食屎尿與酒肉等，一種俱空，破佛律儀，誤入人罪。失於正受，當從淪墜。」墨筆眉批：「受陰九，空魔。」硃筆眉批：「正受。」「空心現前」旁墨筆批：「空。」「或食屎尿」旁硃筆批：「李赤。」

「又彼定中諸善男子，見色陰銷，受陰明白，味其虛明，深入心骨，其心忽有無限愛生，愛極發狂，便爲貪欲，此名定境安順人心，無慧自持，誤入諸欲，悟則無咎，非爲聖證。若作聖解，則有欲魔入其心腑」云云。墨筆眉批：「受陰十，欲魔。」硃筆眉批：「正受。」「此名定境安順人心」旁墨筆批：「定境安順。」

「阿難，如是十種禪那現境，皆是受陰用心交互，故現斯事。」墨筆眉批：「結受陰。用心交互。」

「阿難，彼善男子修三摩提，受陰盡者，雖未漏盡，心離其形，如鳥出籠，已能成就從是凡身，上歷菩薩六十聖位，得意生身，隨往無礙。譬如有人，熟寐寱言。是人雖則無別所知，其言已成音韻倫次，令不寐者，咸悟其語，此則名爲想陰區宇。若動念盡，浮想銷除，於覺明心，如去塵垢，一倫生死，首尾圓照，名想陰盡，是人則能超煩惱濁，觀其所由，融通妄想以爲其本。」乘時講錄：「此明想陰本末也。」墨筆眉批：「想陰本末。寱。」硃筆眉批：「意生身。」「是人則能超煩惱濁」旁硃筆批：「超濁。」

「三摩地中，心愛圓明，銳其精思，貪求善巧。爾時天魔候得其便，飛精附人，口說經法，其人不覺是其魔着，自言謂得無上涅槃，來彼求巧善男子處」云云，「此名怪鬼年老成魔」。墨筆眉批：「想陰一。心愛圓明。求巧處。怪鬼魔。」硃筆眉批：「精。」「其人不覺是其魔着」旁墨筆批：「另是一人。」

「三摩地中，心愛遊蕩，飛身精思，貪求經歷。爾時天魔候得其便，飛精附人，口說經法，其人亦不覺知魔着，亦言自得無上涅槃，來彼求遊善男子處」云云，「此名魃鬼年老成魔」。墨筆眉批：「想陰二。心愛遊蕩。魃鬼魔。」硃筆眉批：「精。」

「三摩地中，心愛綿㴧，澄其精思，貪求契合。爾時天魔候得其便，飛精附人，口說經法，其人實不覺知魔着，亦言自得無上涅槃，來彼求合善男子處」云云，「此名魅鬼年老成魔」。墨筆眉批：「想陰三。心愛綿㴧。求合處。魅鬼魔。」硃筆眉批：「精。」

「三摩地中，心愛根本，窮覽物化性之終始，精爽其心，貪求辨析。爾時天魔候得其便，飛精附人，口說經法，其人先不覺知魔着，亦言自得無上涅槃，來彼求元善男子處」云云，「此名蠱毒魘勝惡鬼年老成魔」。墨筆眉批：「想陰四。心愛根本。求元處。蠱毒魔。」硃筆眉批：「精。」

「三摩地中，心愛懸應，周流精研，貪求冥感。爾時天魔候得其便，飛精附人，口說經法，其人元不覺知魔着，亦言自得無上涅槃，來彼求應善男子處」云云，「此名癘鬼年老成魔」。墨筆眉批：「想陰五。心愛懸應。求應處。癘鬼魔。」硃筆眉批：「精。」

「三摩地中，心愛深入，尅己辛勤，樂處陰寂，貪求靜謐。爾時天魔候得其便，飛精附人，口說經法，其人本不覺知魔着，亦言自得無上涅槃，來彼求陰善男子處」云云，「此名大力鬼年老成魔」。墨筆眉批：「想陰六。心愛深入。求陰處。大力鬼魔。」硃筆眉批：「精。」

「三摩地中，心愛知見，勤苦研尋，貪求宿命。爾時天魔候得其便，飛精附人，口說經法，其人殊不覺知魔着，亦言自得無上涅槃，來彼求知善男子處」云云，「此名山林、土地、城隍、川嶽鬼神年老成魔」。墨筆眉批：「想陰七。求知處。山林、土地等魔。」硃筆眉批：「精。」

「三摩地中，心愛神通，種種變化，研究化元，貪取神力。爾時天魔候得其便，飛精附人，口說經法，其人誠不覺知魔着，亦言自得無上涅槃，來彼求通善男子處」云云，「此名天地、大力、山精、海精、風精、河精、土精，一切草木積劫精魅，或復龍魅，或壽終仙再活爲魅，或仙期終，計年應死，其形不化，他怪所附年老成魔」。墨筆眉批：「想陰八。求通處。天地、大力等魔。」硃筆眉批：「精。」

「三魔地中，心愛入滅，研究化性，貪求深空。爾時天魔候得其便，飛精附人，口說經法，其人終不覺知魔着，亦言自得無上涅槃，來彼求空善男子處」云云，「此名日月薄蝕精氣、金玉芝草、麟鳳龜鶴，經千萬年不死爲靈，出生國土年老成魔」。墨筆眉批：「想陰九。求空處。日月薄蝕等

魔。」硃筆眉批：「精。」〔一〕

「三摩地中，心愛長壽，辛苦研幾，貪求永歲，棄分段生，頓希變易，細相常住。爾時天魔候得其便，飛精附人，口說經法，其人竟不覺知魔着，亦言自得無上涅槃，來彼求生善男子處，敷座說法，好言他方往還無滯，或經萬里，瞬息再來」云云，「此名住世自在天魔，使其眷屬，如遮文茶及四天王毗舍童子」。墨筆眉批：「想陰十。分段。愛長壽。求生處。欲界第六天上萬里，魔王居住。遮文茶。住世自在天魔。毗舍童子。」硃筆眉批：「精。」

「阿難當知，是十種魔，於末世時，在我法中出家修道，或附人體，或自現形，皆言已成正徧知覺，讚歎淫欲，破佛律儀。」墨筆眉批：「結想陰。」

「阿難，如是十種禪那現境，皆是想陰用心交互，故現斯事。」墨筆眉批：「用心交互。」

卷第十

「阿難，彼善男子修三摩提，想陰盡者，是人平常夢想銷滅寤寐恆一，覺明虛靜，猶如晴空，無復粗重前塵影事。觀諸世間大地山河，如鏡鑒明，來無所黏，過無蹤跡。虛受照應，了罔陳習，唯一精眞，生滅根元，從此披露，見諸十方十二衆生，畢殫其類，雖未通其各命由緒，見同生基，猶如野馬，熠熠清擾，爲浮根塵，究竟樞穴，此則名爲行陰區宇。若此清擾熠熠元性，性入元澄，一澄元習，如波瀾滅，化爲澄水，名行陰盡。是人則能超衆生濁，觀其所由，幽隱妄想，以爲其本。」墨筆眉批：「行陰本末，行陰區宇。」硃筆眉批：「同。超衆生濁。」硃筆尾批：「超濁。」

〔一〕「硃筆」，傅山全書初版本誤作「墨筆」，據手稿改。

「凝明正心，十類天魔不得其便，方得精研窮生類本，於本類中生元露者，觀彼幽清圓擾動元，於圓元中起計度者，是人墜入二無因論。」墨筆眉批：「行陰一。」硃筆眉批：「動元。」

「於分位中生計度者，是人墜入四有邊論。一者是人心計生元，流用不息，計過未者名爲有邊，計相續心名爲無邊。二者是人觀八萬劫，則見衆生，八萬劫前寂無聞見，無聞見處名爲無邊，有衆生處名爲有邊。三者是人計我徧知，得無邊性，彼一切人現我知中，我曾不知彼之知性，名彼不得無邊之心，但有邊性。四者是人窮行陰空，以其所見心路籌度，一切衆生一身之中，計其咸皆半生半滅，明其世界一切所有，一半有邊，一半無邊。由是計度有邊無邊，墮落外道惑菩提性，是則名爲第四外道，立有邊論。」乘時講錄：「此雙計有邊無邊也。分位有四：謂三際分位、見聞分位、彼我分位、生滅分位也。」硃筆尾批：「惟取有邊爲勝性，似有礙于三者。計我徧知得無邊性一則，以一、二、四三則，尚不見以無邊爲得耳。」「一者」旁墨筆批：「過見未三際分位。」「二者」旁墨筆批：「見聞分位。」「三者」旁墨筆批：「彼我分位。」「四者」旁墨筆批：「生滅分位。」

「於知見中生計度者，是人墜入四種顛倒，不死矯亂徧計虛論」云云，「於一切時，皆亂其語，令彼前人，遺失章句」。「有人來問，唯答一字，但言其是，除是之餘，無所言說。」墨筆眉批：「四顛倒。〔二〕章句。」「但言其是，除是之餘」句中二「是」字，硃筆改作「有」。

「於無盡流生計度者，是人墜入死後有相，發心顛倒。」墨筆眉批：「死後有相。」

「於先除滅色受想中生計度者，是人墜入死後無相，發心顛倒。」墨筆眉批：「死後無相。」

「於行存中，兼受想滅，雙計有無」云云，「心發通悟，有無俱非，虛實失措，由此計度死後俱

〔二〕「四」字下，傅山全書初版本衍一「種」字，據批點手稿刪。

非」。硃筆旁批：「此通悟非大通悟，只是就俱非上説如此耳。」墨筆眉批：「死後有無俱非。」墨筆尾批：〔二〕「説到此處，畢竟死後有耶？無耶？」

「於後後無生計度者，是人墜入七斷滅論，或計身滅，或欲盡滅，或苦盡滅，或極樂滅，或極捨滅，如是循環，窮盡七際現前銷滅。」墨筆眉批：「七際斷滅。」

「於後後有生計度者，是人墜入五涅槃論。」墨筆眉批：「五涅槃。」

「阿難，如是十種禪那狂解，皆是行陰用心交互，故現斯悟。」墨筆眉批：「結行陰。」

「阿難，彼善男子，修三摩提，行陰盡者，諸世間性，幽情擾動，同分生機」云云，「於十方界，已獲其同，精色不沉，發現幽秘，此則名爲識陰區宇。」「十方世界及與身心，如吠瑠璃，内外明徹，名識陰盡。是人則能超越命濁。」墨筆眉批：「識陰本末。」硃筆眉批：「同分。同。精。『吠』字亦不解。」硃筆尾批：「超濁。」

「阿難當知，是善男子窮諸行空，於識還元，已滅生滅，而於寂滅精妙未圓」云云，「是人則墮因所因執，娑毗迦羅所歸冥諦，成其伴侣」。墨筆眉批：「識陰一。娑毗迦羅。」硃筆眉批：「精。」

「阿難，又善男子，窮諸行空，已滅生滅，而於寂滅精妙未圓」云云，「是人則墮能非能執摩醯首羅現無邊身，成其伴侣」。墨筆眉批：「識陰二。摩醯首羅。」硃筆眉批：「精。」

「又善男子，窮諸行空，已滅生滅，而於寂滅精妙未圓」云云，「是人則墮常非常執，計自在天，成其伴侣」。「背涅槃城，生倒圓種。」墨筆眉批：「識陰三。自在天。倒圓。」硃筆眉批：「精。」「常非常執」旁墨筆批：「非常爲常，此當云『非常常執』才是。」

〔二〕「墨筆尾批」，傅山全書初版本脱，據手稿補。

「又善男子，窮諸行空，已滅生滅，而於寂滅精妙未圓」云云，是人則墮知無知執，婆吒霰尼執一切覺，成其伴侶」。墨筆眉批：「識陰四。婆吒霰尼。」硃筆眉批：「精。」

「又善男子，窮諸行空，已滅生滅，而於寂滅精妙未圓」云云，「是人則墮生無生執，諸迦葉波，幷婆羅門，對心役身，事火崇水，求出生死，成其伴侶」。墨筆眉批：「識陰五。迦葉波。」硃筆眉批：「精。」

「又善男子，窮諸行空，已滅生滅，而於寂滅精妙未圓」云云，「是人則墮歸無歸執，無想天中諸舜若多，成其伴侶」。墨筆眉批：「識陰六，舜若多。」硃筆眉批：「精。」

「又善男子，窮諸行空，已滅生滅，而於寂滅精妙未圓」云云，「是人則墮貪非貪執，諸阿斯陀，求長命者，成其伴侶」。墨筆眉批：「識陰七。阿斯陀。」硃筆眉批：「精。」乘時講錄：「又見此識陰能執受其身，令身不毀，便欲固身常住，同于精圓，長生不死。」墨筆旁批：「唯識論中變異生死，豈不是此類？」

「又善男子，窮諸行空，已滅生滅，而於寂滅精妙未圓」云云，「是人則墮眞無眞執，吒枳迦羅，成其伴侶」。墨筆眉批：「識陰八。吒枳迦種。」硃筆眉批：「精。」

「又善男子，窮諸行空，已滅生滅，而於寂滅精妙未圓」云云，「是人則墮定性聲聞，諸無聞僧增上慢者，成其伴侶」。墨筆眉批：「識陰九。諸無聞僧。」硃筆眉批：「精。」

「又善男子，窮諸行空，已滅生滅，而於寂滅精妙未圓」云云，「是人則墮定性辟支，諸緣獨倫不迴心者，成其伴侶」。墨筆眉批：「識陰十。諸緣獨倫。」硃筆眉批：「精。」

「阿難，如是十種禪那，中塗成狂，因依迷惑，於未足中，生滿足證，皆是識陰用心交互，故生斯位。」墨筆眉批：「結識陰。」

「識陰若盡，則汝現前諸根互用，從互用中，能入菩薩金剛乾慧，圓明精心於中發化」云云，「圓滿菩提，歸無所得」。墨筆眉批：「識陰若盡。」硃筆眉批：「精。無所得三字逕如謎語教人。」硃筆尾批：「歸無所得。」「能入菩薩金剛乾慧」旁硃筆批：「乾慧。」

「此是過去先佛世尊，奢摩他中，毗婆舍那，覺明分析微細魔事。」「奢摩他」旁硃筆批：「止。」「毗婆舍那」旁硃筆批：「觀。」

「佛告阿難，精眞妙明，本覺圓淨。」「如演若多，迷頭認影，妄元無因。」墨筆眉批：「演若多。」硃筆眉批：「精。精。」

「是故當知汝現色身，名爲堅固第一妄想。」墨筆眉批：「色陰堅固妄想。」

「汝今現前，順益違損，二現驅馳，名爲虛明第二妄想。」墨筆眉批：「受陰虛明妄想。」

「則汝想念，搖動妄情，名爲融通第三妄想。」墨筆眉批：「想陰融通妄想。」

「則汝諸行，念念不停，名爲幽隱第四妄想。」墨筆眉批：「行陰幽隱妄想。」

「若非想元，寧受妄習，非汝六根互用開合，此之妄想，無時得滅。故汝現在見聞覺知，中串習幾，則湛了內，罔象虛無，第五顛倒，微細精想。阿難，是五受陰，五妄想成。」墨筆眉批：「識陰微細精想。」硃筆眉批：「精。六根互用開合。」

「汝今欲知因界淺深，唯色與空，是色邊際。唯觸及離，是受邊際。唯記與忘，是想邊際。唯滅與生，是行邊際。湛入合湛，歸識邊際。」「空」字旁硃筆批：「空。」「離」字旁硃筆批：「離。」「忘」字旁硃筆批：「忘。」

「我已示汝劫波巾結，何所不明。」墨筆眉批：「劫波巾結。」

「佛告阿難，諸佛如來語無虛妄，若復有人身具四重，十波羅夷，瞬息卽經此方他方，阿鼻地獄，乃至窮盡十方無間，靡不經歷。」墨筆眉批：「四重，十波羅夷。」

乘時講錄：「大無盡之空，本無有二，曾無隔碍，亦無餘欠，若脫人之手，打碎此瓶，則渾然一廣大無盡之空。卽如一切衆生，斷除業力，翻破無明，則與十方諸佛所證眞空妙理，敵體無二，寧有佛生之差別乎？若知瓶中之空，曾無去來，瓶外之空，曾無餘欠，則知眞性本無生滅去來，而生滅去來者，乃業力無明，所謂和合妄生，和合妄死耳。卽此當知識陰本無生滅，但幻妄稱相其性，非因緣非自然，本如來藏妙眞如性也。」硃筆尾批：「如錄所云云五段，語氣亦微有別。前之空華實實喻色，摩掌實實喻受，梅崖實實喻想，暴流實實喻行，皆直言之，不待轉添注脚而後明。若此瓶中之空，卻非正經喻識，是說眞空也。則似乎以瓶喻識，而識中本具一眞如妙性。是所謂瓶中之空者然也。雖文義亦不必如此分貼訓詁，初學人亦不可不使之直截明白。不則空喻識耶？瓶喻藏識之人耶？」

卷八十三　開天經簡注　五燈會元批注　女經

雲笈七籤太上老君開天經簡注〔一〕

「行期之法自有術，先舉坎就坤二。」墨筆旁批：「原抄本『坎』下缺一字，疑是『一』字。再攷。」

五燈會元批注〔二〕

卷第一

毗婆尸佛。「身從無相中受生，猶如幻出諸形象。幻人心識本來無，罪福皆空無所住。」硃筆眉批：「要語。」

拘留孫佛。「見身無實是佛身，〔三〕了心如幻是佛幻。了得身心本性空，斯人與佛何殊別。」硃筆眉批：「要語。」

〔一〕此篇據上海博物館藏手稿釋文，由竇元章整理。傅山全書初版未收。
〔二〕此篇據山西博物院藏批點手稿整理，批點底本爲元至正二十四年木刻本，只存二卷。由朱雅珍釋文，李鳳琴校補。
〔三〕「見身無實」，傅山全書初版本誤作「見無實」，據批點底本改。

拘那含牟尼佛。「佛不□身知是佛。」〔二〕「□」旁墨筆批：「見。」

釋迦牟尼佛。「法本法無法，無法法亦法。今付無法時，法法何曾法？」硃筆眉批：「要看。」

二祖阿難尊者。「非法亦非心，無心亦無法。說是心法時，是法非心法。」墨筆眉批：「心法。」又硃筆眉批：「要語。」

五祖提多迦尊者。「巍巍七寶山，常出智慧泉。回爲眞法味，能度諸有緣。」墨筆眉批：「有法有心。」又硃筆眉批：「要語。」「通達本法心，無法無非法。悟了同未悟，無心亦無法。」墨筆眉批：「無心無法。」又硃筆眉批：「要語。」

六祖彌遮迦尊者。「無心無可得，說得不名法。若了心非心，始解心心法。」墨筆眉批：「無可得。心心。」又硃筆眉批：「要語。」

七祖婆須蜜尊者。「心同虛空界，示等虛空法。證得虛空時，無是無非法。」墨筆眉批：「虛空法界。」

八祖陀難提尊者。「虛空無内外，心法亦如此。」墨筆眉批：「虛空内外。」

九祖伏馱蜜多尊者。「眞理本無名，因名顯眞理。受得眞實法，非眞亦非僞。」墨筆眉批：「眞理。」

十祖脇尊者。「眞體自然眞，因眞說有理。領得眞眞法，無行亦無止。」墨筆眉批：「眞體。」

十二祖馬鳴大士者。「隱顯卽本法，明暗元不二。今付悟了法，非取亦非離。」墨筆眉批：「取

〔二〕「身知是佛」，傅山全書初版本誤作「身是佛」，據批點底本改。

離。」

十三祖迦毗摩羅尊者。「非隱非顯法，說是眞實際。悟此隱顯法，非愚亦非智。」墨筆眉批：「眞空。愚智。」

十四祖龍樹尊者。「爲明隱顯法，方說解脱理。於法心不證，無瞋亦無喜。」墨筆眉批：「解脱。瞋喜。」

十五祖迦那提婆尊者。「龍樹知是智人，先遣侍者以滿鉢水置於座前。」硃筆眉批：「以滿。」「本對傳法人，爲說解脱理。於法實無證，無終亦無始。」墨筆眉批：「無證。終始。」

十六祖羅睺羅多尊者。「於法實無證，不取亦不離。法非有無相，内外云何起。」墨筆眉批：「有無相。起。」

十七祖僧迦難提尊者。「心地本無生，因地從緣起。緣種不相妨，華果亦復爾。」墨筆眉批：「心地。緣種。」

十八祖迦耶舍多尊者。「有種有心地，因緣能發萌。於緣不相礙，當生生不生。」墨筆眉批：「心地發萌。」

二十祖闍夜多尊者。「言下合無生，同於法界性。若能如是解，通達事理竟。」墨筆眉批：「法界事理。」

二十一祖婆修盤頭尊者。「泡幻同無礙，如何不了悟。達法在其中，非今亦非古。」墨筆眉批：「達法。」

二十二祖摩拏羅尊者。「心隨萬境轉，轉處實能幽。隨流認得性，無喜復無憂。」墨筆眉批：「轉。性。」

二十三祖鶴勒那尊者。「認得心性時，可說不思議。了了無可得，得時不說知。」墨筆眉批：「認得。心性。」

二祖慧可大師。注：「了卽業障本來空，未了應須償宿債，只如師子尊者。二祖大師爲甚麽得償債去」云云。〔一〕墨筆眉批：「要緊。」

三祖僧璨大師。「華種雖因地，從地種華生。若無人下種，華地盡無生。」墨筆眉批：「下種。」又硃筆眉批：「眞迂語。」「唐玄宗謚鑑智禪師、覺寂之塔。師信心銘曰：至道無難，唯嫌揀擇。但莫僧愛，洞然明白」云云。硃筆眉批：「此是修心要語。」又硃筆眉批：「此篇熟讀方得道。」又墨筆眉批：「道心靜觀此。」

四祖道信大師。「華種有生性，因地華生生。大緣與性合，當生生不生。」墨筆眉批：「華種有生。性合。」

五祖弘忍大師。「蘄州黃梅人也，先爲破頭山中栽松道者。」「先爲」中間硃筆旁批：「世。」「有情來下種，因地果還生。無情旣無種，無性亦無生。」墨筆眉批：「有情來下種。」

卷第二

目録：

「牛頭山法融禪師。」墨筆旁批：「韋氏。」

「牛頭山智巖禪師。」墨筆旁批：「華氏。」

〔一〕「償」，傅山全書初版本誤作「賞」，據批點底本改。

「鐘山曇璀禪師。」墨筆旁批：「顔氏。」

「牛頭山智威禪師。」墨筆旁批：「陳氏。」

「牛頭山慧忠禪師。」墨筆旁批：「王氏。」

「天柱崇慧禪師。」墨筆旁批：「陳氏。」

「鶴林玄素禪師。」墨筆眉批：「馬氏。」

「佛窟惟則禪師。」墨筆眉批：「長孫氏。」

「徑山道欽禪師。」墨筆旁批：「朱。」

「鳥窠道林禪師。」墨筆旁批：「潘。」

「北宗神秀禪師。」墨筆眉批：「李。」

「嵩嶽慧安國師。」墨筆旁批：「衛。」

「蒙山道明禪師。」墨筆旁批：「陳。」

「五臺巨方禪師。」墨筆旁批：「曹。」

「中條智封禪師。」墨筆旁批：「吳。」

「降魔藏禪師。」墨筆旁批：「王。」

「壽州道樹禪師。」墨筆旁批：「聞。」

「嵩嶽元珪禪師。」墨筆旁批：「李。」

「終南山惟政禪師。」墨筆旁批：「周。」

牛頭山法融禪師。「境用非體覺，覺罷不應思。因覺知境亡，覺時境不起。前覺及後覺，幷境有三遲。」墨筆眉批：「三遲。」

嵩嶽慧安國師。「然於言下知歸，讓乃卽謁曹溪。武后徵至輦下，待以師禮，與秀禪師同加欽重。」「武后」旁墨筆批：「何求？」〔一〕

嵩嶽元珪禪師。「若能無心於萬物，則羅欲不爲婬，福淫禍善不爲盜，濫誤疑混不爲殺」云云。墨筆旁批：「若如此無心可恕，善人亦何苦□□□□□□神者何事？」

吉州志誠禪師。「一切無心自性戒，一切無礙自性慧。不增不退自金剛，身去身來本三昧。」墨筆眉批：「要思。」

河北智隍禪師。「一日喚侍者，者應諾。如是三召三應，師曰：將謂吾孤負汝，卻是汝孤負吾」云云。墨筆眉批：「此要通看。」

南陽慧忠國師。「師曰：『釘釘看懸桂著。』」墨筆改「桂」爲「挂」。〔二〕

圭峰宗密禪師。「雖有中陰，所向自由，天上人間，隨意寄託。」墨筆旁批：「受生自在。」「不受分段之身，自能易短爲長，易麄爲妙。」墨筆旁批：「變易自在。」「唯圓覺大智，朗然獨存，卽隨機應現，千百億化身」云云。墨筆旁批：「究竟自在。」

善財童子。「菩財參五十三員善知識」云云。墨筆改「菩」爲「善」。

善慧大士。「有物先天地，無形本寂寥，能爲萬象主，不逐四時凋。」在「有物先天地」旁墨筆批：「全說老子語。」

〔一〕此條，傅山全書初版本脫，據手稿補。
〔二〕此條，傅山全書初版本脫，據手稿補。

女經[一]

大乘部

佛說離垢施女經　衣
得無垢女經　裳
寶女所問經　發
鴦屈魔羅　悲
佛說老女人經　維
佛說老母經　維
佛說老母女六英經　維
月上女經　染
佛說轉女身經　男
佛說無垢賢女經　潔
佛說腹中女聽經　潔
有德女所問大乘經　南賢北善
梵女首意經　善

[一] 此篇據山西博物院藏手稿整理，由王小蓉釋文。原稿無題，標題爲編者所加。

佛說銀色女經　南效北良
佛說長者女菴提遮師子吼了義經　南賢北信
佛說堅固女經　維
佛說龍施女經　南效北知
佛說長者法志妻經　南賢北信
佛說七女經　南尺北敬

方等部

佛說大吉祥天女十二契一百八名無垢大乘經　南流北興
佛說大吉祥天女十二名號經　南流北興
大藥叉女歡喜母幷愛子成就法　南學北杜
佛說穰麌梨童女經　南流北興

般若部

涅槃部

佛說波斯匿王太后崩塵土坌身經　南緣北善
佛說給孤長者女得度因緣經　南蘭北薄
須摩提女經　南緣北敬

玉耶女經　慶
佛說伏婬經
摩登伽經　南善北慶
摩鄧女經　慶
摩鄧女解形中六事經　慶
佛說奈女耆域因緣經　南慶北尺
佛說奈女耆婆經　南慶北尺

卷八十四　翻譯名義集批注[一]

（前缺）

「諸大菩薩及佛，知無量劫，是名識宿命通。」墨筆眉批：「宿命。」「知他心通者，知他心若有垢，若無垢。」墨筆眉批：「他心。」

「無漏通者，如來莊嚴入一切佛境界。」墨筆眉批：「無漏。」

「直知過去宿命事，名通。知過去因緣行業，名明」云云。墨筆眉批：「明通之異。」

十種通號篇第一

「多陀阿伽陀：轉法輪論云：第一義諦名如，正覺名來。」硃筆眉批：「正覺。」

「三藐三佛陀：亦云三耶三菩」云云。硃筆眉批：「□□□□徧知下又云：以一切法平等，開覺一切衆生號正等覺。」

「鞞侈遮羅那三般那：大論云：宿命、天眼、漏盡，名爲三明。」墨筆眉批：「三明。」「如意者有三種。」墨筆眉批：「如意。」

[一] 此篇據山西博物院藏批點手稿整理。批點底本爲明版，由白春娥釋文，王愛國重校。

諸佛別名篇第二

「釋迦文：大論云：釋迦文佛，先世作瓦師。」硃筆眉批：「瓦師。」

「迦葉波。」硃筆眉批：「楞嚴經迦葉波卽事火崇水外道。」

「彌勒：唐云慈氏，卽姓也。」墨筆眉批：「慈氏。」

「弗沙：什師解弗沙菩薩云：二十八宿中，鬼星名也。」墨筆眉批：「鬼宿。」

「阿彌陀：實有量而言量，如八十唱滅是也。」墨筆眉批：「八十唱滅。」

通別三身篇第三

「毗盧遮那。」硃筆眉批：「華嚴第六卷云：『一切衆會，蒙佛光明，所聞覺已，各共來詣毗盧遮那。』如來所謂，此法身之名。毗盧遮那者，非釋迦牟尼外，又有此師。法身。」

「盧舍那：大乘法樂，合此二身，名曰報身。」墨筆眉批：「報身。」

「釋迦牟尼：長阿含云：昔有輪王，姓甘庶氏。」墨筆眉批：「甘庶。」「故召釋迦牟尼，名千百億化身也。」硃筆眉批：「化身。」

釋尊姓字篇第四

「瞿曇：立男名善生，卽灌其項，名甘庶王。」墨筆眉批：「甘庶王。」

「刹帝利：肇曰：王種也。」硃筆眉批：「刹帝利。」

「摩納縛迦。今問：瑞應明昔爲摩納獻燃燈華，諸文引此證二僧祇。何故妙玄證通行因耶？答：經中既云得不起法忍」云云。墨筆眉批：「僧祇。得不起法忍。」「淨名疏中，義以初祇爲伏，二三祇爲順，百劫爲無生。」墨筆眉批：「百劫爲無生。」

三乘通號篇第五

「菩薩肇曰：正音云菩提薩埵。」墨筆眉批：「薩埵。」

「賢首云：菩提，此謂之覺。薩埵，此曰衆生。以智上求菩提，用悲下救衆生。」硃筆眉批：「唯識第一卷：數論者，執我是思受用，[一]薩埵剌闍答摩所成大等二十三法。」

「辟支迦羅：孤山云此翻緣覺，觀十二緣而悟道故，亦翻獨覺。」硃筆眉批：「獨覺亦可名爲緣覺。」墨筆眉批：「觀十二緣又曰獨覺。」「獨覺稱麟喻者，名出俱舍。名爲犀角，出大集經檇李云：「獨覺亦觀十二因緣，亦可名爲緣覺，但約根有利鈍，值佛不值佛之殊，分二類也。」墨筆眉批：「麟喻。犀角。獨覺亦可名爲緣覺。」

「畢勒支底迦：雖出無佛世，緣於別等得脫，亦得別解脫也。」墨筆眉批：「緣于別等得脫。」

「斯陀含：是人從此死，一往天上，一來人間，得盡衆苦。」硃筆眉批：「一往一來，其苦幾時了？」

「阿那含：金剛疏云，是人欲界中死，生色無色界，於彼漏盡，不復來生。」硃筆眉批：「貧道嘗思不來妙理，亦不因讀阿那含譯故，蓋以厭生離想者也。」

[一]「思」，傅山全書初版本誤作「忍」，據手稿改。

「阿羅漢：九十八使煩惱盡，故名殺賊。」墨筆眉批：「九十八使。」

「阿離野：夫子有問動容而對曰：西方有聖者焉。」墨筆眉批：「西方有聖人。」

菩薩別名篇第六

「邲輸跋陁：或云三曼跋陀，比云普賢」云云。硃筆眉批：「華嚴第六卷白豪相中，菩薩名一切法勝。音頌曰：演說普賢之勝行。又曰：普賢行中能建立。華嚴第六卷：師子奮迅。光明菩薩頌曰：如來大願力，普賢願所成。華嚴第六卷華燄髻普。明智菩薩頌曰：〔一〕脩行普賢願。此二部皆以普賢兩字說到如來身上。」

「阿那婆婁吉低輸：無量清淨平等覺經名盧樓亙。」墨筆眉批：「盧樓亙。」

「摩訶那鉢：思益云，我投足之處震動三千大千世界及魔宮殿，故名大勢至。」墨筆眉批：「大勢至。」

「阿迦雲：觀藥王藥上菩薩經」云云。硃筆眉批：「藥王。藥上。」「本草序云醫王子，姓韋，名古，字老師，元是踈勒國得道人也。」墨筆眉批：「韋老師。」「其犬化爲黑龍，背負老師冲天而去。」墨筆眉批：「黑犬爲龍。」

「提婆達多：亦名調達，亦名提婆達兜。」墨筆眉批：「調達。」

〔一〕「菩」，傅山全書初版本誤作「普」，據手稿改。

十大弟子篇第八

「旮犍連：拘律陀，樹名。禱樹神得子。因以爲名。」墨筆眉批：「禱拘律陀樹神得子。」

「摩訶迦葉波：名畢鉢羅。父母禱樹神而生子，故名畢鉢羅。」墨筆眉批：「禱畢鉢羅樹神得子。」

「阿那律：或云阿那律陀，此云無滅。昔施食福，人天受樂，于今不滅。」墨筆眉批：「阿那律失眼，修天眼見陰入部。」

「須菩提：是知釋門有二須菩提。」墨筆眉批：「釋門有兩須菩提。」

「鄔波離：有翻化生，或翻上首，以其持律爲衆紀綱，故名。」墨筆眉批：「鄔波離持律。」

「阿難。」「阿難跋陀。」「阿難迦羅。」硃筆眉批：「三阿難是一人。」

總諸聲聞篇第九

「法華論：明四種聲聞：一決定聲聞，定入無餘故。二增上慢聲聞，未證謂證故。三退菩提聲聞，退大取小故。四應化聲聞，內祕外現故。」硃筆眉批：「四聲聞。」

「頗羅惰：姓也，眞諦云捷疾，亦云利根，或廣語。」墨筆眉批：「利根。」

「薄拘羅：問：汝於八十年起欲想否？答：不應作如是問，我八十年未曾起欲想。」墨筆眉批：「八十年不起欲想。」

「摩訶拘絺羅：大論云：秦言大膝。摩陀羅次生一子，膝骨麤大，故名拘絺羅。」墨筆眉批：

「一膝骨大。」「出家作梵志，入南天竺，誓不剪爪。」墨筆眉批：「不剪爪。」

「憍梵鉢提：郭璞云：食之已久，復出嚼之，亦翻牛王，又翻牛相。」硃筆眉批：「牛相。」

「畢陵伽婆蹉：此云餘習。」墨筆眉批：「餘習。」

「孫陀羅難陀：孫陀羅，此云好愛。」墨筆眉批：「好愛。」

「優樓頻螺迦葉：孤山云：此云木瓜癰。胷前有癰，如木瓜故。」墨筆眉批：「木瓜癰。」

「周陀：或云周利。」墨筆眉批：「周利。」

「須跋陀羅：泥洹經云」云云。硃筆眉批：「泥洹經。」

「迦多演尼子：西域記云迦陀衍那，佛滅度後三百年，出造發智論。」墨筆眉批：「發智論。」

「優波毱多：或名優波掘多。此云大護。」墨筆眉批：「大護。」

「室縷多頻設底俱胝：西域記云，唐言聞二百億。」墨筆眉批：「聞二百億。」

宗釋論主篇第十

「阿濕縛寠沙：摩訶衍論」云云。墨筆眉批：「摩訶衍論。」

「那伽曷樹那：本傳云，其母樹下生之，因自阿周那。」硃筆改「自」爲「名」。硃筆眉批：「阿周那。」「拔蓮花，撲外道，作三種論。一大悲方便論，明天文地理，作寶作藥，饒益世間。二大莊嚴論，明修一切功德法門。三大無畏論，明第一義。中觀論者，是其一品。大乘八楞伽云：大慧汝應知，善逝涅槃後，未來世當有，持於我法者。南天竺國中，大名德比丘。厥號爲龍樹，能破有無宗」云云。墨筆眉批：「三論：一大悲方便論。一大莊嚴論，一切功德法門。一大無畏論。」

硃筆眉批：「大悲方便論、大莊嚴論、大無畏論、中觀論。」墨筆眉批：「藏中大智度論，亦云是龍樹造。」

「提婆：而我無眼，何不施眼。提婆卽剜己眼，施之，隨剜隨出。」硃筆眉批：「提婆施眼。」

「神曰如願，卽沒不現。神理交通，咸皆信伏。」墨筆眉批：「咸、皆，複文。」

「鳩摩羅邏多：西域記翻童受。」墨筆旁批：「陳那亦云爾。」

「寶利邏多：西域記：唐言勝受。起信論疏：明五日論師。」硃筆眉批：「五日論。」

「訶梨跋摩：宋言師子鎧，佛涅槃後九百年，出中天竺國婆羅門子，初依薩婆多部出家，造成實論。」墨筆眉批：「成實論。」

「阿僧伽：西域記：唐言無著，是初地菩薩天親之兄。佛滅千年，從彌沙塞部出家。三藏傳云：夜升覩史陀天，於慈氏所受瑜珈師地論、莊嚴大乘論、中邊分別論。」硃筆眉批：「無著。」

墨筆眉批：「瑜珈師地論。莊嚴大乘論。中邊分別論。大乘論。」

「婆藪盤豆：舊曰婆藪盤豆，譯曰天親。」硃筆眉批：「天親。」「毀謗之愆，源發於舌。舌爲罪本，今宜斷除。卽執銛刀將自斷舌。」墨筆眉批：「斷舌。」

「佛陁僧訶：世親菩薩，尋亦捨壽」云云。墨筆眉批：「世親報慈氏。」

「陳那：妙吉祥菩薩指誨傳授：如慈恩云因明論者，元唯佛說。」墨筆眉批：「因明正理論。」

「當於一切五明處求。求因明者，爲破邪論。」墨筆眉批：「五明。」硃筆眉批：「破邪論。」

「山神捧菩薩足高數百尺。」墨筆眉批：「山神捧足。」「心期大覺，非願小果，王言無學果者。」墨筆眉批：「無學果。」「迦毗羅仙恐身死，往自在天問，天令往頻陀山取餘甘子食，可延壽。」墨筆眉批：「迦毗羅仙食餘甘子。」

「賓伽羅：中論序」云云。墨筆眉批：「中論。」

「波毗吠伽：神又謂曰：此巖石内有脩羅宮，如法行請，石壁當開。開卽入中，可以見也。」

墨筆眉批：「波毗吠伽入石壁。」

「瞿拏鉢類婆：西域記云，唐言德光。作辯眞等論。」墨筆眉批：「辯眞論」。「因覽毗婆沙論。」墨筆眉批：「毗婆沙論。」「德光對曰：尊者此言，誠爲指誨，然我具戒苾蒭，出家弟子，慈氏菩薩，受天福樂，非出家之侶，而欲作禮，恐非所宜。」墨筆眉批：「具戒苾蒭，不拜受天福樂之慈氏。」

「慎那弗呾羅：西域記云：唐言最勝子，製瑜珈師地釋論。」墨筆眉批：「瑜珈師地釋論。」

「末笯曷利他：西域記云，唐言如意，卽婆沙論師。」墨筆眉批：「婆沙論。」

「達摩鬱多羅：此云法尚，佛滅八百年，出造雜毗曇。」墨筆眉批：「雜毗曇。」

宗翻譯主篇第十一

「西晉僞秦已來，立此員者，卽沙門道含、玄賾、姚嵩、聶承遠父子。」墨筆眉批：「道含。玄賾。姚嵩。聶承遠。」「如翻顯識論，沙門戰陁譯語是也。」墨筆眉批：「戰陁。」「居士伊舍羅證譯毗柰耶梵本是也。」墨筆眉批：「伊舍羅。」「復立證禪義一員。沙門大通曾充之。」墨筆眉批：「大通。」「故義淨譯場，李嶠、韋嗣立、盧藏用等二十餘人，次文潤色也。次則證義一位，蓋證已譯之文，所詮之義也。如譯婆沙論，慧嵩道朗等三百人，考證文義，唐復禮累場充其任焉。次有梵唄者，法筵肇啓，梵唄前興，用作先容，令生物善。唐永泰中方聞此位也。次有校勘，清隋彥琮覆疏文義，蓋重慎之至也。次有監護大使後周平高公侯壽爲總監檢校。唐房梁公爲奘師監護，相次觀楊慎交、杜行顗等充之。或用僧員，則隋以明穆、曇遷等十人監掌翻譯事，詮定宗旨也。譯經圖紀云，惟孝明皇帝永平三年歲次庚申，帝夢金人，項有日光飛來殿庭。上問羣臣，太史傅毅對曰：『臣聞西域有神，號之爲佛，陛下所夢，其必是乎！』至七年歲次甲子，帝勑郎中蔡愔、中郎將秦景、博士王遵等一十八人，西尋佛法。至印度國，請迦葉摩騰、竺法蘭用白馬馱經，并將畫釋迦佛像，以永平十年歲次丁卯，至于洛陽。帝悅，造白馬寺，譯四十二章經。至十四年正月一日，五岳道士褚善信等負情不悅，因朝正之次，表請較試。勑遣尚書令宗庠引入長樂宮。帝曰：『此月十五日，大集白馬寺南門。』爾日信等以靈寶諸經，置道東壇上。帝以經像舍利，置道西七寶行殿上。信等遶壇涕泣，啓請天尊，詞情懇切，以栴檀柴等燒經。冀經無損，並爲灰燼。先時升天入火，履水隱形，皆不復能善禁咒者，呼策不應。時太傅張衍語信曰，所試無驗即是虛妄，宜就西域眞法。時南岳道士費叔才等慙忸自感而死。時佛舍利光明五色，直上空中，旋環如蓋，徧覆大衆，映蔽日輪。摩騰先是阿羅漢，即以神足游空，飛行坐臥，神化自在。時天雨寶華，及奏衆樂，感動人情。摩騰復坐，法蘭說法。時衆咸喜，得未曾有。後宮陰夫人、王婕妤等一百九十人出家，司空楊城俠、劉善峻等二百六十人出家，四岳道士呂慧通等六百二十人出家。京都張子尚等三百九十一人出家。帝親與羣官爲出者剃髮，給施供養。經三十日，造寺城外七所安僧，城内三寺安尼。具如漢明法本内傳。」墨筆眉批：「李嶠、韋嗣立、盧藏用、慧嵩、道朗、彥琮、侯壽、房梁公、楊慎交、杜行顗、明穆、曇遷、傅毅、蔡愔、秦景、王遵、迦葉摩騰、竺法蘭、褚善信、宗庠、張衍、費叔才、陰夫人、王婕妤、劉善峻、張子尚。」

「具如漢明法本内傳。」注：「道家尹文操斥法本内傳是羅什門僧妄造。」「又吳書：闞澤對吳主云，諸善信、費叔才自感而死，豈是羅什門徒所造？」墨筆眉批：「尹文操、闞澤。」

「譯師：唐太宗焚經臺詩：門徑蕭蕭長綠苔，一回登此一徘徊。青牛謾說函關去，白馬親從印土來。確實是非憑烈焰，要分眞僞築高臺。春風也解嫌狼藉，吹盡當年道教灰。」墨筆眉批：「和尚不必爲詩，是一奴僧口氣。」「一回登此一徘徊」旁墨筆批：「可笑之極。」「春風也能嫌狼藉，吹盡當年道教灰」旁硃筆批：「奴鄙不常。」又硃筆眉批：「此等原不勞作。」「唐義淨三藏題取經詩曰：晉宋齊梁唐代間，高僧求法離長安。去人成百歸無十，後者安知前者難。路遠碧天唯冷結，砂河遮日力疲殫。後賢如未諳斯旨，往往將經容易看。」墨筆眉批：「義淨詩眞和尚妙作。」

「迦葉摩騰：西印度有一小國請騰講金光明經。」墨筆眉批：「講金光明經。」「時蔡愔等殷請於騰，騰與愔等俱來見帝。」墨筆眉批：「蔡愔。」

「支謙：月氏國優婆塞也。漢末游洛，該覽經籍，及諸伎藝，善諸國語，細長黑瘦，白眼黃睛。」墨筆眉批：「黃睛。」

「康僧會：大化未全，欲使江左興立圖寺，赤烏四年仗錫建康、楊都譯經。」墨筆眉批：「赤烏年。」

「竺曇摩羅察：此云法護，月氏國人，甚有識量，天性純懿，操行精苦，篤志好學。萬里尋師，屆茲未久，博覽六經，游心七籍，解三十六種書。」墨筆眉批：「和尚覽六經。」「大周目録云：太康七年譯正法華。」墨筆眉批：「譯正法華。」硃筆眉批：「魔逆經云法護譯。」

「尸利密多羅：世號高座法師，譯灌頂等經。」墨筆眉批：「譯灌頂經。」

「瞿曇僧伽提婆：或名提和，此云衆天，罽賓國人。風采可範，樞機有彰，沉慮四禪，研心三藏。初於苻秦帝國，譯阿毗曇八犍度等。」墨筆眉批：「譯阿毗曇八犍度。」

「卑摩羅叉：此云無垢眼，罽賓國人。澄靜有志，履道苦節，世號青目律師。」墨筆眉批：「青目。」

「佛馱跋陀羅：此云覺賢，大乘三果人，甘露飯王之苗裔。於此與羅什相見，什所有疑，多就咨決。東晉義熙十四年，於謝司空寺譯華嚴六十卷。」墨筆眉批：「譯華嚴六十卷。」

「曇摩耶舍：於是歷游諸國，譯差摩等經。」墨筆眉批：「譯差摩經。」

「鳩摩羅什婆：龜茲王聞，以女妻之，而生於什。」硃筆鈎去「於」字。」「若年三十五不破戒者，當大興佛法，度無數人。又習五明韋陀典，陰陽星等，必窮其妙。後轉習大乘，數破外道。近遠諸國，咸謂神異。母生什後，亦即出家。」硃筆眉批：「卅五不破戒，當興佛法，此何說？羅什注老子。」

「曇摩讖：讖明解咒術，所向皆驗，西域號爲大神咒師。」墨筆眉批：「大神咒師。」

「求那跋摩：事妙云：宋元嘉七年至揚州，譯善戒等經，爲比丘尼受具初緣。又後有師子國尼八人來至云，宋地未經有尼，何得二衆受戒？」墨筆眉批：「爲尼受戒。」

「求那跋陀羅：跋陀自愧未善宋言，旦夕禮懺，求觀世音。忽夢有人白服持劍擎一人頭來，謂陁曰：何故憂耶？陀以意對，答曰：不須多憂。即便以劍易於陀首，更安新頭。問曰：得無痛耶？答曰：不痛。即寤，心神喜悅，於是就講，辯注若流，後還揚都。」墨筆眉批：「夢換新頭，能宋語。」

「伽梵達摩：唐云尊法，西印度人，譯大悲經。」墨筆眉批：「譯大悲經。」

「毗首羯磨：正理論音云：毗濕縛羯磨，此云種種工業。」羯筆眉批：「種種工業。」

「別他那：梁言圍，亦云吠率怒天。」墨筆眉批：「吠率怒天。」

「耆婆天：長水云：耆婆，此云命。西國風俗，皆事長命天神。」墨筆眉批：「長命天神。」「域云：諸天受樂，忽遽不暇相看，遵者欲何所求，具説來意，答云：斷食爲要。」墨筆眉批：「斷食爲要。」「據此耆婆天，卽是醫師耆□□。」墨筆眉批：「耆婆。」墨筆根批：「醫師耆婆。」

「蘇利耶：或蘇棃耶，或修□，此云日神。日者，説文云：實也，太陽之精。」墨筆眉批：「日。」

「蘇摩：此云月神。釋名云：月者缺也。言滿面復缺。淮南子云，月者，太陽之精。」墨筆眉批：「月。」

「那伽：此云龍。別行疏云：龍有四種」云云。硃筆眉批：「二、龍。」

「漚鉢羅：亦云優鉢，亦云優波陀，此云黛色蓮華，又青蓮華，龍依此住。」硃筆眉批：「漚鉢羅龍依青蓮花住，好受用。」

「夜叉：有三種，一在地，二在虚空，三天夜叉。」硃筆眉批：「三、夜叉。」

「乾闥婆：或犍陀羅。淨名疏：此云香陰，亦云陵空之神，不敢酒肉，喉香資陰，是天主幢倒樂神。在須彌南金剛窟住。」硃筆眉批：「四、乾闥婆。」

「阿脩羅：淨名疏云：此神果報最勝，鄰次諸天，而非天也。」硃筆眉批：「五、阿脩羅。」

「迦樓羅：此云金翅，翅翮金色，兩翅相去三百三十六萬里。頸有如意珠，以龍爲食。肇曰：金翅鳥神。」硃筆眉批：「六、迦樓羅。」

「緊那羅：亦名眞陀羅，此云疑神。什曰：秦言人非人，似人而頭上有角，人見之言人耶，非人耶，因以名之，亦天伎神也。」硃筆眉批：「七、緊那羅。」

「摩睺羅伽：亦云摩呼羅伽，此云大腹行。什曰：是地龍而腹行也。肇曰：大蟒神腹行也。

淨名疏云：即世間廟神。」硃筆眉批：「八、摩睺羅伽。」
「波旬惡有三種：一曰惡，若以惡加己，還以惡報，是名爲惡。二曰大惡，若人不侵己，無故加害，是名大惡。三曰惡中惡，若人來供養恭敬，不念報恩，而反害之，是名惡中惡。」硃筆眉批：「三種惡。」

釋氏衆名篇第十二

「僧伽：二無羞僧，破戒，身口不淨，無惡不作。」墨筆眉批：「無羞僧。」
「沙門，瑜珈論云，有四沙門。一勝道沙門，即佛等。二說道沙門，謂說正法者。三活道沙門，謂修諸善品者。四汙道沙門，謂諸邪行者。」墨筆眉批：「四種沙門。」
「苾蒭：古師云：含五義」云云。墨筆眉批：「苾蒭」。
「和尚：傳云：和尚，梵本正名鄔波遮迦。」墨筆眉批：「鄔波遮伽。和尚。」「傳到此土，什師翻名力生。」墨筆眉批：「力生。」「又和尚亦翻近誦。」墨筆眉批：「近誦。」「善見云：和尚，外國語，漢言知有罪知無罪也。明了論本云，優波陀訶，翻爲依學，依此人學戒定慧故，即和尚也。」墨筆眉批：「知有罪，知無罪。依學。如今以和尚爲至尊大之名。」「故和尚有二種，一親教，即受業也。二依止，即稟學也。」墨筆眉批：「親教。稟學。」
「悉替那：大財、大位、大族、大力、大眷屬」云云。硃筆旁批：「這又是怎麼說？」「瑜珈論云，無自利利他行者，名下士；有自利無利他，名中士；有二利，名上士。」墨筆眉批：「下士。中士。上士。」

八部篇第十四

「提婆：清淨光潔，最勝，最尊，故名爲天。」墨筆眉批：「一天。」「身是事障，事障未來，障去身空，未來得發，如是名爲未到定相，是爲欲界。」墨筆眉批：「此欲界是也。」「一無雲，下之三禪，皆依雲住。至此四禪，方在空居。」墨筆眉批：「無雲天。」「八善現，形色轉勝，善能變現。」墨筆眉批：「此色界天是也。」「若厭色籠，修四空定，生四空天，名無色界。一空處」云云。墨筆眉批：「是無色界處。」「大小乘教，論其無色，其義碩異。」注：「不相應行有二十四種：一得，二命根，三衆同分。」硃筆改「碩」爲「頗」。硃筆眉批：「得。命根。衆同分。不相應行。」「舍利弗入涅槃時，無色界天空中淚下如春細雨。」墨筆眉批：「舍利弗入涅槃，無色界空中淚下。」「曾聞有一比丘，得無色定，定起摸空。」硃筆眉批：「定起摸空。」「於一切色皆得自在。」硃筆旁批：「此句專主變化説耶！」「仁王經説」云云。硃筆眉批：「此又就菩薩所到地位，分別其所見無有無也。」

「提和越：易與天地準，故能彌綸天地之道」云云。硃筆眉批：「除提和越總拇天地之名，下别有卅三名。」

「提多羅咤：光明疏云：上升之元首，下界之初天，居半須彌東黄金埵。」墨筆眉批：「東持國黄金埵。」

「毗流離：大論云，秦言增長，主弓槃茶及薜荔多，光明疏云南瑠璃埵。」墨筆眉批：「南增

玻璃埵。」〔一〕

「毗流波叉：光明疏云：西白銀埵。王名毗留博叉，又翻非好報，又翻惡眼，亦翻廣目。」墨筆眉批：「西廣目白銀埵。」

「鞞沙門：大論云：秦言多聞，主夜叉及羅刹。光明疏云：北水精埵，王名毘沙門。索隱云：福德之名，聞四方故，亦翻普聞，佛令掌擎古佛舍利塔。」墨筆眉批：「北多聞，水精埵。掌塔。」「近臣奏：且詔不空三藏，入内持念。」硃筆改「且」爲「宜」。墨筆眉批：「不空三藏。」「帝問不空。對曰：此毗沙門天王第二子獨健。」墨筆眉批：「獨健。」「韋將軍，三十二將之中，最存弘護。」硃筆眉批：「韋將軍。」

「兜率陀：新云覩史陀，此云知足。」墨筆眉批：「知足。」「西域記云，覩史多，舊曰兜率陀術陀」云云。硃筆眉批：「但是居士瓦盆、襆被、淡飯、粗衣，自顧靈龜無所朶頤，卽爲兜率天受用，永無芭蕉結果之慮。」

「婆舍跋提：故言他化自在，亦名化應聲天，别行疏云，是欲界頂天。」墨筆眉批：「欲界頂。」

「天梵：經音義：梵迦夷，此言淨身，初禪梵天。淨名疏云：梵是西音，此云離欲。」墨筆眉批：「離欲。」「證眞云：劫初成時，梵王先生獨住一劫，未有梵侶，後起念云，願諸有情來生此處，作是念已，梵子卽生。」墨筆眉批：「梵王念，梵子隨生。」

「摩醯首羅：正名摩訶莫醯伊濕伐羅，八臂，三眼，騎白牛。」墨筆眉批：「八臂，三眼，騎

〔一〕「增」字下傅山全書初版本衍一「長」字，據手稿删。

白牛。」「諸經論多稱大自在，是色界頂。」墨筆眉批：「色界頂。」

「散脂脩摩：天台釋天大將軍，乃云金光明以散脂爲大將。」墨筆眉批：「散脂。」

「跋闍羅波膩：正法念云：昔有國王夫人生千子，欲試當來成佛之次第，故俱留孫探得第一籌，釋迦當第四籌，乃至樓至當千籌。第二夫人生二子，一願爲梵王，請千兄轉法輪。次願爲密跡金剛神，護千兄教法。世傳樓至化身，非也，乃法意王子。據經唯一人。今狀於伽藍之門，而爲二像。」墨筆眉批：「法意王子、金剛一人，像設作二人。」

仙趣篇第十六

「高僧傳云：純陀，西域人，年六百歲不衰。」硃筆眉批：「純陀六百歲。」

「阿斯陀：大論云，阿私陀仙白淨飯王言：我以天耳聞請天鬼神。」墨筆眉批：「天耳。」

「羼提：此云忍辱仙。」墨筆眉批：「羼提。」

「鬱陀羅羅摩子：阿含羅摩經云：我爲童子時，年二十九，往阿羅羅迦摩羅所問言：依汝法行梵，行可不？答言：無不可。云何此法自知證？仙言：我度識處，得無所有處。」墨筆眉批：「梵行。可見識非梵行。過識處得無所有是梵行。」「我度無所有處，得非想定。我久證得，便修得口，乃至領衆等。」墨筆眉批：「度無所有，所得非想定，非想又非僅梵行。可見梵行还在想邊。」

「佉盧虱吒：隋言驢脣，此乃大仙人名。」硃筆眉批：「驢脣。」

人論篇第十七

「摩㝹舍喃：大論：此云人。法苑云：人者忍也。於世違順，情能安忍。孔子曰：人者，仁也。禮記曰：人者，天地之心，五行之端。袾筆改「端」爲「秀」。墨筆眉批：「人。」「一不殺戒，常念有情，皆惜身命，恕己懲彼，以愼傷暴。二不盜戒，不與私取。是爲偷盜，義卽非宜，故止攘竊。三不邪婬，女有三護法，亦禁約守禮自防。故止羅欲。四不妄語，覆實言虛，誑他欺自，端心質直，所說誠實。五不飮酒，昏神亂性，酒毒頗甚，增長愚癡，故今絕飮。原佛五戒，本化人論，與儒五常，其義不異。不殺卽仁，不盜卽義，不婬卽禮，不妄語卽信，不飮酒卽智。」墨筆眉批：「五戒五常，義自不悖。」

「摩㝹賒：諸有所作，當善思惟，善憶念。」墨筆眉批：「意。」

「補特伽羅：或福伽羅，或富特伽羅，此云數取趣。謂諸有情，起惑造業，卽爲能取，當來五趣，名之爲趣。」墨筆眉批：「趣。補特伽羅。富特伽羅。福伽羅。」「又論云，死生二有中。」墨筆眉批：「死生二有。」「瑜珈論說八種人執，第六名補特伽羅。」袾筆眉批：「瑜珈師地論第廿六卷有廿八種補特伽羅。」「大毗婆沙論：佛言有二補特伽羅，能住持正法，謂說者、行者，若持教者，相續不滅，能令世俗正法久住。若持證者，相續不滅，能令勝義正法久住。持法人有二：一持教法者，謂讀誦解說經律論等；二持正法者，謂能修證，無漏聖道。」墨筆眉批：「補特伽羅，持正法，持教，此二又是好補特伽羅也。」

「僕呼繕那：摩訶衍云：謂意及意識一切衆染，合集而生，故名衆。」墨筆眉批：「衆生。」

「逋沙：或富樓沙，正言富盧沙，此云丈夫。」墨筆眉批：「丈夫。」

「迦羅越楞嚴云：愛談名言，清淨自居。普門疏以多積財貨，居業豐盈，謂之居士。」墨筆眉批：「居士。」

「婆羅：隋言毛道，謂行心不定，猶如輕毛，隨風東西。」墨筆眉批：「毛道。」

「鄔波弟鑠：此云父母。」硃筆眉批：「鄔波弟鑠。」

「鳩那羅：此云惡人。」墨筆眉批：「惡人。」「凶雖未至，去福近矣。」硃筆改「福」爲「禍」。「四者自意。」墨筆眉批：「自意。」「涅槃經：明十六種惡。一爲利，餧食羔羊，肥已轉賣。二爲利，買已屠殺。三爲利，餧養猪豚，肥已轉賣。四爲利，買已屠殺。五爲利，餧養牛犢，肥已轉賣。六爲利，買已屠殺。七爲利，養鷄令肥，肥已轉賣。八爲利，買已屠殺。九釣魚。十獵師。十一劫奪。十二魁膾。十三網捕飛鳥。十四兩舌。十五獄卒。十六咒龍。硃筆眉批：「前八種其實是一種。」

「扇提羅：此云石女，無男女根故。」硃筆眉批：「石女兒。」

長者篇第二十

「耆婆：或云耆域，或名時縛迦。」墨筆眉批：「耆婆。」「影堅王之子，善見庶兄，柰女所生，出胎卽持針筒藥囊。」硃筆根批：「奇。」硃筆眉批：「不知此筒囊是在外面，出胎見而持之邪，便是從肚裏持出底耶？」「其師卽便以一籠器，及掘草之具，令其於得叉尸羅國面一由旬，求覓諸草，有不是藥者持來。耆婆如教，卽於國內面一旬，周竟求覓。所見草木，盡皆分別，無有草木非是藥者。師言：汝今可去，醫道已成，我若死後，次卽有汝。」硃筆根批：「嘗藥遇醫王。」「耆婆經云：耆婆童子，於貸柴人所，大柴束中見有一木，光明徹照，名爲藥王，倚病人身，明見身中一切諸病。」墨筆眉批：「耆婆經，藥王。」硃筆尾批：「可與扁鵲上池水作對。」

外道篇第二十一

「婆羅門：義云：承習梵天法者，其人種類，自云從梵天口生。」墨筆眉批：「從梵天口生。」

「一闡提人：楞伽經曰：一闡提，有二種。」墨筆眉批：「一闡提二種。」「唯識樞要云：一名一闡底迦，是樂欲義，樂生死故。二名阿闡底迦，是不樂欲義，不樂涅槃故。三名阿顛底迦，名爲畢竟，以畢竟無涅槃性故。」硃筆眉批：「五燈十四卷有智通大死翁，寶峯告衆曰：深得闡提大死之道，後學宜依之，因號大死翁。」

「婆昆迦羅：亦云劫毗羅，此云金頭，或云黃髮，食米臍外道。」墨筆眉批：「米齊。」〔二〕「外道拾米，如鷄鳩行也。」墨筆眉批：「鷄鳩。」

「蘇氣怛羅：此云善星，羅云庶兄，佛之堂弟庶兒，故說爲子。」硃筆眉批：「羅云，耶檀之子。見前瞿夷門下。」

「彌戾車：長水曰：此樂垢穢人。」墨筆眉批：「樂垢穢人。」

「迦毘羅：梁言青色，亦名劫畢羅。翻黃色。輔行曰，此云黃頭，頭如金色。又云，頭面俱如金色，造僧佉論，具如下出。」硃筆眉批：「見十一卷半滿書籍門。」

〔二〕「齊」，傅山全書初版本誤作「臍」，此據手稿。

「薩庶尼乾：此云離繫，自餓外道。」墨筆眉批：「自餓外道。」

「富蘭那迦葉：事鈔云：色空外道，以外道用色破欲有，以空破色有，謂空至極。」硃筆眉批：「富蘭那迦葉爲外道佛法之空，非徒空矣。」

「末伽黎拘賒黎：肇曰：其人起見，謂衆生、苦樂，不因行得，皆自然耳。」墨筆眉批：「自然。」

「阿耆多翅舍欽婆羅：著麁皮衣，及拔髮煙熏鼻等，以諸苦行爲道也。」墨筆眉批：「苦行外道。」

「尼犍佗若提子等。」硃筆眉批：「義複末伽黎。」「天臺四念處：云阿毘、曇中、明三種念處。」墨筆眉批：「三念處。」

「沙彌：唐三藏云：室利摩路拏迦，此翻勤策男。」「沙彌尼：唐三藏云：室利摩拏理迦，此云勤策女。」墨筆眉批：「□□廿六卷七□補特迦羅，又云勞策男、勞策女。勤、勞當是一義。」

「優婆夷：唐言施主，今稱檀那，訛陀爲檀。」墨筆眉批：「檀那。」「故稱那，又稱檀越者，檀卽施也。」墨筆眉批：「檀越。」